CHAMADOS PELO CORAÇÃO DO MUNDO

CHAMADOS
PELO CORAÇÃO
DO MUNDO

CONSIDERAÇÕES SOBRE
A ORIGEM E O DESENVOLVIMENTO
DA ESCOLA ESPIRITUAL DA ROSACRUZ ÁUREA
E SEUS FUNDADORES J. VAN RIJCKENBORGH E
CATHAROSE DE PETRI

PETER HUIJS

Pentagrama
publicações
2015

Cólofon

Título original: Geroepen door het Wereldhart

Traduzido do inglês: Called by the world heart

Tradução: Jorge Figueiras e Maria das Mercês Rocha Leite

Revisão: Maria Dulce Eddé de Oliveira, Marcia Regina de Matos Moraes, Marcus Vinicius Mesquita de Sousa, Antônio Cândido Gonzalez, Roquefelix Dias de Luz e Francisca Maria da Silva Luz

Fotografia: arquivos de fotos de E.T. Hamelink e do Lectorium Rosicrucianum, Haarlem; Bibliotheca Philosophica Hermetica: Coleção Damme; Roland Gerrits; Hans Peter Knevel

Capa: J. van Rijckenborgh e Catharose de Petri no terreno do Centro de Conferências Renova

Diagramação: Flávio Gomes Duarte

Dados Internacionais de Catalogação na Publicação (CIP)
(Câmara Brasileira do Livro, SP, Brasil)

Huijs, Peter

Chamados pelo coração do mundo / Peter Huijs ; [tradução Jorge Figueira e Maria das Merces Rocha Leite]. -- Jarinu, SP : Pentagrama Publicações, 2015.

Título original: Geroepen door het Wereldhart.

"Considerações sobre a origem e o desenvolvimento da Escola Espiritual da Rosacruz Áurea e seus fundadores J. Van Rijckenborgh e Catharose de Petri".

Bibliografia

ISBN 978-85-67992-19-8

1. Espiritualidade 2. Gnosticismo 3. Rosacrucianismo 4. Rosacrucianismo – Filosofia I. Título.

15-08560 CDD-135.43

Índices para catálogo sistemático:
1. Rosacruz : Ordem : Esoterismo 135.43

Este livro foi composto em Perpetua e Scala; e a capa, em Trajan e Perpetua.

Impressão em papel pólen bold LD de 90 g/m² pela Hawaii Gráfica e Editora.

ISBN: 978-85-67992

Impresso no Brasil – 2015 – Pentagrama Publicações

Pentagrama Publicações Caixa Postal 39 – 13240-000 – Jarinu – SP – Brasil
Tel. (11) 4016.1817 – fax (11) 4016.3405
www.pentagrama.org.br
livros@pentagrama.org.br

"A grandiosidade da vida humana consiste no fato de ela ser um mundo em si mesma e, mesmo depois de desaparecer, deixar sua riqueza como herança aos que buscam a mesma sabedoria." [1]

A. H. de Hartog

1. Brul, A.H. van den. Jan van Rijckenborgh, um rosa-cruz moderno e gnóstico hermético. In: *Pentagrama*. Ano 17, n. 2, 1995.

2. Engelman, J. Tuin van Eros. Centrum nec plura-serie nr 1. Amsterdam: Querido, 1932. Quatro primeiras estrofes.

No jardim [2]

Tu me chamas para tua ceia nupcial:
o candelabro arde, o salão superior
inunda-se da tua música cortesã,
e de teus olhos irradia paciência.

E és profundo e silente em tua perfeição.
Tua voz súplice ressoa: "Aquieta-te!"
Se hesito, ela não vacila
e, se fujo, não cai em desalento.

Som algum foi tão penetrante
que me perscrutasse o âmago da alma.
Nem esplendor algum já me acariciou
como o brilho no olhar do Cordeiro Sacrificial.

Ao longe, no alto do monte, brilha a luz
de meu ser primevo,
que me enleva e ofusca:
o princípio original, o coração do mundo.

Jan Engelman, Garden of Eros, 1932

Como norma, nesta obra, usamos a palavra "rosa-cruz" com hífen, conforme consta no Vocabulário Ortográfico da Língua Portuguesa. Contudo, sempre que as entidades que se denominam rosa-cruzes adotam seu nome sem o hífen, procuramos respeitar a grafia registrada pela organização. Da mesma maneira procedemos ao mencionar títulos de livros traduzidos ao português: prevalece a forma utilizada na publicação.
Os Editores

ÍNDICE

SEGUNDA PARTE
A ORDEM DA ROSA-CRUZ
O TRABALHO DE Z.W. (WIM) E JAN LEENE

Jan Leene,
1946

"Assim, é preciso explicar-lhes uma coisa, ó mortais: que Deus decidiu devolver ao mundo – que desaparecerá não muito tempo depois – a verdade, a luz e a dignidade, que Ele ordenou deixarem o Paraíso com Adão, a fim de suavizar a miséria humana. Por isso, é preciso abandonar todo o erro, toda a treva e o aprisionamento que, aos poucos, tomaram conta das ciências, das obras e dos governos humanos, no curso das voltas do grande globo, obscurecendo a maioria dos homens.

Daí surgiu uma diversidade infinita de opiniões, falsificações e desvios, que dificultam a escolha, mesmo aos sábios; ao ficar entre a fama dos filósofos, de um lado, e a veracidade de sua experiência, de outro, eles mergulham na confusão.

Quando tudo isso cessar – como temos certeza que acontecerá – e tivermos uma diretriz única e permanente, caberá gratidão aos obreiros; no entanto, a amplitude dessa obra tão significativa deverá ser atribuída a nossa época abençoada.

Como reconhecemos que muitos espíritos eminentes vêm contribuindo, com suas reflexões, para a futura reforma, não nos apropriamos, de forma alguma, da glória, como se tarefa tão grande tivesse sido atribuída exclusivamente a nós. Testemunhamos, contudo, pelo espírito de Cristo, nosso salvador, que é mais provável as pedras se apresentarem ao trabalho, do que faltar quem execute os desígnios de Deus.

A fim de anunciar Sua vontade, Deus já enviou mensageiros, estrelas aparecidas em Serpentário e Cisne, verdadeiramente os grandes signos do seu poderoso Conselho, que podem nos ensinar, juntamente com as descobertas do gênio humano, o que pode servir à sua disposição oculta. Assim, o Livro da Natureza pelo menos seria desvendado a todos os olhos, embora poucos possam lê-lo, e, mais raros ainda, sejam os que podem compreendê-lo.

Da mesma maneira que a cabeça humana possui dois órgãos para ouvir e dois para ver, dois para cheirar e um para falar, e que seria vão exigir que os olhos falassem e os ouvidos vissem, assim também houve épocas que viram, outras que ouviram e outras ainda que sentiram odor. Resta a época - que virá em breve, pois se aproxima a passos largos - em que a língua receberá a honra de exprimir tudo o que antes foi visto, ouvido e percebido pelo olfato. Depois que o mundo despertar de seu sono de embriaguez, bebido da taça envenenada, o homem irá ao encontro do sol nascente, ao raiar do dia, com o coração aberto, a cabeça descoberta e os pés descalços, jubiloso e transbordante de alegria."

Confessio Fraternitatis R.C., 1615 – A Confessio da Fraternidade da Rosa-Cruz, aforismos VII e VIII.

Prefácio de J.R. Ritman

Este livro, *Chamados pelo coração do mundo*, que você tem agora em mãos, é dedicado ao grupo excepcional de pioneiros e está em ligação com ele. Eles são os guias da humanidade, representantes e portadores da chave da flama resplandecente do inextinguível fogo espiritual, que já há milhares de anos se manifesta ininterruptamente. Eles são também os modernos arautos da Fraternidade Universal, que aceitaram a incumbência de realizar uma reforma espiritual do mundo e da humanidade, um plano de salvação, descrito, em setembro de 1954, pelos líderes espirituais da Escola Espiritual da Rosacruz Áurea, J. van Rijckenborgh e Catharose de Petri, como "uma nova manifestação da Comunidade da Pistis Sophia", e, em 1956, como "a Igreja de Hermes".

Valentino, um seguidor dos primeiros apóstolos e fundador da primeira comunidade dos mistérios da Gnosis cristã, explicou a seus alunos o que é a gênese: a origem do pensamento criador divino e dos mundos divinos incognoscíveis. Chamou o incognoscível espaço divino de *Pleroma,* o mundo da natureza divina e suas emanações. O que fluiu do *Pleroma* divino se manifestou em duas correntes, como dois rios. Uma das correntes era chamada por Valentino de corrente do conhecimento, ou *Pistis;* a outra, de corrente da sabedoria, ou *Sophia.* A primeira corrente está completamente associada ao conhecimento humano comum de cada época, para que a grande massa possa descobrir essa emanação e a ela reagir, sendo obrigada a fazê-lo. A segunda corrente mantém-se totalmente afastada deste mundo, mas, mesmo assim, nele irradia, para que o indivíduo, o ser humano que busca a Deus, ao fugir da Pistis, seja finalmente capaz de encontrar a Sophia e tornar-se, de fato, a própria Sophia.

Considere este livro uma crônica da realização desse plano de salvação em nossa época pelos mandatários encarregados de revelar novamente o testamento vivo da Gnosis. Eles foram reconhecidos por sua assinatura, que é a de estabelecer uma fraternidade no mundo, uma fraternidade que tem como núcleo uma escola de mistérios, na qual os dois aspectos, conhecimento e sabedoria, o mistério da Pistis Sophia, ocupam o ponto central. Essa escola de mistérios está estreitamente ligada à sabedoria de Hermes Trismegisto, registrada na *Tabula Smaragdina* e no *Corpus Hermeticum*. Esses textos testemunham do homem que é tocado, no seu imo, pelo grande amor de Deus.

O resultado visível do trabalho dos enviados é um campo de colheita composto por uma comunidade de almas humanas, que, como fraternidade viva, demonstra a verdadeira religião em serviço amoroso à humanidade. Essa comunidade, por sua vez, dá provas de que profecia e revelação podem seguir lado a lado, pois têm sua origem na única pedra angular, *Jesus Cristo,* e a ele estão vinculadas.

Nós, como pessoas que cruzamos a fronteira entre o segundo e o terceiro milênio, vivemos nesta tão agitada sociedade atual, com seus questionamentos fundamentais, e necessitamos mais do que nunca de um novo referencial. É esse referencial que indicamos hoje como "o caminho da Gnosis", "a senda do Tao", o início insondável que prossegue infinitamente na força da Fonte Única, onipresente. Desse modo, estamos ligados ao poderoso início primordial, o impulso de Cristo, do qual surgiram a Gnosis original egípcia, como herança de Hermes Trismegisto, e a Gnosis original cristã dos primeiros anos de nossa era. Sobre esse assunto, J. van Rijckenborgh afirmou, nos últimos dias de abril de 1956: "O ecumenismo gnóstico tem de ser fundado, um ecumenismo cuja raiz esteja na Gnosis original, na Gnosis de Hermes Trismegisto!" E, sobre essa base, surgiu a prodigiosa plenitude iniciática que se manifesta nos nossos dias como Gnosis hermética cristã.

Esse novo referencial demonstra que a herança da verdade viva é oferecida, de tempos em tempos, ao grupo da humanidade que vem explicar à sociedade os acontecimentos transformadores, baseando-se na bússola interior da alma. Isso revela o misterioso mapa de outra realidade de vida, mediante um novo caminho de vida. Quem se familiariza com a missão descrita nos *manifestos da Fraternidade da Rosa-Cruz,* a de ser um guia no caminho contínuo da experiência humana, reconhece que os conselhos contidos nesses manifestos "se revelam como uma diretriz inalterável e eterna". Quem ultrapassou os limites do ser interior, abriu a janela da alma e está, portanto, diante desse poderoso centro, o coração do mundo, que reflete a origem da vida. Os portadores da verdade, os portadores da luz da flama inextinguível, são os pioneiros do passado, do presente e do futuro, que anunciam o chamado do amor na força misteriosa da pulsação oculta do coração do mundo. Eles dão testemunho do ritmo eterno, do alento e da vida do próprio Espírito. Dessa Fraternidade de portadores da luz que se manifestou, nos tempos pré-cristãos, como Ordem de Melquisedeque, e da qual Jesus Cristo é o sumo sacerdote, emana uma atividade que ultrapassa o espaço e o tempo e dá forma ao verdadeiro destino da existência humana. Por isso, há padrões que perpassam o espaço e o tempo e somente podem ser reconhecidos e aplicados por uma ordem espiritual cujos representantes se manifestam como servidores, irmãos e irmãs da corrente universal de fraternidades de todos os tempos.

Por essa razão, J. van Rijckenborgh e Catharose de Petri, com seu dedicado grupo de alunos, construíram o primeiro "Templo de Fogo", o Templo de Renova, em Lage Vuursche, na Holanda, com base em um plano claramente delineado. Em dezembro de 1951, J. van Rijckenborgh inflamou a chama espiritual nesse templo, mobilizando assim os representantes da Fraternidade Mundial Sétupla, que está ativa neste mundo, para convocá-los a apresentar-se no fórum do mundo. Sobre esse assunto, ele pronunciou-se, em 1954, da seguinte maneira: "Falamos agora da igreja universal gnóstica, da Ecclesia Pistis Sophia. Ela é a comunidade que reconhece e professa Cristo como verdadeiro governante do mundo e dele se aproxima. Tendo Cristo como fundamento, ela aceita todas as consequências e nele vence, para uma absoluta libertação. Por isso deveríamos saber que as fraternidades gnósticas precedentes chamavam a si mesmas de igrejas, pois queriam ser, e de fato tinham de ser, igrejas. Contudo, eram igrejas totalmente devotadas à Sophia, para que todos os peregrinos fatigados pudessem transformar-se em uma verdadeira Pistis Sophia. No dia 1º de setembro de 1954, a Escola recebeu a herança das fraternidades precedentes. Essa herança, assim como seu testamento, inclui a incumbência de prosseguir seu trabalho como Ecclesia Pistis Sophia, uma incumbência que aceitamos integralmente."

Nessa base, os contornos de uma nova etapa de desenvolvimento, que se manifestou como o novo reino gnóstico da Europa, tornou-se visível no período seguinte. Foi o momento do nascimento de um corpo-vivo sétuplo. Ele desenvolveu-se como um campo de força, um novo campo de vida na Europa. Assim, a Escola Espiritual tornou-se o núcleo vivo de um novo desenvolvimento da humanidade. Isso se consumou como uma revolução mundial, sob a plenitude de radiação dos três planetas dos mistérios: Urano, o coração; Netuno, a cabeça; e Plutão, a ação.

Neste momento, vivemos a manifestação da Escola Espiritual e de seu corpo-vivo em seus três aspectos: preparação, profissão de fé e tomada de consciência. Na verdade, a Escola Espiritual desenvolveu-se de modo sétuplo, como espírito, alma e forma corporal. Por isso, está totalmente ativa, tanto na "metade conhecida" quanto na "metade desconhecida do mundo". Foi desse modo que ela se tornou, conscientemente, o corpo revelador e executante do testamento espiritual da Ordem da Rosa-Cruz e teve permissão de apresentar-se sob o signo do pai-irmão Cristão Rosa-Cruz durante a fase que a humanidade tem pela frente. Hoje, mais do que nunca, emana o chamado vivo para o grupo de buscadores, que estão reagindo, pois têm de reagir à força de radiação gnóstica.

Para que o leitor possa compreender melhor: o reino gnóstico é o campo da Fraternidade Mundial Sétupla, onde o corpo-vivo, manifestado setuplamente, "é a porta que se abriu para a Europa".

Foi com esse espírito que 2500 alunos de 40 países se reuniram em 2001 para uma conferência histórica no vale do Ariège, no sul da França, na proximidade imediata do monumento à Tríplice Aliança da Luz – Graal, Cátaros e Cruz com Rosas – erigido em 1957. Na antiquíssima região de Sabarthez, cujo lema é *Sabarthez, Custos Summorum* – Sabarthez, guardiã do altíssimo –, foi realizada uma conferência entre 8 e 12 de setembro de 2001. No momento em que, em 11 de setembro, o mundo ocidental estremecia em seus alicerces, brilhava simultaneamente a luz de um novo dia de manifestação no horizonte. A perspectiva incomum de uma escola de iniciação gnóstica em plena atividade era a de chamar e atrair um grande grupo da humanidade em busca de conhecimento – a Pistis –, e então ensinar e servir o mundo e a humanidade, porque ela possui uma fórmula de libertação tríplice – a Sophia –, com três aspectos:

– ensinamentos universais;
– um corpo-vivo iniciático sétuplo;
– provas efetivas da transfiguração viva, que realiza mudanças de âmbito mundial.

Esse é um campo literalmente controlado e alimentado pela força de manifestação da corrente universal de fraternidades. Por isso, a construção do reino gnóstico, iniciada em 1924 com a fundação do trabalho, foi levada a termo sob o signo do sete duplo, ou, expresso simbolicamente, pelo número 77. Por isso, no ano de 2001, 77 anos depois desse momento do nascimento da Escola, aconteceu, no campo do mundo, um processo sétuplo de elevação da Terra e a descida de uma força espiritual sétupla, segundo a fórmula hermético-gnóstica "Assim como é em cima, assim é embaixo".

Portanto, um reino gnóstico é um campo espiritual totalmente apartado do mundo, mas que veio à existência *antes* que o mundo surgisse, para libertá-lo das forças opostas do bem e do mal. Há unidade na Gnosis, pois não há nela nenhuma oposição: assim, nela todo o processo de pares opostos chega ao fim. Então, alcançar o número 77 significa irradiar três aspectos libertadores, três forças gnósticas fundamentais, no interior do reino gnóstico, a saber: o corpo do ensinamento, o corpo da alegria e o corpo da transfiguração. O campo espiritual é absolutamente autônomo segundo o espírito, a alma e o corpo, e é ininterruptamente alimentado pela plenitude sétupla.

Na fase que agora se manifesta, a Escola Espiritual da Rosacruz Áurea entra no mundo com a força da Gnosis viva, totalmente consciente da Fraternidade Universal Sétupla, ou seja, com a força de Cristo, da magia gnóstica do reino que não é deste mundo. Por essa razão podemos e devemos dizer que, em 2001, durante o período de 8 a 12 de setembro, 77 anos após a fundação da Escola

Espiritual, em 24 de agosto de 1924, a construção da arca viva pôde ser considerada terminada, sob a força da unidade, da liberdade e do amor.

Todas as escolas gnóstico-iniciáticas registraram seu rico passado nas páginas da história da humanidade. Não para ligar-se ao tempo e ao espaço, e sim para dar testemunho da prestabilidade dos "servos do Senhor", que indicam a saída ao ser humano buscador. Todos os que estão no meio de uma nova revolução mundial, vindos de todos os países do campo mundial da Escola Espiritual da Rosacruz Áurea, estão agora preparados para auxiliar no desenvolvimento de uma nova fase do trabalho da Fraternidade Mundial Sétupla. Eles sabem que são sustentados pela Tríplice Aliança da Luz – Graal, Cátaros e Cruz com Rosas – com sua tríplice panaceia da libertação:
pureza – amor – graça.

Dessa maneira, a Escola Espiritual da Rosacruz Áurea, setuplamente manifestada, está plenamente consciente da sua missão de executar o trabalho mundial do pai-irmão Cristão Rosa-Cruz, de acordo com o lema do prólogo do Evangelho de João:
Lux lucet in tenebris – a luz brilha nas trevas.

É assim que ela se apresenta no fórum da Fraternidade Mundial Sétupla e de sua hierarquia viva, a serviço do mundo e da humanidade.

9 de novembro de 2008 Joost R. Ritman

PRÓLOGO DO AUTOR

Vai-se levando a vida. Há conhecimento, ciência, religião, arte... Vive-se e consome-se, mas há pouco conhecimento verdadeiro do coração. Todos vivem, mas poucos sabem realmente o porquê da vida. Não sabemos de fato se há um objetivo, ou se não há objetivo; se há ou não um plano; se a vida tem ou não algum significado. Todas as pessoas batalham contra esse abismo de ignorância com maior ou menor autoconsciência, com fé, com força de ação, com amor e vida social, ou sem nada. A base continua sendo a ignorância fundamental: vai-se levando a vida. Psicologia, filosofia, nova ciência esotérica – os problemas vão e vêm; tudo parece ser uma grande experiência. Enquanto vivemos estamos morrendo. E, depois da morte, continuamos a viver e começamos de novo, até que o palco da batalha se desloque do exterior para o interior, até que o conhecimento se transforme em um sentimento de perplexidade, surpresa e maravilhamento, em perguntas, em um caminho, em ser. Até que a energia vital chegue à quietude, onde há quietude. O ser humano é o mundo. O ser humano é o centro – e o altar – do Altíssimo, do supremo arquiteto, que dirige mundos. Mas qual ser humano: esta ou aquela pessoa? Não: *o* ser humano. Dele depende o sentido da existência. Mas depende de qual ser humano: ele, ela? Não. *Do* ser humano. De *cada* ser humano. Até que ponto isso é confuso? Até o ponto em que o ser humano é confuso. Mas, quando um ser humano encontra o centro da quietude, a confusão desaparece, a ordem original revela-se, a claridade e a beleza ficam visíveis. Como a simplicidade é magnífica! Como é correta a vida que se manifestou!

Os pesquisadores esotéricos afirmam que nossa Fraternidade possui a panaceia universal, o remédio que tudo cura. "Os rosa-cruzes conhecem o plano", dizem eles, "conhecem as linhas espirituais do desenvolvimento do ser humano, que é um microcosmo, um pequeno mundo". Mas cada época tem de encontrar esse plano por si mesma, confirmá-lo e torná-lo realidade. A busca desse projeto é o tema deste livro. Visto do lado de fora, esse plano é desconhecido, objeto de zombaria, especulação ou desinteresse. As pessoas o rejeitam ou falam de doutrinas, de ouro, de transmutação, de códigos ou canalização, do quarto caminho, de dez compreensões, de dezesseis características, de consciência superior. Tudo isso está no campo do não saber, do não ser. Como o ponto de partida está errado, o verdadeiro saber está fora de questão. O ponto de partida dos mistérios é a alma – nunca a vida exterior.

A busca não é uma atividade exclusiva da consciência diurna de nosso ego. A busca é um estado de ser, um estado de alma, uma consciência. Quem está buscando não sabe – e somente sabe que não sabe – e em todas as épocas esse não saber sempre foi um privilégio.

Agora, que a sociedade se caracteriza por novas condições e os países e o mundo preparam-se para um novo e grandioso período, muitos já percebem os choques da mudança. Alguns não querem ou não conseguem seguir as vibrações mais elevadas: essas pessoas desistem e seguem com a vida. Para alguns, porém, existe o plano e uma nova ligação com a origem.

Será sensato publicar um livro como este? Afinal, quem está interessado na coerência que nossa fraternidade vê por detrás de todas as coisas? Não deveríamos levar em conta o aviso enfático que figura em destaque nas nossas *As núpcias químicas*: *Arcana publicata vilescunt; & gratiam prophanata amittunt. Ergo: ne Margaritas obijce porcis, seu Asino substernere rosas.* "Arcanos desvendados tornam-se sem valor e, profanados, perdem sua força. Não atireis, portanto, pérolas aos porcos nem deiteis rosas aos burros"? 3

No entanto, nosso pai-irmão CRC não hesitou em oferecer seus tesouros aos governantes e eruditos europeus e, depois que eles os rejeitaram, publicou sua *Fama* e sua *Confessio,* para que todos as tivessem à disposição. Assim também fizeram os grandes da nossa fraternidade, sem levar minimamente em conta o próprio interesse, arriscando vida, nome e reputação para inflamar, elevar e tornar conhecidos a palavra, o ideal e a luz da nossa fraternidade. Assim como os personagens principais deste livro puseram tudo em nossas mãos e nas dos que nos seguirão, estamos convencidos de que a intenção dos fundadores da nossa fraternidade era tornar conhecidos, de todo o coração e amplamente, o plano, o modelo e a beleza impressionante, mas sutil, do desenvolvimento da alma.

Tempora mutantur, os tempos mudam. O ser humano continua seu caminho curvado sob o peso da ignorância, de guerras e boatos de guerras. No entanto, uma luta menor, travada em seu ser interior, na força daquele que é Cristo, leva o buscador que, no olho da tempestade, conduz sua nave no mar acadêmico, e o faz chegar em segurança ao porto de sua *Caphar Salama*.

Realmente, os tempos mudam. Às vezes, as trevas nos ameaçam. Mas as leis de Hermes, a religião racional da Gnosis e a luz libertadora de Cristo trabalham imutavelmente, em todas as épocas, no santuário interior e aperfeiçoam não a inteligência, o sentimento, o ego inferior, e sim a alma e o verdadeiro Eu, que é Ele. As pedras falarão antes que o trabalho mundial em favor da alma emudeça ou sofra qualquer atraso. A glória de Deus é intangível, e, no microcosmo, haverão de refletir-se a grandeza,

3. Andreæ, J.V. *Chymische Hochzeit Christiani Rosencreutz. Anno 1459*. (As núpcias químicas de Christian Rosenkreuz. Ano 1459.) Estrasburgo, Erben L. Zetzner, 1616.

a beleza e a harmonia do Todo. Assim, 400 anos depois de nossa *Fama* ter sido escrita, damos testemunho, novamente, da Fraternidade da Rosa-Cruz.

Jesus mihi omnia

Peter Huijs, 22 de julho de 2008

Introdução ao livro

J. van Rijckenborgh é o nome espiritual de Jan Leene (1896-1968) e Catharose de Petri, o de Hennie Stok-Huizer (1902-1990). Ambos foram rosa-cruzes e gnósticos herméticos modernos – duas designações que caracterizaram toda a sua vida. Desde a juventude, Jan Leene aprofundou-se em tudo o que dizia respeito à religião e buscou uma aplicação sincera da fé na vida diária. Entretanto, ele distanciou-se do cristianismo superficial e da teologia mental que não podem tocar o homem comum ou o confundem. Um grande sentimento de justiça levou-o a entusiasmar-se com o movimento dos trabalhadores, que estava em franca expansão durante sua juventude. Era uma época turbulenta, em que o Prof. Dr. A.H. de Hartog (1869-1938) atraía multidões às igrejas com sua "teologia realista". Jan Leene e seu irmão Wim (Zwier Willem, 1892-1938) estavam frequentemente entre seus ouvintes. Ambos eram pesquisadores persistentes e, em meio ao confuso campo esotérico do início do século passado, descobriram gradualmente, com outros companheiros, a direção que deveriam tomar para realizar seu ideal.

A primeira parte deste livro trata da fase preparatória da Ordem da Rosa-Cruz.

A segunda parte começa em 1924, quando os irmãos e alguns amigos assentaram a primeira e ainda modesta base da Escola de Mistérios da Rosa-Cruz. Para tanto, aproximaram-se do trabalho de Max Heindel e de sua Fraternidade Rosacruz, inspirados nos 4
manifestos dos rosa-cruzes do século XVII. Em 1930, Catharose de Petri juntou-se a eles. Esse período, que poderíamos chamar de

4 The Rosicrucian Fellowship.

primeiro círculo, foi inspirado pelos Irmãos Maiores da Ordem. Em janeiro de 1937, foi publicada a tradução para o holandês dos manifestos clássicos dessa fraternidade, numa edição intitulada *O Testamento Espiritual da Ordem da Rosa-Cruz*. Pela primeira vez, esses textos fundamentais tornaram-se acessíveis a um público maior. Dessa maneira, eles tornaram conhecidos "o objetivo, a essência e a vocação da 'escola de mistérios do Ocidente'", tal como estava escrito na capa dessa primeira edição. Esse objetivo era uma reforma geral, o deslocamento do foco da vida para o desenvolvimento da alma e uma nova ligação com o Espírito Universal Sétuplo mediante um renascimento.

A terceira parte deste livro começa em 1946, com a fundação do Lectorium Rosicrucianum, e trata do segundo círculo de atividades. Podemos observar, assim, como os guias espirituais, inspirados pela corrente universal de fraternidades, seguiram a missão interior de desenvolver uma nova atividade mundial sétupla a serviço da libertação da alma. A partir de 1954, o encontro e a colaboração com Antonin Gadal, em Ussat, no sul da França, foi decisivo para o desenvolvimento espiritual de Catharose de Petri, de J. van Rijckenborgh e, portanto, da Escola Espiritual e seus alunos. A consequência desse encontro foi terem explicado oralmente e por escrito o trabalho espiritual dos cátaros e sua herança material e imaterial. Seu trabalho foi coroado com a união especial de três fraternidades ativas espiritualmente: a Tríplice Aliança da Luz, que os três confirmaram em 1955.

J. van Rijckenborgh e Catharose de Petri trabalharam durante toda a vida na construção da atual Escola Espiritual sétupla da Rosacruz Áurea. Uma parte importante desse trabalho constituiu-se de milhares de alocuções centradas nos diversos aspectos do ensinamento gnóstico de libertação. Quanto a seus ensinamentos filosóficos, esses autores não devem ser considerados individualmente, pois nesse campo sua obra pode ser vista como uma única e harmoniosa colaboração. *A Gnosis Chinesa,* por [5] exemplo, contém maravilhosos comentários, adaptados por eles para o século XX, sobre o antigo texto chinês de Lao Tsé, o *Tao Te King*. Durante sua vida, eles publicaram ininterruptamente uma revista semanal ou mensal. E muitas de suas alocuções e explicações foram retomadas nos quase quarenta títulos de sua autoria publicados pela Rozekruis Pers, na Holanda, e pela Pentagrama Publicações, no Brasil.

Embora rejeitem a imagem do Cristo histórico das igrejas, seus ensinamentos e sua escola estão sintonizados de maneira pura com a energia universal de Cristo, que penetra e ilumina a tudo e a todos. O trabalho iniciado em 1924 desenvolveu-se até tornar-se a Escola Internacional da Rosacruz Áurea, atualmente ativa em todo o mundo ocidental, com mais de 200 estabelecimentos em 42 países.

Após a morte de J. van Rijckenborgh, em 1968, Catharose de Petri, apoiada por um grupo de alunos leais, salvou o trabalho de uma grande crise. Ela prosseguiu o trabalho espiritual que haviam começado juntos, proporcionou à Escola Espiritual uma sólida estrutura e assegurou sua continuidade. Essa mulher especial, que adotou para si o antigo lema rosa-cruz "o serviço em autoesquecimento é sempre o caminho mais curto e mais alegre para Deus", faleceu em 1990.

A partir de então, a linha espiritual desenvolveu-se em um terceiro círculo, que é tratado na quarta parte deste livro. Nesse círculo, uma direção espiritual internacional colegiada encarregou-se do desenvolvimento subsequente da Escola Espiritual e tomou iniciativas para dar forma, de diversas maneiras, ao trabalho começado por J. van Rijckenborgh e Catharose de Petri.

5 Rijckenborgh, J. van. *A Gnosis Chinesa*. 2. ed. Jarinu: Lectorium Rosicrucianum, 2011.

Finalmente, a quinta parte trata do significado do trabalho de Aquário no século XXI e das perspectivas que se abrem agora, quando uma escola sétupla de mistérios tornou-se realidade. Trata também das possibilidades criadas devido à ligação com a vida original, sempre mantida com muita devoção.

PRIMEIRA PARTE

A ORDEM DA ROSA-CRUZ
A PREPARAÇÃO NO CAMPO MUNDIAL

1. Alma natural e coração do mundo

J. van Rijckenborgh vislumbrou que inúmeras almas se libertariam. Ele esperava que bastasse o ser humano dar um passo relativamente pequeno rumo a uma vida em autoesquecimento para reconhecer quão limitada é a consciência natural comum e como são imensas as possibilidades que a nova consciência da alma oferece. Para atingir essa nova consciência considerava necessário um primeiro período de três anos de aprendizado interior. Então o candidato seria capaz de superar as limitações de uma vida voltada exclusivamente para si próprio. Consequentemente, não poderia deixar de perceber a grandeza da criação. O plano perfeito que é a base da criação e sua beleza despertariam nele um anseio ardoroso. Assim, ele poderia verdadeiramente colaborar com a grande obra mundial que J. van Rijckenborgh tinha em mente. Somente essa obra mundial, para a qual bastariam 10.000 almas, poderia evitar que o interesse próprio e um estilo de vida extremamente individualista arruinassem toda uma civilização, para não falar das consequências para o planeta.

Com o entusiasmo de um coração imbuído de amor pelo ser humano, desde muito jovem trabalhou pela mocidade, na Igreja Holandesa Reformada a que sua família pertencia. Seu lema de vida está expresso na seguinte oração:

"Ó Deus, liberta-me da ilusão e do instinto natural. Faze que eu veja a beleza de teu plano de criação original, ao qual queres religar-nos
6 por meio de teus santos servidores, pela graça de Cristo."

6. Andreæ, J. V. *Republicæ Christianopolitanæ*; com notas explicativas de John Twine. Haarlem: Rozekruis Pers, II, 1940, p. 38. 2. ed. 1978, p. 111.

Jan Leene
1939

Mais tarde, ele explicou de várias formas o que é necessário para que o homem possa ver "a beleza do plano de criação original". Mostrou de inúmeras maneiras quais são as condições necessárias para que alguém possa libertar-se das limitações do nascimento nesta natureza. Nesse contexto, sempre teve presentes dois pontos de partida: "o nascimento natural" e "a vida espiritual original".
Em seus quarenta anos de atividades, ele sempre levou uma vida orientada pela alma do mundo, que ele considerava como Cristo, como seu ponto de partida central. Isto é, Cristo como uma energia vital de nível superior que tudo conecta e pode ser utilizada nesta natureza, na própria vida.
Ele ofereceu aos jovens perspectivas que lhes tocaram profundamente o coração. Podemos encontrar um exemplo no final do capítulo IX de *Christianopolis*, onde ele escreve:
"Dirigimo-nos aos jovens amigos e amigas, que ainda têm a vida inteira diante de si. Queremos pedir-lhes, caso nos tenham compreendido: quebrem as algemas que os acorrentam desde o nascimento, recusem-se a habituar-se com esta ordem mundial e reflitam sobre sua vocação como filhos de Deus. Então, pode ser que sejam pobres e tenham dificuldades de acordo com os critérios dos habitantes da cidade de pedra, mas serão ricos, fabulosamente ricos, como os cidadãos de Christianopolis".

Que espécie de homem era J. van Rijckenborgh?
Com energia férrea, ele construiu, com seus companheiros, um campo de força espiritual, um oásis espiritual. Ou talvez devessêmos dizer: com uma vontade, não de ferro, mas de diamante. Ao mesmo tempo, seguia como diretriz as palavras de Cristo: "Aprendei de mim, que sou manso e humilde de coração". Ele construiu sua obra de vida em total sacrifício, com um objetivo absolutamente inequívoco, e com o ingrediente mais importante de todos: a força

de Cristo, a alma do mundo, que revela outra vida. Uma vida de luz e paz, de pura beleza e fraternidade.
Mansidão era a característica humana mais percebida pelas pessoas com quem lidava. Catharose de Petri (H. Stok-Huizer, 1902-1990), que fundou com ele o Lectorium Rosicrucianum, afirmava ser ele um enviado.

Contudo, era também uma pessoa comum. "Era apenas um homem amável", diz a filha Else Hamelink-Leene. "Um pai que jogava bola com meu irmão, como qualquer outro pai. Todos os domingos ia com ele jogar bola. Meu pai era um verdadeiro fã de futebol. Se tivesse uma palestra à tarde, por exemplo, ia em seguida ver um jogo." 7
Jan Leene (esse era o verdadeiro nome de J. van Rijckenborgh) nasceu em Haarlem em 1896. Era o mais novo de uma família de quatro irmãos. Jan e Wim eram os dois meninos. A saúde de Jan era muito frágil: antes dos trinta anos, houve um período de 12 anos em que ficou várias vezes gravemente doente, com a vida em risco. Estudou no colégio local. Seu pai, Hendrik, e um tio possuíam um comércio atacadista de tecidos e artigos têxteis que fornecia o sustento para as famílias. O ambiente em que os dois irmãos cresceram era o ambiente severo dos protestantes reformados. Na família, o tio Johannes era o "guardião da fé rígida". Por isso, as questões com as quais os dois irmãos se debatiam, assim como tudo o que diziam e faziam, estavam longe de agradar a toda a família, menos ainda a esse tio, que, muito seriamente, afirmou certo dia: "Pode ser que o Wim (Z.W.) ainda vá para o céu, mas o Jan... esse certamente não irá!"
Em 1915, com 19 anos, Jan Leene era empregado de escritório, e Wim, com 24 anos, fazia um curso de timoneiro. Quando o pai 8

7. Conversa com E.T. Hamelink-Leene, fevereiro de 2008.
8. Noord-Hollands Archief, Militierregisters, nos. 407 277 & 413 601, fichas 310 & 340.

Haarlem: Portal de Amsterdã, por volta de 1900

faleceu, em 1920, os dois irmãos assumiram o comércio de tecidos. Contudo, como a obra de que trata este livro em breve exigiu toda a sua atenção, e como nesse tempo de crise as perspectivas econômicas não eram nada boas, os dois acabaram por dedicar-se inteiramente ao que ambos consideravam sua missão.

A família inteira tinha grande interesse pelo objetivo da vida, pelo papel da religião, pela injustiça social e pelo movimento dos trabalhadores, que ganhava a atenção dos Países Baixos nos primeiros anos do século XX. Eles indagavam-se sobre o real significado da prática dos verdadeiros valores cristãos na vida diária.

Um dia, durante um culto em uma igreja diferente da sua, Jan Leene encontrou uma jovem que, com o seu canto, dava à reunião um brilho e uma profundidade especiais. O nome dela era Jo Ames. Como ele era membro da direção da associação juvenil de sua igreja, convidou-a a cantar para eles. Após a apresentação, perguntou-lhe se poderia levá-la de volta para casa. Casaram-se em 9 de agosto de 1923. Em 1924 nasceu o primeiro filho do casal: Henk. Oito anos depois, em 1932, nasceu uma filha: Elsine Tine. 9

No princípio do século XX, nos longos dias de verão, nas dunas perto de Haarlem, os dois irmãos gostavam de aprofundar-se sobre questões vitais com as quais todo ser humano se depara na vida. Onde está a fonte, o ponto de partida? Quanto à Igreja... bem, a Igreja Reformada onde ambos foram batizados, nela suas almas buscadoras não encontravam satisfação, apesar da significativa influência de um pastor em especial, que deu forma a seus ideais juvenis. Esse pastor "liberal" não via o cristianismo como uma filosofia constituída por severas regras de vida. Para ele, Deus e a alma individual nada tinham em comum com a natureza. Deus, como energia, está "essencialmente sempre fora do ser humano, mas o ser humano pode conhecer a Deus, ansiar por ele e unir-se a ele, em sua força, sua energia, que está no interior dos seres humanos". Esse homem era o pastor da Igreja Reformada Professor Doutor A.H. de Hartog. 10

9. Ver nota 7.
10 Muziek & Religie. Atas da Sociedade 'Muziek en Religie': Conferência musical de 29 de agosto a 1.° de setembro de 1924 na Oolgaardthuis, em Arnhem, Amsterdam, H.J. Paris, 1924.

2. Você mesmo é o ponto de reversão

Primeiros anos em Haarlem: desenvolvimento do primeiro círculo. A influência de um pastor de Haarlem: A.H. de Hartog. Os axiomas de Jacob Boehme como orientação interior. O compromisso social de A.H. de Hartog. O que significa ser você mesmo um ponto de reversão?

Tanto no pensamento como na ação de Jan Leene se destacam três influências significativas, que também representariam aspectos importantes dos ensinamentos da Escola Espiritual da Rosacruz Áurea a ser criada.

Em primeiro lugar, a descoberta da obra do irmão maior da Ordem da Rosa-Cruz, Max Heindel, teve um papel fundamental. O segundo fato, não menos importante, foi encontrar os manifestos originais dos rosa-cruzes clássicos: os manuscritos de Johann Valentin Andreæ. O terceiro aspecto foi a ligação consciente com a corrente universal de fraternidades, na qual o Lectorium Rosicrucianum foi formado e se fundamentou. Nesse período, coincidente com o auge de sua atividade na década de 1950, Jan Leene comentou os textos herméticos e gnósticos do princípio de nossa era. Esses textos eram totalmente desconhecidos nos Países Baixos, ainda abalados pela Segunda Guerra Mundial. Contudo, já estavam disponíveis desde 1900 nos países de língua inglesa, graças ao trabalho de George R.S.
11 Mead. Suas traduções são a maior fonte de textos sobre a Gnosis,

11. Mead, G.R.S. *Thrice greatest Hermes*; Studies in Hellenistic Theosophy and Gnosis, being a translation of the extant sermons and fragments of the Trismegistic literature, with Prolegomena, commentaries and notes. Três volumes. London & Benares: The Theosophical Publishing Society, 1906.

A.H. de Hartog

que ele revelou a um público maior, da mesma forma que o fez J. van Rijckenborgh.

Também são de grande importância os ensinamentos rosa-cruzes que o dinamarquês Max Heindel desenvolveu e difundiu entre 1906 e 1919 por meio da Fraternidade Rosacruz, fundada por ele em 1909. Antes da Segunda Guerra Mundial, os dois irmãos Leene eram os líderes do ramo holandês da Fraternidade Rosacruz sob a designação Sociedade Rosacruz. Eles propagaram o livro de Heindel
12 *Conceito rosacruz do cosmos* e suas outras obras. E gradualmente a obra de Heindel, divulgada principalmente por escrito, tornava-se um trabalho de grupo nos Países Baixos, com acampamentos de verão e conferências, durante os quais o que mais importava era o fato de todos estarem juntos.

Desde o início, o trabalho de J. Leene baseou-se em um impulso interior, um saber próprio e o desejo de fazer algo pelo próximo. Também estava claro para ele que se trata de fazer algo por iniciativa própria: ou você mesmo determina o próprio ponto de reversão em sua vida – ou não. Todavia, apenas podemos compreender a forma como esse impulso se expressou estudando mais profundamente as influências que contribuíram para isso.

Antes de terem encontrado sua afinidade espiritual com a Rosa--Cruz, e muito antes de poderem explicar diretamente as fontes da Gnosis, o já mencionado pastor e professor A.H. de Hartog foi o fator mais importante na formação do pensamento dos dois irmãos. Sua importância foi determinante, e com certeza não foi superestimada, porque mostrava que havia o Espírito e a natureza. Desse modo, lançou-os no seu caminho, dando-lhes um grande impulso no rumo certo.

12. Heindel, M. *Conceito rosacruz do cosmos ou cristianismo místico*; tratado elementar sobre a evolução passada do homem, sua constituição atual e seu futuro desenvolvimento. São Paulo: Pensamento, 1993. 3. ed.

O CRISTÃO MILITANTE A.H. DE HARTOG

A.H. de Hartog, professor de Oratória na Faculdade de Teologia da Universidade Real de Utrecht, foi pastor, até 1917, na Grote Kerk ou Igreja de S. Bavo, em Haarlem, aonde os irmãos iam com frequência. Era um homem com um talento muito especial para a oratória: alguém com "dons excepcionais e um conhecimento muito amplo", como dizia um recorte de jornal na época de sua nomeação em Utrecht. Era pai do conhecido escritor Jan de Hartog. Nas décadas de 1910 e 1920, sua esfera de influência era tão grande que até a rainha-mãe Emma frequentava seus serviços. De todo modo, antes da Primeira Guerra Mundial e entre as duas guerras, as ideias de De Hartog iam muito além da ortodoxia habitual própria das igrejas dos Países Baixos daquela época. Seus sermões e alocuções 13
inspirados eram uma lufada de ar fresco com a qual muitos se refrigeravam. "Era um entusiasta, um amigo de Deus, que auxiliou muitos que estavam distantes da Igreja e reergueu da sequidão interior muitos dos que estavam perto. Seu objetivo era o renascimento pelo Espírito, para tornar-se amigo de Deus e permanecer como tal para sempre", diz sobre ele J.W. Jongedijk, em seu livro *Líderes espirituais do nosso povo.* Na época 14
em que A.H. de Hartog era pastor em Haarlem, os dois irmãos não faltavam a nenhum de seus serviços e também assistiam a seus debates, por exemplo, com os líderes do movimento dos trabalhadores. Contudo, De Hartog não queria seguidores. De

13 Smit, F. Kroniek in goud. De hedendaagse Geestesschool van het Rozenkruis (Crônica em ouro. A Escola Espiritual da Rosacruz nos dias atuais), Chroniqueur, 2005, p. 8. Ver também Huijs, P.F.W. Stromen van Licht (Raios de luz). Haarlem: Rozekruis Pers, 2005. p. 298.

14 Jongedijk, J.W. Geestelijke leiders van nos volk. Em hun kerken, stromingen of sekten (Líderes espirituais de nosso povo. E suas igrejas, movimentos ou seitas). 's Gravenzande: Europese Bibliotheek, 1962.

acordo com seu modo de pensar, todos podiam ser cristãos militantes e autônomos com base em uma fé firme e uma convicção racional. E o mais notável: De Hartog ansiava pela reconciliação entre religião e ciência: um ideal que, três séculos antes, tinha sido o ponto central dos manifestos rosa-cruzes. Todavia, De Hartog não sabia disso.

Nessas palestras da rua De Lairesse, em Amsterdã, os dois irmãos podiam ser vistos na década de 1920, tomando notas detalhadas com seriedade, absorvendo cada palavra desse dinâmico servidor da Palavra.

De Hartog, militante como era, não recusava entrar em debate com os dirigentes e representantes do partido dos trabalhadores. Ficou conhecido como um pregador livre cujas ideias abrangiam um terreno muito vasto. Foi um dos cofundadores da Escola Internacional de Filosofia de Amersfoort, um instituto dedicado a estudos comparativos de religião e cultura.

Os jovens Jan e Wim Leene encontraram na visão de De Hartog a chave do drama humano no qual cada ser humano toma parte. Que visão era essa? Em 1924, o próprio professor a resumiu em uma contribuição para a Conferência *Música* e *Religião*. Nela, o pastor expressou suas reservas ao endeusamento unilateral da teoria da evolução de Darwin. Simultaneamente, desenvolveu ideias próprias, esotericamente interessantes, sobre a evolução do mundo e da terra. Na linguagem floreada, nem sempre linear, típica da década de 1920, ele diz:

"Cada ser apenas pode desenvolver o que está oculto em sua essência como semente. Portanto, a evolução nunca pode levar além do próprio ser; unicamente o que é inato nele pode ser desenvolvido. Todavia, a manifestação universal mostra que, além do princípio de evolução, de desenvolvimento, um segundo princípio se torna ativo: o princípio da regeneração, do renascimento, da renovação, da elevação a uma esfera de existência superior à que já foi realizada pelo próprio ser. [...] Isso ocorre no dia em que o reino terrestre (magnífico em si mesmo e contendo todas as suas possibilidades) recebe o reino vegetal (como novo princípio). O reino vegetal desce ao reino terrestre e transforma-o por meio de uma regeneração, transformando a descida infernal da viagem para baixo na ascensão da viagem para cima. A terra, antes descolorida, enche-se de cores e perfumes em um esplendor multiforme. Em seguida, o reino animal desce ao reino vegetal, consome-o e transforma-o em maior diversidade de formas pela própria liberdade de movimentos. Por fim, o reino humano cultiva o reino natural, pelo fogo e pela espada e assim, depois de o reino natural ter sido subjugado e renascido, o reino cultural ergue-se como um monumento do espírito. A religião deve estacionar no ser humano, ou ele deveria elevar-se acima de si mesmo? Acaso não procuramos o que é 'supra-humano' (Nietzsche)? Quando nos elevamos ao reino divino, aí também a evolução ou o desenvolvimento não pode ser o único princípio; a evolução só tem um significado permanente ao lado da regeneração – o que vale para todas as esferas da existência. Também deve haver uma descida regenerativa e revivificante do reino divino no reino humano, do mesmo modo que o reino humano regenera o reino da natureza, o reino animal regenera o reino vegetal e o reino vegetal regenera o reino terrestre. A gênese humana com base na emanação divina do amor é a verdade vital e central do cristianismo. No cristianismo, o ser humano supera a si mesmo e a tudo, quando é celebrada a descida do reino divino. Assim, nas profundezas da alma do ser humano esvaziado e receptivo, a divindade cresce e floresce eternamente (Eckhart). Quem vê Deus dessa maneira, morre para si mesmo e ressuscita dentre os mortos. Pois apenas se pode conhecer plenamente a Deus pela morte que é a autonegação. Ela leva à autorrealização que

provém de Deus. Assim, pela morte o ser humano ascende para
15 a vida como filho de Deus [...]."

Deus no ser humano! Eis o que De Hartog tentava apresentar naquela época como teologia realista. Acreditando nessa realidade, queria vê-la realizada. Ele enfatizava uma fé e um culto racionais e, para tanto, baseou sua vida na citação do capítulo 12 da Epístola aos Romanos. Nesse trecho, é dito que "o verdadeiro sacrifício" é viver com base no novo princípio: "Rogo-vos, pois, irmãos, [...] que apresenteis vosso corpo em sacrifício vivo, [...] que é o vosso culto racional". Por sua vez, ele foi até certo ponto influenciado pelo filósofo Eduard von Hartmann (1842-1906), autor de *Filosofia do inconsciente*. Esse livro lhe deu o *insight* de que existe uma realidade fora do homem (o "reino de Deus" do longo trecho supracitado) que, não obstante, pode ser conhecida pelo ser humano. Trata-se efetivamente de uma realidade, mas que não corresponde, de modo algum, à concepção que o ser humano dela tem. Consequentemente, De Hartog acreditava haver um "fundamento original" por detrás de tudo o que existe e pode ser percebido, uma energia primordial, um princípio subjacente a tudo o que existe, inclusive no espírito humano.

Jacob Boehme

16 Com base na obra de Schelling *Sobre a essência da liberdade humana*, escrita em 1809, essa ideia remonta ao conceito de *Ungrund* (Sem-Fundo) do filósofo alemão Jacob Boehme (1575-1625). De Hartog ficou muito interessado pelas ideias de Boehme. Provavelmente, identificou-se com ele pela oposição que enfrentou ao divulgar a Palavra.

15. Genootschap "Muziek en Religie". Muziek en Religie. Arnhem: H.J. Paris, 1924. Ver também nota 10.

16. Schelling, F.W.J. *Über das Wesen der menschlichen Freiheit*. Hamburg: Meiner, 2001.

Jacob Boehme foi uma figura marcante na encruzilhada dos tempos. No princípio do século XVII, ele estava em meio a correntes sociais importantes: entre a antiga nobreza e os novos ricos, entre as normas urbanas e a livre-iniciativa, entre as regras clericais e a livre vivência religiosa – e todas essas correntes o ouviram! Boehme estava muito longe de ser o sapateiro mal-sucedido como tantos se referiram a ele, sempre em conflito com o clero e as autoridades da época. Como empreendedor autônomo, ele desempenhou na sociedade um papel ativo e consciente durante a primeira parte de sua vida. Foi assim que pôde difundir seu profundo conhecimento da alma humana. 17

Mas acima de tudo, Jacob Boehme foi o gênio que conseguiu contemplar as profundezas de Deus e teve o talento de dar testemunho
delas em suas obras. *Aurora* ou *A aurora nascente,* de 1613, foi sua 18
primeira obra. "Foi escrita para mim mesmo", dizia ele. Totalmente escrita com base na inspiração e no espírito, seu objetivo único era explicar melhor o que, na verdade, significava o renascimento.

Boehme foi um renovador e o professor De Hartog reconheceu isso. Tal como ele fez em seu tempo (De Hartog tem uma linguagem única), também Boehme desenvolveu uma linguagem e filosofia novas, e uma maneira nova de representar ideias abstratas nunca antes formuladas.

É notável o paralelismo entre o destino de Boehme e o dos primeiros irmãos da Rosa-Cruz, que se manifestavam no sul da Alemanha na mesma época. Não é essa uma prova de que um poderoso impulso irrompeu naquela época, o qual procurava colocar o renascimento interior ao alcance de todos, mesmo sofrendo forte oposição?

Em 1915, A.H. de Hartog publicou uma antologia da obra de Boehme pela editora Hollandia-Drukkerij, em Baarn. Trata-se de um volume da então popular série *Horas com... Livros de sabedoria*

17. Brul, A.H. van den. Jan van Rijckenborgh, um rosa-cruz moderno e gnóstico hermético. In: *Pentagrama,* ano 17, n. 2, 1995.

18. Boehme, J. *A aurora nascente*. 3. ed. São Paulo: Polar, 2011.

e beleza, na qual escritores famosos, como P.C. Boutens, J.D. Bierens de Haan e P.N. van Eyck publicavam coletâneas das obras de pensadores, músicos ou místicos cristãos, alguns mais conhecidos,
19 outros menos. A série incluía volumes sobre Montaigne, Kant, Novalis, S. Bernardo, Ruysbroek, Platão, Lutero e outros. Talvez este seja o momento e o lugar adequados para citar uma crítica feita, naquela época, a *Horas com Boehme*. Numa revista cristã, *Opbouw* (Construção) de 1916, o irmão Elffers defende De Hartog de acusações de "panteísmo": "É um livro excelente. Em meio à turbulência do mundo, ele nos torna silenciosos interiormente. Ele nos eleva acima da rotina da vida terrestre e desce conosco, penetrando nas profundezas escuras, aonde o esplendor da eternidade irradia em nossa direção. Realmente, este é um livro de sabedoria e beleza".

E, na mesma edição, ele repete as famosas palavras de Boehme:

Aquele para quem o tempo se tornou
como a eternidade
e a eternidade como o tempo
está liberto de toda luta.

O COMPROMISSO SOCIAL DE DE HARTOG

Realmente, a atividade de De Hartog começou a despertar forte resistência de vários lados. Muitos ficavam impressionados com seu grande talento de orador, mas poucos conseguiam compreender seu ponto de vista. Os trabalhadores, a quem ministrou

19. *Uren met Boehme. Boeken van wijsheid en schoonheid.* Baarn, samengesteld door prof. Dr. A.H. de Hartog (Horas com Boehme. Livros de sabedoria e beleza. Baarn, compilação do prof. Dr. A.H. de Hartog) Hollandia-Drukkerij, 1915. Uma reedição revisada do livro Uren met Boehme, a respeito do filósofo teutônico e sapateiro do século 17, foi publicada em 1998, sob o título: Vivendo na simplicidade de Cristo. Ver n.° 126 da Bibliografia.

muitas conferências, não reconheciam o princípio espiritual sobre o qual falava. Ele era abertamente contra os nazistas em ascensão e os membros do NSB (movimento nacional-socialista), como seu filho Jan recorda, vividamente, na obra *Recordações de minha mãe*. Fundou *De Middaghoogte* (O Zênite) como contrapeso [20] aos livres-pensadores organizados na associação *De Dageraad* (A Aurora). "De Dageraad" era materialista racional e queria demonstrar, com argumentos científicos, que Deus não existe. Onde "De Dageraad" estava ativa, "De Middaghoogte" estava presente, e era sempre De Hartog quem defendia o cristianismo e a Igreja.

Siebe Thissen escreveu em seu blog: "Em suas exposições e artigos ele lidava com todo o espectro filosófico: Teoria do Conhecimento, Ciências, Psicologia, Antropologia, Ética, História, Metafísica e Filosofia. Ele facilmente alternava entre textos bíblicos e conceitos filosóficos, de modo que podia acontecer de Von Hartmann e Paulo serem citados lado a lado".

Durante as décadas de 1920 e 1930, De Hartog foi o principal porta-voz dos opositores ao ateísmo na Holanda. A cada ação dos ateístas, seguia-se uma reação de De Hartog. Quando, em 1923, o livre-pensador A.L. Constandse publicou a brochura *A miséria da religião,* De Hartog reagiu imediatamente com *A glória da religião* (Haia: 1923).

Todos esses debates atraíam muito público. Era habitual haver mil ou mais espectadores. A força de De Hartog estava em seu carisma. Era vaidoso, às vezes ingênuo, mas sempre justo e correto. Em seu livro "Viva a vida" (1959), o "pastor vermelho" J. J. Buskes recorda: "De Hartog era um grande orador e um testemunho forte. Se alguma vez ganhou ateus para a fé em Cristo não foi por mostrar

20. Hartog, J. de. *Herinneringen aan mijn moeder*. Amsterdam: Atlas, 2008.

a racionalidade da religião ou por defendê-la com a ciência, mas
21 exclusivamente por seu testemunho apaixonado."

No entanto, seus opositores mais amargos foram seus colegas cristãos, que atacaram fortemente seu ponto de vista. O teólogo Ubbink afirmou, por exemplo, na já citada revista "Opbouw", que a visão de De Hartog seria "panteísta". Este replicou, não sem humor: "Na maneira de ver de Ubbink, o próprio Paulo seria panteísta, visto que diz sobre Deus em Atos dos Apóstolos, 17:28: 'porque nele vivemos, e nos movemos, e existimos, como também alguns dos vossos poetas disseram: pois somos também sua geração'". "Não!", enfatiza De Hartog – "o verdadeiro buscador de Deus faz a distinção entre o mundo e Deus. No entanto, sabe que Deus e o mundo são um. Nós, porém, dissemos em muitos lugares que o panteísta identifica Deus com o mundo, enquanto o teísta distingue ambos, embora saiba que são um. Unidade na diversidade é absolutamente diferente de 'identificação' (mesmo que dr. Ubbink cite seu dicionário filosófico): em sua onipotência soberana e em seu amor, o Senhor quer comunicar-se à sua criatura, 'unificando' de tal modo as naturezas divina e humana que elas permaneçam indivisíveis e inseparáveis, imiscíveis e inalteradas. Mesmo assim, a natureza divina não é idêntica à humana".
Nisso, o próprio ser humano, por sua capacidade de mudar, faz toda a diferença, como veremos a seguir.

21. SiebeThissen.net, 2008. Ver também, entre outros, Metamorfoze Vrijdenkers (Livres-pensadores da metamorfose), tese de doutorado de Wouter Kuijlmans. Parte de uma coleção de publicações sobre livres-pensadores de 1855 a 1950 (para a Universidade de Ciências Humanas). Utrecht: 2005. Ou: Vrijdenkers in verzuild Nederland (Livres-pensadores na Holanda dividida), de Jo Nabuurs. De Dageraad 1900-1940, een bronnenstudies (A Aurora 1900-1940, um estudo das fontes), Utrecht: Arquivos de Ciências Humanas, 2003), 13. Toda a coleção preservada de Livre-pensadores da metamorfose foi consultada através do banco de imagens da Internet: http://web2.stratapreservation.nl/CGI-bin/vrijdenkers ou clicando no website dos Arquivos de Ciências Humanas: http://archief.uvh.nl.

O "princípio espiritual" é o aspecto menos compreendido do ensinamento de De Hartog. O que para ele era experiência, realidade, para seus colegas teólogos não passava de teoria ultrapassada. Contudo, De Hartog sempre voltava a esse tema, que para ele era essencial: o ponto central do que deveria ser um serviço realista a Deus. Em uma de suas últimas obras, *Paganismo moderno,* o professor volta uma vez mais a essa dualidade, que seria praticamente a base da filosofia e da vida no Lectorium Rosicrucianum após a Segunda Guerra. De Hartog via essa dualidade em toda parte: no mundo, no universo e no homem. Nesse livro, escreve sobre toda espécie de novas correntes que alcançavam o Ocidente naquela época, resumidas por ele no conceito "paganismo moderno". Sem fazer referência alguma a ateístas ou materialistas, formulou as seguintes ideias:

"Somos surpreendidos pela imediata equiparação da natureza e de seus produtos – ou seja, a multiplicidade – com a unidade do poder divino superior. Deus e a natureza, assim como o ser humano, constituem um todo inseparável. É assim que este pedaço de madeira, esta pedra, tornam-se uma estrela ou um ser humano, como uma representação do que é uno e eterno, o que é o único e eterno um, que as pessoas chamam de 'Deus'."

Todavia, quando se trata de vida superior e espiritual, na qual e pela qual o ser humano demonstra sua proveniência do Espírito e não apenas da natureza, o ser humano precisa:

"[...] romper com seus impulsos naturais e tornar-se, ele mesmo, o ponto de reversão no ponto de reversão dos tempos, no qual ocorre o renascimento do impulso supranatural do Espírito. Isso somente será possível se o ser humano, não como produto da natureza (ou seja, de terra, sangue, raça e nação), mas como indivíduo, com sua responsabilidade moral-racional e sua liberdade individual, afastar-se do instinto da natureza e voltar-se para a supranatureza do Espírito. Nesse ponto de reversão revela-se a entrega (a equanimidade).

Quando atinge esse ponto, o ser humano não alcança sua completude por evolução ou autodesenvolvimento, porém aqui é conduzido de volta e renovado, em conformidade com sua origem supranatural, mediante [...] a regeneração pelo Espírito Santo."

Albert Schweitzer disse uma vez: "Não há heróis da ação, mas apenas heróis da renúncia e do sofrimento". De Hartog expressou isso da seguinte maneira: "Eles [os heróis] perdem tudo para ganhar tudo, baseados em um princípio superior. Eles declinam para elevar-se a novas e antes desconhecidas possibilidades, em um nível superior. Eis por que as palavras de Cristo são tão significativas: toma a tua cruz, passivamente, resignadamente, para que logo possas carregá-la ativamente e seguir-me." Quando o novo se apresenta,
22 o melhor é que o velho se retire e silencie.

A importância de De Hartog no pensamento dos irmãos Leene

De Hartog publicou mais de cem títulos. Todos foram esquecidos, assim como suas ações e ideias. Poucos ainda se interessam por sua sabedoria. E, no entanto, como foi importante que esse cristão teimoso tenha confrontado as pessoas de seu tempo tão claramente, de forma tão realista e inegável, com o princípio "Deus-no-homem"! Em cada publicação, em cada palestra, ele mencionava o princípio superior que pode nascer no ser humano, não com base naquilo que é muito humano e pessoal, mas sim com base no divino, no novo quinto princípio.

Os irmãos Leene podem ser contados entre os que ele tocou. "Ser, nós mesmos, o ponto de reversão para servir ao nosso próximo", "a cruz deve ser erigida no ser humano e carregada por ele próprio" e "renunciar ao que é inferior para viver com base no irradiante campo espiritual interior". Com base nessa orientação eles começaram a trabalhar.

22. De Hartog, A.H. *Modern heidendom*. Kampen: Kok, 1935, p. 119.

A partir de 1924, essa tríplice combinação será um tema recorrente na atividade dos dois irmãos: de Wim Leene, até 1938, e de Jan Leene, até 1968. Esse é o "triângulo de fogo" que lhes serve de rocha. É nele que se apoiam, pois partilham com De Hartog a certeza: ninguém a não ser o próprio ser humano forma interiormente o ponto de reversão "ao qual toda a criação aspira ardentemente".
Aprofundamo-nos bastante na obra e no pensamento de De Hartog, porque, em sua juventude, Jan e Wim Leene, por razões muito compreensíveis e em uma época absolutamente diferente da nossa, adoravam esse homem. Suas palavras plenas de força e a maneira como as transmitia "tinham o poder de iluminar a igreja", segundo um de seus ouvintes; e o conteúdo interessante de suas considerações vinha responder as questões com as quais os irmãos se ocupavam desde seus primeiros dias nas dunas. Foram pensamentos formadores das ideias dos Leene e que culminaram, na década de 1950, nas concepções sobre as duas ordens de natureza, os dois campos que permanecem "indivisíveis e inseparáveis, imiscíveis e inalterados" e, no entanto, "estão unidos".
Mais tarde, J. van Rijckenborgh explicaria que a igreja defendida com tanto empenho por De Hartog tinha sérias limitações e que a Bíblia, assim como os evangelhos apócrifos, está repleta de sabedoria e visão interior. As forças vivas e regeneradoras da luz somente podem atuar quando cada membro de um grupo se esforça pela santificação da vida, isto é, pela realização. Caso contrário, de nada adiantam um livro, uma igreja com centenas de milhões de almas, ou uma Bíblia repleta dos mais profundos provérbios.
Em um artigo da Nova Orientação Religiosa, sem data, sobre o mistério da alma, lemos:
"Do mesmo modo que a Bíblia é o testemunho religioso mais importante para o ser humano, também é absolutamente certo que ele tropeçará em obstáculos textuais. Como prova dessa afirmação, menciono a infindável lista de confissões religiosas, grupos

e seitas. Todas essas divisões se revestem de explicações bíblicas literais, simbólicas ou esotéricas, de natureza espontânea ou mais ou menos científica. A parte da humanidade que se considera cristã nunca alcançará a unidade, nunca alcançará a elevação, nunca alcançará a libertação, se não abandonar, completa e definitivamente, o caminho para onde os séculos a empurraram. Os livros sagrados são usados de maneira incorreta. Eles apenas serão um testemunho de Deus, e sua linguagem somente poderá ser compreendida, se os abordarmos de forma completamente diferente. Existe um largo abismo entre nós e os mistérios de Deus e da vida que, entre outras coisas, têm um ponto focal na Bíblia. Portanto, a senda da vida é uma senda interior. Somente o processo, a senda de santificação, de santificação da vida, pode libertar-nos. Sua assinatura jamais pode ser uma boca cheia de palavras ou uma prateleira repleta de livros. O homem que segue a senda de santificação demonstra isso com luz, com luz interior, a ponte sobre o largo abismo entre os mistérios divinos, os mistérios da vida e nós. Então não precisamos da Bíblia? Seria ela supérflua? A Rosa-Cruz trabalha para um desenvolvimento no qual a humanidade aprenda a abordar a Bíblia de maneira totalmente nova."

Essa longa citação mostra claramente que deu-se um passo além da linha traçada por De Hartog: de uma teologia realista, para a ousadia de romper com o que era velho. Esse passo conduziu da experiência religiosa à vivência verdadeira de uma realidade espiritual superior, levando a uma compreensão nova e revigorante da Bíblia (e de todas as escrituras sagradas) mediante purificação individual.

Sermos nós mesmos o ponto de reversão

Como podemos ser nós mesmos o ponto de reversão? Como poderemos fazer isso? Totalmente conscientes dessa incumbência, Wim e Jan Leene começaram juntos uma obra imponente. A fonte que procuravam somente pode ser encontrada no próprio ser. O coração do homem sensível, solícito, sincero, é o lugar onde, no princípio dos tempos, foi erigida uma fonte inesgotável. A água viva dessa fonte é a luz de Cristo, que sempre está no interior do ser humano! Quem trabalha com ela torna-se um ponto de reversão e trabalha com base em uma força santa, no Espírito Santo. Quando De Hartog começou a ser criticado por colegas teólogos, como Ubbink e outros, e acusado de se afastar demais da doutrina oficial, os dois irmãos já não puderam continuar na Igreja. O fato de um homem honrado como esse pastor ter sido caluniado pelos líderes da Igreja provava que essa instituição estava ocupada com teologia intelectual e já não era capaz (se é que alguma vez foi) de tocar os homens com um evangelho vivo (teologia realista). No que dizia respeito a isso, os dois irmãos vivenciaram pessoalmente a veracidade de uma conhecida afirmação do professor, que Jan Leene citaria mais tarde muitas vezes a seus alunos: "A verdade fundamental não é oferecida de bandeja, sob a forma de artigos, ou ditada ou ao pé da letra. Ela deve ser conquistada e apropriada pela consciência comum do homem." 23

Não, o impulso de seu ídolo dentro da Igreja acabou sendo insuficiente para dar forma à sua tarefa. Embora a luz da fonte interior seja inesgotável, ainda careciam de instrumentos importantes para poderem fundar uma obra libertadora. Para começar, sentiam que lhes faltava determinado conhecimento; também lhes faltava uma visão mais ampla. Os irmãos certamente não tinham isso a seu dispor desde o início. Eles também tiveram de obter a verdade superior por meio de inspiração e muita transpiração. Como eles explicaram em vários locais: tiveram de conquistá-la com base

23. Brul, A.H. van den. Jan van Rijckenborgh, um rosa-cruz moderno e hermético gnóstico. In: *Pentagrama*, ano 17, n. 2, 1995, p. 29.

em sua natureza inferior e nas condições sociais de seu tempo. De Hartog respondeu à questão essencial, à questão das relações entre Deus e o homem. Por meio dele, os Leene viram a primeira fonte, de onde tudo emana: o ponto onde o Espírito divino toca o homem. Essa fonte está no interior de cada ser. O que ainda lhes faltava era a resposta à questão da gênese humana – uma antropogênese, portanto – e uma noção das relações do homem com o cosmo e o macrocosmo, ou seja, uma cosmogênese e uma cosmologia. Eles as encontraram em um campo que lhes era totalmente desconhecido: o terreno do esoterismo. Para melhor compreensão, daremos um passo atrás no tempo, para ver o que acontecia, em 1875, do outro lado do oceano.

3. A linha espiritual. O trabalho mundial se inicia

1875-1911. O impulso de H.P. Blavatsky e a Sociedade Teosófica. As sete ciências arcanas. Anna Bonus Kingsford e The Hermetic Society. Arthur Edward Waite e The Fellowship of the Rosy Cross. A vida exemplar de G.R.S. Mead e The Quest Society. O chamado do coração solar

Embora a situação do campo de vida esotérico por volta de 1924 fosse imprecisa, caótica e complexa, no período que antecedeu essa época foram empreendidos esforços heroicos tanto para elevar a consciência geral da humanidade a um plano superior como para quebrar o domínio do materialismo puro. De fato, cinquenta anos antes, por volta de 1875, um grande trabalho já havia sido iniciado, estimulando uma onda espiritual que conduziu o mundo para a Era de Aquário. Ao fazer uma retrospectiva, várias fases dessa onda ficam evidentes.

Assim, no final do século XIX, estavam em atividade mais de 100 (!) movimentos rosa-cruzes. Embora nenhum desses grupos pudesse afirmar que provinha diretamente do primeiro círculo, o dos rosa-cruzes clássicos, responsáveis pela publicação em 1614 dos textos básicos, os manifestos rosa-cruzes, todos se afirmavam herdeiros de seus ensinamentos secretos. Eliphas Lévi, por exemplo, pseudônimo do ex-padre Alphonse Louis Constant (1810-1875), foi um dos primeiros a tentar introduzir um pensamento mágico-esotérico ponderado. Ele trabalhou em conjunto com *Sir* Edward Bulwer-Lytton (1803-1873), autor do conhecido romance *Zanoni,* [24]

24. Bulwer-Lytton, E. *Zanoni*. São Paulo: Pensamento, 1994.

Anna Bonus Kingsford, por volta de 1875

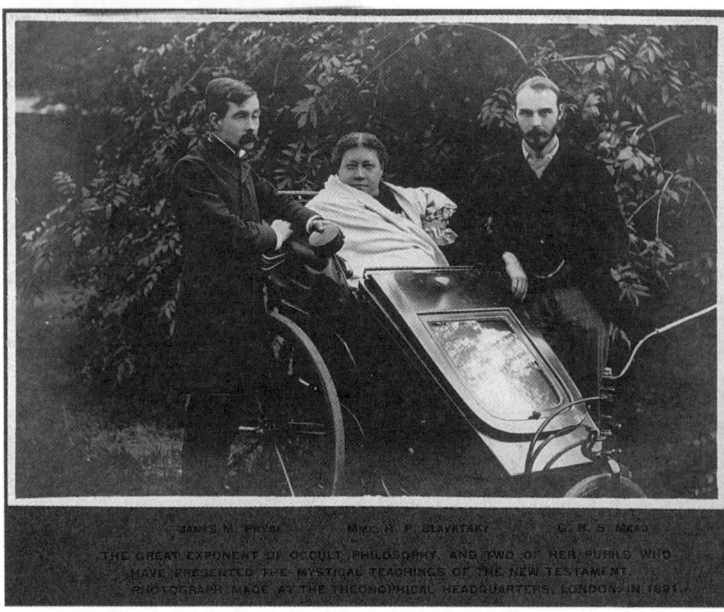

H.P. Blavatsky em companhia de G.R.S. Mead (à direita), em 1891

"o Mestre Rosa-Cruz". Também republicou o texto do *Nuctemeron*, de Apolônio de Tiana.

Depois de um primeiro período de iniciativas individuais como essas, o pensamento oriental da Sociedade Teosófica, baseado na magia do hinduísmo, fez-se sentir fortemente. H.P. Blavatsky escreveu *Ísis*
sem véu (1877) e *A Doutrina Secreta* (1888), dois livros muito cien- 25
tíficos e de crítica social, que proporcionaram uma torrente pode- 26
rosa de ideias. Eles tornaram conhecida aos espíritos progressistas da época a sabedoria universal (*filosofia perene*), conservada desde os tempos antigos em determinados círculos esotéricos. Nos dois volumes de *A Doutrina Secreta*, Helena Petrovna Blavatsky apontou para a origem e a intenção da criação divina "homem": o *manas*, o pensador. Ela explicou que essa "criação" se encontra num caminho de evolução muitíssimo longo, e que outrora, quando possuía uma consciência espiritual divina perfeita, o homem estava unificado com o que ela chama Deus ou *Brahman*, e que um dia voltará a ser uno com ele. Ela forneceu um esboço do desenvolvimento do cosmo em sete grandes períodos e explicou todos os estágios desse caminho de desenvolvimento. Desse modo, transmitiu uma imagem do mundo e do homem que influenciou profundamente um número impressionante de pensadores, poetas e artistas do fim do século XIX.

Sempre dizem, com razão, que Helena Petrovna Blavatsky, ou Madame Blavatsky, bem como a Sociedade Teosófica por ela fundada, tiveram um papel importante por rasgarem o véu do materialismo que dominava o mundo intelectual do Ocidente desde a ascensão das ciências, no princípio do século XVII.

Contudo, seu surgimento mostra algo mais. O que de fato aconteceu com a atuação de Blavatsky foi o contato direto renovado com

25. Blavatsky, H.P. *Ísis sem véu*. São Paulo: Pensamento, 1995.
26. Blavatsky, H.P. *A Doutrina Secreta*. São Paulo: Pensamento, 1995.

o mundo invisível pela primeira vez desde a Idade Média e desde Newton.

As leis de *Sir* Isaac Newton (1643-1727) conquistaram um lugar central na história da Física, e com razão. No entanto, a importância da contribuição de suas leis não se encontra em sua capacidade explicativa; as leis de Newton não explicam, mas são um método para calcular a intensidade de forças. Ele e Gottfried Leibniz (1646-
27 1716) inventaram quase simultaneamente um método chamado hoje "cálculo diferencial", um método refinado de calcular variações. Foi essa invenção que possibilitou o enorme florescimento das ciências nos últimos trezentos anos. Além disso, Newton era um alquimista apaixonado, segundo dizem os relatos. Em 1942, foi publicado um famoso ensaio de Maynard Keynes, *Newton, o homem,* no qual ele apresenta uma visão totalmente nova de Newton. O pensamento central da obra é: "Newton não foi o primeiro da Era da Razão. Foi mais o último dos magos, o último dos babilônios e dos sumérios, o último grande intelecto que olhou para o mundo visual e intelectual com os mesmos olhos dos que começaram a construir nossa herança intelectual há 10.000 anos". Na realidade, foi ele quem fechou a cortina, e depois dele começou "o sombrio período do Iluminismo e da razão".

H.P. Blavatsky faz referência a esse fato na segunda parte do livro *A Doutrina Secreta:* "Depois de finalmente ter-se emancipado das amarras da Teologia, a ciência entregou-se ao erro oposto. E, na tentativa de interpretar a natureza de maneira puramente materialista, construiu a teoria mais extravagante de todos os tempos: a de que o homem descende de um macaco bruto e feroz. Essa teoria está

27. Citado e traduzido com base na resenha de Klaas Landmans em www.staff.science.uva.nl: *The double life Isaac Newton (A vida dupla de Isaac Newton.* In: *The Cambridge Companion to Newton* (O guia Cambridge para Newton). Eds. Cohen, I.B.; Smith. G.E. Cambridge: Cambridge University Press, 2002.

tão enraizada, de uma ou outra forma, que será preciso um esforço hercúleo até sua refutação final." 28

Helena Blavatsky voltou a abrir essa cortina que existe entre nós e os mundos invisíveis. De inúmeras maneiras, ela mostrou que existe mais, muito mais, que o mundo da natureza, da matéria, o mundo das formas. Ela quis mostrar que o mundo – e o ser humano – é um prodígio de forças espirituais. Não o frio resultado de um jogo de dados de um deus, mas realmente um milagre resultante da colaboração de forças e hierarquias espirituais. Não devemos esquecer que sua intenção inicial era chamar de *The Miracle Club* a instituição 29
que viria a ser a Sociedade Teosófica.

O mundo não costuma levar a sério pensamentos como esse. Alguns tinham dúvidas. Outros apoiaram-se na força do que é visível. Poucos pararam para refletir, e menos ainda foram os que começaram a empreender uma mudança na vida para aproximar-se da ligação original com todos os mundos. Muitos rejeitaram-nos completamente. Antevendo isso, não é de se admirar que ela tenha dedicado sua obra "a poucos".

Mas a cortina estava aberta, e, embora tivesse de acontecer, essa abertura não foi algo simples. Com seu conhecimento dos ensinamentos e das fontes indianas ocultas, H.P. Blavatsky pretendeu mostrar que a natureza não é "um aglomerado fortuito de átomos". Ela quis "dar ao homem seu lugar legítimo no plano do universo; salvar da degeneração as antigas verdades que estão na base de todas as religiões; revelar, de algum modo, a unidade fundamental que deu origem a todos nós; e, por fim, mostrar que a ciência da civilização moderna ainda não se aproximou do lado oculto da natureza",

28. Blavatsky, H.P. *A Doutrina Secreta*, v. 2, Antropogênese, parte 3 cap. 3, seção C. http://www.theosociety.org/pasadena/sd/sd2-3-03.htm, p. 689

29. Mead, G.R.S. *The Quest – Old & New: A Retrospect and Prospect* (A Busca – antiga e nova: Uma retrospectiva e um prospecto). In: *The Quest*. A Quarterly Review, London: Watkins, v. XVII, n. 3, april 1926, p. 291.

30 como Blavatsky escreve no prefácio do livro *A Doutrina Secreta*. Na esteira de suas revelações, ela denuncia tudo o que se move nos mundos do Além, o que há de mais baixo e de pior qualidade, e também encontra seu caminho até a humanidade que vive na terra. Como do além-túmulo, tudo isso consegue influenciar o lado emocional do homem; e não é de estranhar que qualquer pessoa comum e saudável tenha forte aversão a isso. Essa coletividade de forças foge diante da forte elevação da frequência vibratória à qual nos referimos atualmente com o nome de Aquário, e que afeta todo o planeta, todo o cosmo. A senda ascendente não está aberta para as entidades que permanecem nesse coletivo. Por isso, sua sobrevivência depende de tudo o que acontece na terra. Portanto, quanto menor for o desenvolvimento espiritual, quanto mais sem sentido e mais dilacerada for a vida de sofrimento, tanto melhor para elas. A partir do final do século XIX, uma onda de espiritismo e uma fumaça espessa de mediunidade e ocultismo negativo espalharam-se sobre a América e a Europa. Desse modo, surgiram novamente, no mundo, fragmentos da ciência, do conhecimento e da sabedoria das antigas escolas de mistérios que, durante dezessete séculos, foram conservados e transmitidos apenas em círculos muito pequenos. Esses fragmentos voltaram a aparecer no mundo, mas já não são um sistema coerente das sete ciências arcanas – Teosofia, Astrosofia, Alquimia, Magia, Medicina, Hermetismo e Mística. Sem estarem associados a uma vida de anseio constante, tais fragmentos estavam acessíveis a todos. Eles tornam-se objeto do "pensamento" da opinião pública, que, na realidade, não é bem um pensamento, mas sim a expressão verbal das correntes emocionais que dominam e mantêm ocupada a humanidade.

E em que estado regressam aos homens as sete ciências espirituais! Distorcidas, rebaixadas, carregadas de energia sexual, egoístas e

30. H.P.B., vide a introdução do citado livro.

confundidas com as correntes de energia de uma vida confusa de sentimentos e emoções, desligadas do tronco sadio, cujas raízes se estendem até a origem invisível. Esse tronco sempre existiu. Podemos encontrá-lo, por exemplo, nas autênticas vivências da religião e do céu estrelado do Egito pré-dinástico. Ele pode ser encontrado na gnose do Egito cristão e está particularmente ativo na força libertadora da gnose de nossa época. 31

O ser humano pode captar fragmentos desse conhecimento, ou melhor: em princípio, tal conhecimento pode ser alcançado em sua totalidade. Porém, somente o mais elevado pensador, a consciência mais pura e a alma mais abnegada conseguem manter-se incólumes e íntegros ao entrar em contato com ele. No início dos tempos, o ser humano percebia a atuação das forças espirituais do cosmo atuando dentro dele e era capaz de reconhecê-las. Agora, essa elevada Astrosofia foi distorcida numa astrologia, que determina seu destino exterior. A magia degenerou em telecinese; e a arte da construção degenerou na indústria de guerra.

Se, ao dizimar a população da Europa Central durante a Guerra dos Trinta Anos, a Igreja e o Estado não tivessem perturbado da forma mais cruel o impulso dos rosa-cruzes clássicos – a renovação hermético-cristã da Reforma –, a história teria tomado um rumo muito diferente na Europa. E a América talvez pudesse ser chamada com maior razão "a terra da esperança e da glória".

Mas, infelizmente não foi assim. Enquanto os fundadores da Ordem da Rosa-Cruz clássica encontraram a "metade invisível do mundo", em 1604, ainda em sua manifestação espiritual pura, a humanidade veio a conhecê-la da forma mais vil e grosseira possível, na sarjeta por assim dizer. A perturbação, a corrupção e o

31. Ver, entre outros: Sellers, J.B. *The death of gods in ancient Egipt. A study of the threshold of myth and the frame of time* (A morte dos deuses no Egito antigo. Um estudo do limiar entre o mito e a estrutura do tempo). Edição do autor, Jane Sellers, 2003.

instinto de sobrevivência de todos os que se debatem aglomeraram-se em pesadas nuvens que se descarregaram em duas guerras mundiais, e continuam causando grande pesar neste mundo. Pois "o sangue é o alimento dos *eidola* (ídolos, imagens) astrais", como diz a dra. Anna Kingsford, em seu livro *O Caminho Perfeito; ou a*
32 *Descoberta de Cristo.*

É um verdadeiro milagre que, desse jogo sinistro, desse caldo primordial que misturava mestres ocultistas, misticismo, materializações espíritas e tântricas possa ter surgido um caminho claro. Na terceira e quarta partes deste livro abordaremos detalhadamente esse caminho, à luz das fontes e dos fatos.

O CAMINHO PERFEITO. A DESCOBERTA DE CRISTO

As anotações de H.P. Blavatsky indicam que ela "recebeu a missão" de fundar uma sociedade. Essas anotações feitas num álbum de recortes foram encontradas após a sua morte, por Henry Steel Olcott (1832-1907), cofundador da Sociedade Teosófica: "Quando eu morrer, talvez as pessoas deem o justo valor aos meus motivos desinteressados. Dei minha palavra de honra de que, enquanto vivesse, ajudaria as pessoas no caminho para a verdade – e manterei minha palavra [...] Dia virá em que a posteridade me conhecerá melhor. Oh, pobre mundo, tolo, crédulo e corrompido! M. deu-me a tarefa de instituir uma sociedade – uma sociedade secreta
33 como a loja dos rosa-cruzes. Ele prometeu ajudar-me. H.P.B."

Um inconveniente do livro *A Doutrina Secreta* era que centenas de páginas suas estavam cheias de nomes e referências em sânscrito, de difícil acesso para o homem comum. No entanto, isso não

32. Kingsford, A.B.; Maitland, E. *The perfect way; or, the Finding of Christ.* New York: Cosimo, 2007.

33. Cranston, S. *Helena Blavatsky - A Vida e a Influência Extraordinária da Fundadora do Movimento Teosófico Moderno.* Brasília: Teosófica, 1993.

pareceu ser um obstáculo: nas últimas décadas do século XIX e no início do século seguinte, tudo o que vinha do Oriente estava na moda, e milhões de exemplares do livro foram vendidos, em todas as línguas, nos balcões do mundo inteiro.

No ambiente da velha teosofia, predominantemente focada no Oriente, mestres e adeptos eram procurados, geralmente os da Índia, e personalidades eram elevadas ao *status* de "gurus". Nos primeiros anos após a fundação da Sociedade, a situação na Inglaterra pode ser descrita como um conjunto enfadonho de interpretações errôneas e insinuações. Isso foi agravado pelo fato de os teósofos, mas provavelmente não a própria Blavatsky, terem conscientemente negligenciado o desenvolvimento interior de dois mil anos de cristianismo. Embora gostasse de provocar a burguesia, atacar a hipocrisia e as falsificações cristãs e frequentemente expusesse as inúmeras mutilações das traduções e tradições, muitas vezes ela reconhece Jesus como portador da mesma força um dia personificada por Krishna, e como membro da Fraternidade e representante da suprema sabedoria espiritual. No entanto, seus seguidores rejeitaram isso, e, ao fazê-lo, inadvertidamente jogaram fora "o bebê com a água do banho".

É verdade que as sementes dos ensinamentos secretos do Ocidente foram semeadas na Sociedade Teosófica Inglesa; mas, há 150 anos, o interesse por elas era claramente menor. De qualquer forma, em uma pequena parcela da sociedade circulavam alguns belos e tocantes pensamentos que emanavam dos antigos ensinamentos de Hermes anotados por Anna Bonus Kingsford (1846-1888), uma mulher corajosa, conhecida principalmente por lutar contra a vivissecção de animais e ser defensora da dieta vegetariana. Em 1882, seis anos antes da publicação do livro *A Doutrina Secreta*, ela publica *O Caminho Perfeito; ou, a Descoberta de Cristo,* um esplêndido compêndio de pura gnose, que explica os princípios puros da religião, das comunidades aspirantes e da

34 igreja original ou ecclesia. Suas “iluminações” provêm de uma corrente greco-hermética que inclui também o pensamento de Platão. Em 1884, ela funda, com Edward Maitland, The Hermetic Society. Seu objetivo era oferecer uma visão consistente das possibilidades do desenvolvimento humano e do comportamento de vida necessário para tal. Assim como a tradição esotérica oriental, a religião de Cristo, quando corretamente compreendida, é uma importante religião de mistérios. Assim como Krishna ensina a Arjuna, o cristianismo indica, por exemplo, que uma centelha do Espírito original está ativa em nosso ser interior, o que também podemos aprender na afirmação de Lucas (17:21): “... o reino de Deus está dentro de vós”.

Anna Kingsford foi uma escritora inspirada. Segundo ela própria, recebia o conhecimento por meio de visões, chamadas por ela de “iluminações”, que falavam mais à alma do que ao espírito. Maitland escreve: “Ela não era uma ‘ocultista treinada’, nem uma clarividente natural. Para ela tudo era consequência de recordação psíquica. É assim que a gnose adquirida por iniciação em um nascimento anterior pode reviver e mostrar-se à consciência. Ela afirma claramente que são lembranças greco-egípcias; toda a personalidade parece elevar-se e ultrapassar a si mesma; e o conhecimento surge vivo e forte, sob a forma de compreensão interior como uma visão que muitas vezes se assume um caráter simbólico.”

Com base em conceitos gnóstico-científicos, Anna Bonus Kingsford também apoiou a posição da mulher e o movimento feminista. Era muito sensível ao sofrimento dos animais causado deliberadamente pela ciência moderna, porque em sua juventude participou de uma caça à raposa, e a visão do corpo mutilado da vítima fez que ela se opusesse a todas as formas de crueldade, um sentimento que

34. Publicado em 1882 em colaboração com Edward Maitland (1824-1897). Ver nota 32.

aumentou depois de ter estudado Medicina em Paris e ter sido obrigada a testemunhar o insuportável martírio de animais.

Juntos, Anna Bonus Kingsford e Maitland editaram alguns livros interessantes sobre o caminho de iniciação hermético e cristão, que atualmente voltam a atrair a atenção do público. Kingsford chama a ciência esotérica autêntica do livro *O Caminho Perfeito; ou, a Descoberta de Cristo* de fundamento interior de todas as religiões, o qual não discrimina raça, religião ou formas de sociedade.

O pensamento dos dois autores alçou voo, mas ainda levaria muito tempo até que a consciência do homem buscador pudesse assimilá-lo: "Em todos os povos, igrejas, mesquitas e templos, a mensagem é invariavelmente a mesma: o verdadeiro ser humano é o interior, a alma. Ou melhor dizendo, a consciência espiritual da alma, não a consciência física da personalidade. Em última analise, a forma, o corpo, é o profeta, o servidor como um todo, que pode abrir a alma para a 'palavra oculta de Deus'! O verdadeiro ser humano não se manifesta exteriormente, nem no corpo nem na forma, nem pela lei ou por preceitos. Somente no espírito da vida universal a alma encontra sua reunificação. E essa vida universal está ao alcance de todos os seres humanos e todos os buscadores, pois o objetivo da cruz não é o sofrimento. O objetivo do cubo desdobrado não é ficar fechado. O objetivo da cruz é a rosa. O objetivo do cubo está no seu interior; o objetivo dos seis dias de criação é o sétimo dia, o dia santo, o Sábado, ou o interior do cubo. A intenção de todas as religiões conscientes é a coroação dos 'grandes mistérios', quando o Espírito original verdadeiro, o noivo, pode entrar no templo humano purificado e celebrar as verdadeiras núpcias alquímicas com a alma. A pedra branca é o símbolo da constância divina quanto ao aspecto amor; é a pedra de toque, a pedra angular. É a irradiante centelha-do-espírito no coração, sempre intangível e fiel. Essa pedra é também o topo da pirâmide, o aposento nupcial. Particularmente neste período da humanidade, ela está consagrada a Vênus, porque, em nossos dias, só o verdadeiro amor do ser humano a Deus e do ser humano ao ser humano pode trazer salvação."

Para os verdadeiros buscadores não há "nós" e "eles", não há diferenças na religião. "No máximo podemos falar de outro itinerário, porque nem todos vivem no mesmo lugar", afirma Anna Bonus Kingsford. Ela explica que Adão é o ser humano. Quer sejamos homem ou mulher, Eva é sempre a alma que pertence à vida original. A sabedoria é a serpente, o fogo sideral que torna espiritual a consciência ou, durante a queda, é a tentação que nos aprisiona à matéria. "Sede prudentes como as serpentes!" diz a linguagem dos mistérios através dos séculos.

Anna Kingsford, conhecida por *red cactus* (cacto vermelho) devido ao cabelo ruivo e ao espírito aguçado, morreu jovem. Maitland, que a protegeu em vida e abriu possibilidades para sua obra, sobreviveu a ela algumas dezenas de anos. Mais tarde, já não era responsável por seus atos, pôs fogo em todos os documentos que ela havia escrito, juntamente com tudo o que se relacionasse a ela. Desse modo, a biografia escrita por ele seria a única a chegar até nós. Contudo, em 2007 apareceu uma nova biografia, intitulada *Red Cactus,* escrita
35 por Alan Pert.

Arthur E. Waite e The Fellowship of the Rosy Cross

Esses são dois exemplos de iniciativas para configurar um trabalho libertador estruturado no final do século XIX. Outro exemplo que não podemos deixar de citar nesse contexto é a obra de Arthur Edward Waite (1857-1942), personagem singular que esteve

35. No livro *Red Cactus: the Life of Anna Kingsford* (Watsons Bay, Austrália: Books & Writers, 2006), Alan Pert desmente que Kingsford teria assassinado, por meios mágicos, dois cientistas franceses praticantes da vivissecção. Esse episódio havia sido sugerido por E. Maitland em sua biografia *The Life of Anna Kingsford*, v. I e II (London, 1896).

no meio de toda a agitação ocultista que descrevemos nos parágrafos anteriores. Atualmente seu nome é reconhecido por causa das cartas de tarô que Pamela Colman Smith desenhou sob sua orientação, em 1910. Todavia, sua importância não está relacionada a esse fato. Em 1891, ele entrou para a ainda irrepreensível The Hermetic Order of the Golden Dawn. Em 1902, inscreveu-se como membro da Societas Rosicruciana in Anglia. Mais tarde, tornou-se seu grão-mestre e mudou o nome desse movimento para The Holy Order of the Golden Dawn. Inúmeros conflitos internos fizeram Waite retirar-se em 1914.

Arthur Waite foi um autor prolífico, com vasto conhecimento sobre textos sagrados e secretos. Sua obra sobre o Santo Graal, *A Igreja oculta do Santo Graal: suas lendas e simbolismo,* publicada em Londres, 36
em 1909, abriu novos caminhos e expressa um conhecimento e uma compreensão fenomenais sobre francomaçonaria, magia negra e cerimonial, cabala e alquimia. Ainda jovem, publicou em 1887 – a primeiríssima – *A verdadeira história da Rosa-Cruz*, reeditada e revista em 1924 com o título *The Brotherhood of the Rosy Cross.* Por essa ra- 37
zão, é conhecido como o "biógrafo da Fraternidade da Rosa-Cruz". Na edição de 1887, ele descreve os antecessores da Fraternidade, remontando até os neoplatônicos do século I d.C. Sempre fazendo relações com o simbolismo dos rosa-cruzes, ele dá uma imagem da vida e do pensamento de cabalistas, alquimistas e místicos tais como Tauler, Paracelso, Jacob Boehme e Raimundo Lúlio. Ele explora a evolução das ideias desses grupos sobre a origem e o sentido da vida e sobre a substância e as características da alma. A maior parte do

36. Waite, A.E. *The Hidden Church of the Holy Grail: Its Legends and Symbolism.* London: Grebman, 1909.

37. Waite, A.E. *The Real History of the Rosicrucians.* London, 1887; revista e reeditada em 1924 sob o título *The Brotherhood of the Rosy Cross,* London: Rider & Son Ltd., 1924.

livro descreve os altos e baixos da Fraternidade da Rosa-Cruz desde seu aparecimento "oficial" no mundo.

A Fraternidade da verdadeira Rosa-Cruz

E chegamos então ao ano de 1915, o segundo e terrível ano da Primeira Guerra Mundial. Nesse ano, totalmente de acordo com a linha do plano espiritual descrito nesse livro, Arthur Edward Waite seguiu uma intuição que o levou a separar-se de tudo o que dizia respeito ao campo neoteosófico, neoegípcio, tântrico e oculto. Ele criou um ambiente completamente livre da agitação caótica com a qual o esoterismo emergente envolveu as mentes no início do século XX. Nesse ano, fundou The Fellowship of the Rosy Cross, cuja sede ficava no mesmo endereço em que alguns anos mais tarde George Mead alojaria sua The Quest.

Vê-se claramente, nos estatutos da Fellowship, que Waite já não queria manter absolutamente nenhuma ligação com qualquer outra ordem entre as muitas que surgiram nessa época. Um dos artigos dos estatutos era o seguinte: "The Fellowship of the Rosy Cross não se ocupa com pesquisas ocultas ou psíquicas. Ela está em busca da graça e não em busca de poder." Outra cláusula afirmava: "Não haverá nenhuma ligação com The Independent and Retified Rite e suas divisões, se elas ainda existirem, nem com The Stella Matutina Temple e suas divisões. Essas entidades não devem ser visitadas, e não se deve filiar a elas como membros." Contudo, em certo momento, o movimento perdeu inspiração, esmoreceu e desapareceu na história.

Em sua "Verdadeira História", Arthur Waite foi também o primeiro a chamar a atenção para Robert Fludd, "a grandeza de um místico de Kent". Waite vê em Fludd, ou Flood, o mais profundo defensor da Fraternidade da Rosa-Cruz do século XVII, dedicando um capítulo à análise do autor inglês autor de *Apologia*, de *Summum Bonum* e do volumoso *Tractatus Apologeticus* – todas elas obras em defesa da Fraternidade. É um capítulo em que seu grande apreço é expresso claramente.

O estilo de Waite é prolífico, e os exageros verbais não são raros. Contudo, a inspiração e a informação de que dispunha são admiráveis, e o relato detalhado do contexto e do estado de espírito subjacentes à Ordem da Rosa-Cruz são de exatidão espantosa. Ele concluiu dizendo: "O mundo inteiro já ouviu falar dos rosa-cruzes, mas somente poucos (ou talvez ninguém) se deram ao trabalho de verificar se as formidáveis reivindicações desses filósofos se alicerçam sobre a rocha da verdade ou repousam apenas em areias movediças. O autor começou sua pesquisa num contexto de absoluta descrença, mas, no processo, a neblina, as doutrinações e os preconceitos desapareceram-lhe da mente. Depois de um significativo período de vinte e oito anos de estudo sobre os rosa-cruzes, o leitor de boa-vontade pode concluir por si mesmo qual a disposição com que o autor termina este livro."

G.R.S. Mead e a Gnosis

Embora fosse muito conhecido no meio esotérico londrino, Arthur Edward Waite não era teósofo, ao contrário de seu amigo George Robert Mead. Depois da morte de Blavatsky, em 1891, a equipe dirigente ficou constituída pelo coronel H.S. Olcott, como presidente-fundador, e William Q. Judge, como vice-presidente da Sociedade Teosófica, ambos nos Estados Unidos, e por Annie Besant, como presidente da Loja Blavatsky de Londres e codiretora da seção esotérica. Muitos conflitos marcaram esse período. Por fim, Besant e Leadbeater minaram toda a credibilidade da Sociedade Teosófica ao verem em um jovem indiano a volta de Cristo. Quando, por volta de 1910, Annie Besant apresentou o jovem Krishnamurti como o instrutor mundial, o Cristo renascido, tornou-se claro que a Sociedade Teosófica havia desembocado em águas obscuras. O jovem erudito George Mead, um dos primeiros doze membros da

"seção esotérica" formada em torno de Blavatsky, já previra isso há
38 alguns anos.

O curso de eventos desagradáveis em torno da participação de Leadbeater na Sociedade eram para Mead e outros setecentos membros, inconciliáveis com o padrão moral da verdadeira busca interior. Leadbeater foi inicialmente expulso, mas acabou sendo readmitido pelos dirigentes da Sociedade, para poderem beneficiar-se de suas habilidades psíquicas e de sua prestidigitação com mestres, iniciações e milagres. Por fim, Mead deixou a Sociedade e fundou The Quest Society. Vamos dedicar-lhe alguns parágrafos por dois motivos. Primeiro, porque, alguns anos depois de sua morte, sua obra teve grande significado para a jovem Escola Espiritual. Segundo, porque sua vida foi exemplar, e nela se reconhecia o padrão de vida que caracteriza muitos outros obreiros da luz.

Em 1884, o perspicaz classicista G.R.S. Mead ainda era jovem, segundo relatou, quando entrou em contato com H.P.B., como o grupo de Londres chamava Blavatsky. Alguns anos antes da morte dela, ele se tornou seu secretário particular. Ainda jovem, especializou-se na literatura do cristianismo primitivo. Ao mesmo tempo, era especialista nos ensinamentos herméticos e na Gnosis da Antiguidade. Suas obras incluem estudos sobre os princípios espirituais da Gnosis cristã e das religiões do mundo greco-romano. Toda a sua energia foi dedicada ao estudo do gnosticismo, do helenismo, do judaísmo e do cristianismo. Também era familiarizado com o pensamento budista e publicou uma tradução do *Bhagavad Gita* direto do sânscrito. Por influência de Blavatsky, traduziu para o inglês o evangelho gnóstico *Pistis Sophia*, cujo manuscrito estava desde 1785 na biblioteca do *British Museum*. Essa tradução foi publicada em fascículos na revista teosófica Lucifer (nome dado por Blavatsky só para provocar a burguesia cristã). Aliás, Mead, como redator

38. The Quest. A Quarterly Review, v. XVII, n. 3; ver nota 26, p. 298.

principal, recheou a revista com seus artigos. H.P. Blavatsky dedicou à *Pistis Sophia* um comentário de 40 páginas, onde afirmava ser esse evangelho um "manuscrito extraordinariamente importante, um verdadeiro evangelho do gnosticismo, acidentalmente atribuído a Valentino, mas, com grande probabilidade, uma obra pré-cristã". Sobre seu conteúdo, Blavatsky afirmou em 1890: "A alma sempre foi o único objeto dos antigos mistérios, e a ciência da alma seu único objetivo. Quando a Pistis Sophia sofre a queda e é salva por sua sizígia, Jesus, vemos aí o drama sempre recorrente do sofrimento da personalidade ignorante, que apenas pode ser salva pela individualidade humana imortal, ou melhor, pelo próprio anseio por isso." 39

Mead reconhecia os limites e limitações da investigação psíquica "moderna". Então, procurou conhecer os problemas que ocupavam a filosofia contemporânea. Em 1906, foi publicada uma série de monografias: *Echoes from the Gnosis* (Ecos da Gnosis), uma visão geral de seus *insights* no sentido de explicar a concepção gnóstica do mundo e também antigos textos gnósticos como *A visão de Arideu; O hino de Jesus; A crucificação gnóstica* e *O cântico nupcial da Sabedoria*. Nessa época, Mead já havia realizado uma tradução dos *Upanixades* e publicado algumas obras sobre os primeiros anos do cristianismo e sobre a teosofia dos gregos.

Além do evangelho *Pistis Sophia* – que fez o erudito C.G. Jung deslocar-se para Londres apenas para agradecer pessoalmente a Mead por sua tradução –, Mead escreveu alguns textos-chaves determinantes para o desenvolvimento da mística ocidental e do campo espiritual de nossa época. O primeiro, de 1900, foi *Fragments of a Faith Forgotten* (Fragmentos de uma fé esquecida). O segundo, *Thrice Greatest Hermes* (Hermes, o Três Vezes Grande) foi publicado em 1906. Essas duas obras mostram o que há de

39. Blavatsky, H.P. *Blavatsky Collected Writings, 13, 1-18.*

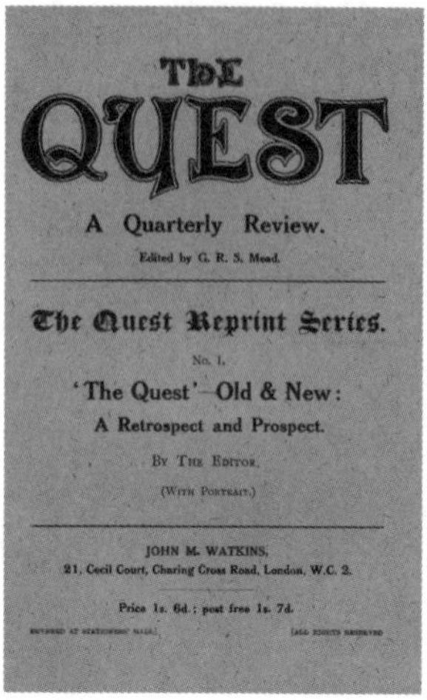
THE
QUEST
A Quarterly Review.
Edited by G. R. S. Mead.

The Quest Reprint Series.
No. 1.
'The Quest'—Old & New:
A Retrospect and Prospect.
By The Editor.
(With Portrait.)

JOHN M. WATKINS,
21, Cecil Court, Charing Cross Road, London, W.C. 2.

Price 1s. 6d.; post free 1s. 7d.

Capa da revista The Quest

melhor a ser descoberto nesse campo. O século vinte ainda teria que avançar muito antes de surgirem publicações sobre o mesmo assunto que pudessem rivalizar com sua visão incomparável. Mead demonstra que esses estudos sobre a Gnosis e a sabedoria de Hermes, de grande valor e estilo cuidadoso, pertencem a uma antiga tradição especificamente ocidental. Ele mostra, portanto, existirem, de fato, fontes ocidentais místicas ao lado da torrente de fontes orientais disponíveis naquela época.

Graças a seus esforços, hoje temos acesso aos profundos textos originais datados do início de nossa era. Foi com base nesses textos e no trabalho desse autor que, meio século mais tarde, J. van Rijckenborgh pôde fundamentar suas traduções e seus comentários.

A Sociedade Teosófica inspirou muitos espíritos de envergadura. Quando Henry Steel Olcott morreu, em 1907, a Sociedade gostaria de ter Mead como seu presidente. Contudo, nessa época, ela era um palco cheio de controvérsias, fenômenos espiritistas, mestres autointitulados e escândalos morais. Um desses escândalos morais, que envolvia crianças na América e na Inglaterra, atingiu os círculos mais graduados. Leadbeater, um homem que tinha grande influência na Sociedade Teosófica devido às suas características mediúnicas, foi expulso por causa desse escândalo. George Mead, homem correto e amante da verdade, e de uma ética muito elevada, não pôde conciliar esses fatos com sua moral interior. Ele também era avesso ao malabarismo de mestres e fenômenos ocultistas bem como à hipocrisia, que ele considerava um terrível impedimento para o caminho da busca espiritual. Por isso, rejeitou o convite para a presidência e dedicou-se à sua própria pesquisa, na qual os manuscritos gnósticos dos primeiros séculos do cristianismo tiveram um papel fundamental. Seguindo um impulso interior, casou-se, em 1899, com Laura Cooper, que também era membro do primeiro círculo esotérico de Blavatsky. Alguns anos mais tarde, após o falecimento da esposa, Mead admitiu que o motivo do casamento não foi um afeto mútuo, por mais que a união tenha sido muito boa e plena de amor, mas foi principalmente para manter um grupo que seguisse os encontros restritos estabelecidos por Blavatsky no contexto da seção esotérica, na Avenue Road, número 19. Mead considerava não apenas um privilégio, mas também uma missão conservar acesa a chama do grupo interior nos anos seguintes à morte de Blavatsky. Ele desempenhou essa missão conscienciosamente, e o impulso original manteve-se puro por muitos anos. Rudolf Steiner também seguiu o mesmo impulso quando, alguns anos mais tarde, em 1912, deixou a Sociedade Teosófica e continuou de modo autônomo com a Sociedade Antroposófica.

Mead tinha sérias reservas quanto ao fato de a direção tanto da Sociedade Teosófica como da escola interna estarem nas mãos de uma única pessoa: Annie Besant. Quando ela readmitiu Leadbeater na Sociedade um ano depois de ele ter sido expulso, o cálice transbordou para o consciencioso escritor e pesquisador. Mead saiu da Sociedade Teosófica em 1908 – e com ele mais 700 membros. Um ano mais tarde, em 1909, fundou, com 150 amigos, The Quest Society, uma organização dedicada ao estudo comparado das religiões

com base em fundamentos objetivos e científicos. Eles realizavam palestras, mas sua atividade mais importante era a publicação da revista trimestral The Quest. Mead escreveu: "Não havia dinheiro. Mas havia algo que era muito melhor que dinheiro: muitos excelentes artigos e colaborações de primeira classe – todos trabalhando por amor. Não podíamos permitir-nos pagar um centavo que fosse aos nossos colaboradores. Esse é o verdadeiro mérito da The Quest. Como redator, fico orgulhoso com razão, muito orgulhoso mesmo, quando olho para a lista dos meus colaboradores mais conceituados – uma lista difícil de ser ultrapassada por qualquer revista que tenha de trabalhar com os meios de que dispúnhamos."
Realmente, pode-se constatar a contribuição de importantes autores na revista The Quest. Eles compreenderam que, debaixo do manto do silêncio e dos mistérios, está de fato "a sabedoria eterna" do desenvolvimento espiritual do homem. Entre os colaboradores da The Quest estavam Martin Buber (1878-1965), Gustav Meyrink (1868-1932), A.E. Waite (1857-1942), W.B. Yeats (1865-1939) e Gerhard Scholem (1897-1982).

O CHAMADO DO CORAÇÃO SOLAR

Esses são alguns exemplos dos esforços empreendidos por muitos esoteristas eminentes. Desse modo o trabalho foi preparado. Muitos dedicaram a vida e seu trabalho a aprofundar-se na percepção das verdadeiras fontes do conhecimento do ser humano interior e no lado oculto do mundo, na tentativa de desvelar os segredos da Gnosis. Porém a Gnosis e as ideias relacionadas não entregam seus segredos sem mais nem menos! Sempre houve um preço que as pessoas tiveram de pagar pela verdadeira sabedoria, pela liberdade espiritual e pela atuação livre da verdadeira flama original do pensamento abstrato. É algo comparável ao que um escritor do século XX, o húngaro Sándor Márai (1900-1989), descreve numa obra autobiográfica da década de 1930, ao esquematizar as condições necessárias para as pessoas poderem trabalhar de modo verdadeiramente criativo.

No livro *Confissões de um cidadão* Márai escreve: "Às vezes, penso que a solidão é o preço que tive de pagar em troca de minha libertação espiritual; talvez ela seja o preço que pago por minha condição de escritor. Ela não é um presente gratuito, assim como o sofrimento, condição para o trabalho criativo, também não é gratuito. Para o ser humano até a tristeza não é um presente gratuito! Independentemente da qualidade de seus livros, a obra de um escritor exige um trabalho muito mais intenso de seu coração, seu sistema nervoso e sua consciência do que nas pessoas comuns. Não se pode barganhar com isso. A questão de saber se isso 'faz sentido ou não' é absurda, pois: quem pode barganhar com o impulso que seus companheiros chamam de 'vocação' e enfeitam com belos epítetos [...]?" 40

Não, depois de quinze séculos de repressões, abusos e exterminações deliberadas, não se pode esperar que a Gnosis seja, de repente, o irradiante centro de interesse da sociedade. As percepções gnósticas e herméticas não são facilmente acessíveis ao ser humano despreparado. A primeira característica é a "volta às fontes", um lema que homens como A.E. Waite e G.R.S. Mead levaram muito a sério. São sempre os pioneiros que muitas vezes têm literalmente de abrir caminho para essas fontes, a fim de a luz poder brilhar novamente. Muitas vezes, apenas bom faro e pura intuição os mantiveram na trilha certa, sem nem eles mesmos saberem o que estavam procurando. E é realmente notável que a própria busca pela fonte sempre parece ter sido acompanhada por grande sacrifício pessoal. Assim, podemos com certeza perguntar-nos se é mesmo um privilégio ser um "enviado", um homem com uma missão como essa. Esses predestinados podem ser vistos trabalhando nas mais difíceis condições,

40. Márai, S. *Bekentenissen van een burger*. Amsterdam: Wereldbibliothek, 2007 (edição original: 1934), p. 129.

sem quaisquer meios, e muitíssimas vezes seu trabalho é dificultado por calúnias, grandes suspeitas ou processos.

Como foi dito antes, a Gnosis, essa corrente de força interior que contém ao mesmo tempo alegria, libertação e "conhecimento", não revela facilmente seus segredos. Quem quiser se aproximar dela deve abandonar a arrogância, o preconceito e a ambição. E é bom compreender que o "beijo da vida" que ela nos dá tem consequências. Isso apenas é possível se essa pessoa for impelida por um desejo quase desesperado, se estiver preparada para abandonar todos os interesses pessoais, incluindo seu próprio ser, porque será mudada integralmente e deixará de ser quem era antes. O buscador tem de crescer e amadurecer para isso. Ele deve mesmo estar "enobrecido", palavra frequentemente usada nesse contexto. Trata-se do nível em que o sangue, a base da consciência, será capaz de vibrar em harmonia com "o chamado do coração solar". Para compreender a filosofia libertadora universal dos brilhantes pensadores poéticos e herméticos dos primeiros séculos é necessária uma consciência receptiva, uma atitude mental que ultrapasse o materialismo grosseiro. É acima de tudo por "trabalhar para os outros" que a consciência se torna mais receptiva. Na solidão da senda, outros trabalharam para as pessoas que agora estão buscando: agora é a vez delas. Os que as precederam prepararam o solo onde agora podem trabalhar, crescer, chegar à compreensão. Quem quiser alcançar uma nova consciência desejará, com base em seu interior, fazer o mesmo. Essa é a corrente de fraternidades, na qual estão todas as almas humanas libertas e vivas. Por isso, o ser humano sempre retribui aos que vêm depois dele com o que outros fizeram por ele. Dessa forma, ele paga a outros o preço que seus predecessores espirituais pagaram por ele, uma espécie de "resgate à terra".

Depois de sair da Sociedade Teosófica, Mead escreveu: "Sempre acreditei que a autêntica 'teosofia' consistisse na pesquisa do elemento de sabedoria nas grandes religiões e filosofias mundiais. Portanto, quando abandonei o movimento que, dentro dos limites de minhas capacidades, tinha tentado durante anos manter puro e no caminho certo, tive de admitir meu completo fracasso. Contudo, meu coração continuava pleno do que verdadeiramente procurava. Por isso, estava decidido a tentar tudo para fundar uma sociedade pura, um grupo verdadeiramente não dogmático ou pretensioso, sem pseudorrevelações, e sério, quer interior, quer exteriormente. Queria reunir um grupo de pesquisadores que desejasse séria e intensamente ser ensinado por quem tivesse competência e conhecimento sobre os muitos assuntos que pudéssemos colocar no vasto programa da nossa *Spiritual Quest*. O 'esoterismo' e o 'ocultismo' seriam considerados mais um obstáculo do que um auxílio. Quanto a mim, há muito tempo já me havia despedido das armadilhas e das pretensões dos charlatães de todo tipo.” 41

Nesse ponto, o autor toca em um aspecto que merece atenção. Os tempos em que um líder espiritual auxiliava seus discípulos ficaram para trás e já não voltarão. Para adquirir e colocar em prática as percepções da Gnosis viva, tão importante para o espírito humano, é preciso neutralizar os efeitos de séculos de materialismo e religião exterior distorcida (de qualquer tipo). Esse trabalho, esse processo de amadurecimento, acontece de preferência em uma escola de mistérios, em um corpo iniciático. Em 1891, no ano de sua morte e sob grande pressão de alguns seguidores fervorosos, H.P. Blavatsky começou a formar um órgão iniciático com um círculo de almas afins e de amigos íntimos. Esse círculo ficou conhecido como “escola oriental” ou “seção esotérica”. Ela própria não tinha grande esperança nessa ideia. Sua intuição estava certa, como escreveu Mead, pois a seção provou ser o princípio de uma proliferação de aspectos egoicos, um trampolim para os que desejavam tomar o poder, o que impediu completamente o trabalho para a libertação da alma.

41. The Quest. A Quarterly Review, op. cit. p. 230.

4. Max Heindel e A Fraternidade Rosacruz

Reconhecimento do parentesco espiritual. Retorno à simplicidade. Uma explicação clara e lógica sobre o mundo e o ser humano. Surge um grupo de pioneiros. A caminho de um refúgio no mundo. O ideal de Rudolf Steiner, um círculo secreto de rosa-cruzes

O efeito do contato de Jan e Wim Leene com os ensinamentos de Max Heindel não pode ser descrito corretamente pela palavra "influência"; a expressão mais adequada seria realização de vida. Perplexos, eles sentiram que lhes era apresentada uma segunda fonte, ou um nível mais profundo da única fonte: o contato com "os Irmãos Maiores" e os antigos ensinamentos da Ordem da Rosa-Cruz. Esses ensinamentos tocaram-lhes tanto a cabeça como o coração. Enquanto De Hartog lhes explicara os princípios da natureza e despertara neles o "princípio espiritual de Deus", apontando para a religião realista do "sermos nós mesmos o ponto de reversão", o livro *O Conceito Rosacruz do Cosmos*, de Max Heindel, agora lhes oferecia uma visão da estrutura da criação e do grandioso plano cósmico que está na base da gênese.

O dinamarquês Carl Louis Fredrik Graßhoff (1865-1919), verdadeiro nome de Max Heindel, é muito menos intelectual que Blavatsky, Mead ou Steiner, e mais próximo dos homens comuns. De um jeito simples, ele mostra as relações entre ação e reação, e que o homem é o criador de seu próprio destino. Além disso, explica que o importante não é o próprio esforço pessoal; que podemos falhar e falharemos, porém o essencial é sempre recomeçar. Ele delineia a grande coerência do desenvolvimento cósmico e fala sobre os grandes períodos mundiais, sobre o carma, a senda, a construção

Max Heindel

do corpo-alma e sobre o veículo de que o homem necessitará na nova era que se aproxima. Ensina astrologia cientificamente, como uma psicologia, uma fonte de auxílio médico, um poderoso apoio para alcançar o autoconhecimento.

Em 1904, em Los Angeles, Max Heindel entrou em contato com a Teosofia. Tocado pelos ensinamentos de Blavatsky a respeito de carma e reencarnação, tornou-se vegetariano e consagrou-se à divulgação dos conceitos teosóficos em diferentes cidades dos Estados Unidos. Logo ele se tornaria o vice-presidente da Sociedade Teosófica.

Heindel: "H.P. Blavatsky realizou um trabalho capital atacando firmemente o materialismo, denunciando sua arrogância. E não o fez usando o próprio nome, mas sempre disse ter um mestre que a acompanhava. Ela possuía três qualidades que a tornaram adequada para realizar o trabalho: primeiro, sua capacidade de assimilar os conhecimentos suprassensoriais recebidos. Segundo, por seu estilo de vida, era uma servidora digna de divulgar esses ensinamentos. Terceiro, teve a capacidade de traduzir as doutrinas do Oriente, geralmente confusas, para uma linguagem compreensível ao ser humano do Ocidente, checando sua utilização com os resultados de pesquisas ocidentais. Além disso, com sua coragem moral fora do comum, teve o grande mérito de confrontar o materialismo de seu tempo com os valores espirituais de uma ciência interior
42 completamente diferente."

Durante sua turnê de palestras pelos Estados Unidos, Heindel percebeu que a nomenclatura teosófica, sempre em sânscrito, causava confusão inútil para a compreensão dos ensinamentos ou da filosofia. Por sua maneira límpida e equilibrada de expor essas mesmas

42. Heindel, M. *Blavatsky and the secret doctrine*. Mokelume Hill/Santa Monica: Health Research, 1933 e 1972. p. 34.

ideias para americanos comuns, ele desenvolveu uma nova terminologia esotérica ocidental para tornar mais acessíveis os termos de origem indiana ao entendimento do homem de seu século. Por mais que esses ensinamentos lhe tenham dado a compreensão da grande coerência da vida, ainda faltava um elemento importante: uma filosofia para o mundo ocidental.

Em 1907, foi mais uma vez à Europa e conheceu Rudolf Steiner. De acordo com suas próprias palavras, ele recebeu, na Alemanha, a missão de fundar uma comunidade de rosa-cruzes. Também lhe foram transmitidos ensinamentos que, dois anos mais tarde, incluiu em sua obra principal: *O Conceito Rosacruz do Cosmos* (1909).

A maneira pela qual a senhora Heindel descreve como seu marido foi chamado para essa tarefa parece uma história de aventuras. No livro *O Nascimento da Fraternidade Rosacruz* (1925), ela afirma: "Há muitos anos, Max Heindel, sob a orientação dos Irmãos Maiores, foi considerado o candidato mais preparado em caso de falha do primeiro indicado. Comunicaram-lhe, em seguida, que esses ensinamentos deveriam ser publicados antes da primeira década deste século [século XX], portanto, antes do fim de dezembro de 1909. Em sua última entrevista com o Mestre, ele recebeu a informação sobre como chegar até o Templo da Rosa-Cruz, localizado próximo a Berlim. Max Heindel ficou mais de um mês nesse lugar, em ligação direta com os Irmãos Maiores e sob sua orientação. Eles lhe transmitiram a maior parte dos ensinamentos contidos no livro *O Conceito Rosacruz do Cosmos*. Nesse Templo, fez o primeiro rascunho do livro, que ainda não passava de um esboço, de acordo com o Mestre. A pesada atmosfera psíquica da Alemanha mostrou-se estranhamente adequada para impulsionar a consciência mística do candidato, mas disseram-lhe que, quando chegasse à atmosfera elétrica dos Estados Unidos, o original de 350 páginas não iria satisfazê-lo, e ele sentiria o desejo de reescrevê-lo completamente. Em seu entusiasmo, a princípio duvidou dessa afirmação, convencido como estava de

ter recebido uma mensagem milagrosa e completa. Contudo, as predições dos Irmãos Maiores mostraram-se verdadeiras. Depois de algumas semanas passadas na cidade de Nova Iorque, esse fato se confirmou. Então, alugou um quarto no sétimo andar de uma pensão e passou os meses mais quentes do verão de 1908 datilografando seus textos em sua máquina Blickensderfer, no quarto quente, das sete horas da manhã até as nove ou dez horas da noite, sem achar tempo até mesmo para comer. O leiteiro deixava uma garrafa de leite e alguns biscoitos todas as manhãs em sua porta, e essa era toda a alimentação que tomava até as nove horas da noite, quando saía geralmente para um jantar composto de alguns legumes. Então, caminhava pelas ruas quentes de Nova Iorque e retomava seu texto, trabalhando até depois da meia-noite. Quando o calor ficou muito forte, mudou-se para Búfalo, NY, onde o original do livro ficou
43 pronto em setembro desse ano.”

O livro *O Conceito Rosacruz do Cosmos* é publicado em Chicago, em novembro de 1909, cinco semanas antes do prazo fixado, no fim da primeira década do século XX. A primeira edição foi de dois mil exemplares, e seu lucro desaparece quase totalmente nos bolsos do distribuidor. Em dezembro, Heindel volta a Los Ângeles, onde, de 1898 a 1906, portanto, antes de sua viagem à Europa, havia estudado Astrologia e “assuntos a ela relacionados” com Augusta Foss, sua futura esposa. No dia 8 de agosto de 1909, às 15h, funda a Fraternidade Rosacruz, em Seattle, EUA.

De novembro de 1909 a março de 1910, dirige o trabalho em Los Ângeles. Ele realiza três palestras por semana, lotando um auditório para mil pessoas. Além disso, Heindel continua a explicar os conceitos rosa-cruzes com precisão, por meio de cartas, exposições, cursos de Astrologia, conferências e serviços templários.

43. Heindel, A.F. *The Birth of the Rosicrucian Fellowship*. Mt. Ecclesia, Oceanside, CA: Rosicrucian Fellowship, s.d. (ca. 1920). http://www.rosicrucian.com/brf/brfeng01.htm

Com pouquíssimos recursos, organiza um trabalho grandioso, que começa a espalhar suas ramificações: na Europa, no Brasil, na Índia. Em linhas gerais, seus ensinamentos têm os mesmos elementos esotéricos da Teosofia, mas sem a mistura de elementos orientais. A grande diferença é que, na Fraternidade Rosacruz, a missão de Cristo é o ponto central.

O Conceito Rosacruz do Cosmos trata da gênese do homem e do conhecimento do cosmo (antropogênese e cosmologia). Fundamentado numa estrutura clara e numa linguagem comum e muito acessível, Heindel aborda a relação entre o mundo material e o mundo espiritual, as hierarquias divinas, as ondas de vida, a evolução humana, as leis de causa e efeito, o renascimento, a iniciação e muitos outros assuntos. Aí encontramos também inúmeros conceitos teosóficos, porém sem sua terminologia geralmente difícil. A primeira edição foi dedicada a Rudolf Steiner, mas essa dedicatória foi retirada nas edições seguintes.

AS SETE ROSAS

O símbolo do trabalho de Max Heindel são sete rosas vermelhas em volta de uma cruz, em cujo centro brilha uma rosa branca. As sete rosas são vermelhas para evocar a ação do Espírito na natureza e representam os aspectos espirituais na personalidade humana. Elas também se referem às sete hierarquias espirituais que atuam no ser humano e dirigem sua evolução.

A primeira rosa remete às faculdades da audição e da percepção espirituais: ela está ligada à vontade humana e floresce principalmente quando nos servimos dessas faculdades para perceber o que nossos irmãos humanos estão vivendo e sofrendo e quais são suas necessidades. Nós as exercitamos quando as utilizamos com amor, a serviço da humanidade. A segunda rosa simboliza a percepção do passado e do presente e refere-se ao dom da profecia. A compreensão das causas no próprio ser e o estudo das linhas espirituais do grande plano permitem prever o que deve acontecer e acontecerá; esse é um aspecto da mais elevada razão humana. A terceira é a rosa da verdade. É a verdadeira faculdade de percepção da verdade, a faculdade da razão abstrata. Daí se desenvolve a quarta faculdade, a rosa da cura. Ela está estreitamente ligada a Cristo, o espírito da vida. A cura provém dos raios áureos da esfera solar, que alcançam o corpo etérico do ser humano e querem "curar", ou seja, regenerar, levar à perfeição. A quinta faculdade emerge quando as forças espirituais podem atuar na personalidade que colabora de forma consciente. É a faculdade de discernir e neutralizar as forças provindas dos campos magnéticos do ambiente, que quase sempre afetam a humanidade com consequências deprimentes. A sexta rosa simboliza a força da palavra. Os anos e anos de devoção do aluno fazem vibrar, nas palavras que ele profere, as forças criadoras da supranatureza e afastam as forças mal-intencionadas. Os processos iniciáticos realizam-se pela palavra quando o candidato estiver pronto e capacitado mediante sua preparação e a realização das rosas latentes nele, quando ele de fato vibrar, como um diapasão, em uníssono com as vibrações das ideias enviadas como imagens pelos "Irmãos Maiores" (a hierarquia, ou a fraternidade). Ele não apenas as enxerga como imagens mas também sente sua realidade vibrante, a força latente nele é transformada em energia dinâmica, e sua consciência é ampliada.

A sétima rosa encerra em si a promessa de imortalidade. Tudo o que é mortal se dissolve completamente e é neutralizado em dedicação, amor e serviço à humanidade. Desse modo, tudo o que é inferior, tudo o que é mortal, é queimado e absorvido na imortalidade e se transfigura mediante o poderoso processo de constante elevação
44 vibratória, que é a transfiguração.

44. Heindel, Augusta Foss, *Die Rosen am Kreuz* (As rosas na cruz). Darmstadt: *Rosenkreuzer-Gemeinschaft*, 1988.

Por fim, a rosa branca ocupa um lugar muito especial. Ela é o alfa e o ômega do anseio de Max Heindel. Desde suas primeiras publicações, ele fala dessa rosa branca no centro do coração humano, que contém a flama do divino, "envolta por um campo de serenos e santíssimos éteres". Sua força é uma manifestação de serenidade, pureza e paz de alma, o que permite a realização do trabalho. É essa pura rosa branca que mais tarde ocupará o lugar principal no pensamento e na obra de J. van Rijckenborgh. Como um verdadeiro adepto de Hermes, quando chegou o momento, ele inverteu completamente a ordem das sete rosas. Ele afirma que o processo *começa* e *termina* com a rosa branca. Todas as faculdades descritas pertencem ao novo ser humano, ao Outro celeste, que tem outro ponto de partida sétuplo. Elas provêm dessa rosa branca, dessa centelha de luz divina, um presente do Altíssimo aos seres humanos. No entanto, antes de essa ideia poder manifestar-se em toda a sua maturidade, há um longo caminho a ser percorrido.

Em seu credo *Por que sou Rosacruz*, Max Heindel escreve: "Os ensinamentos rosa-cruzes dão uma ideia clara e lógica do mundo e do homem; convidam à discussão em lugar de evitá-la, para que aqueles que buscam a verdade espiritual possam satisfazer amplamente o seu intelecto e as explicações que recebam sejam tão estritamente científicas, como reverentemente devocionais. Esses ensinamentos organizam e explicam os problemas da vida segundo um conjunto de leis tão imutáveis em sua esfera de ação, como imutável é a Estrela Polar no céu. [...] Em consequência, sentimos uma grande satisfação quanto à filosofia de vida dada pelos rosa-cruzes e seguimos os seus ensinamentos, preferindo-os a outros sistemas. Convidamos todos os que desejem receber estes ensinamentos a estudá-los e investigá-los."

A Fraternidade Rosacruz atua como "uma escola preparatória da Ordem da Rosacruz", diz Heindel. "Seus membros são divididos em três classes: estudantes, alunos probacionistas e discípulos. A instrução esotérica que recebem provém do ensinamento dos rosa-cruzes,

da Bíblia e da Astrologia. Os discípulos podem passar pela primeira iniciação: uma experiência interior que os ensina a sair conscien-
45 temente do corpo e a realizar pesquisa mediante clarividência."

No século XXI, os membros da Teosofia, da Antroposofia e das diferentes associações rosa-cruzes constituem mais de 100.000 pessoas plenas de aspiração. Em conjunto, formam a base organizada mais importante em que se expressa o impulso espiritual para a nova era. Todavia, na época em que Heindel faleceu (em 1919), ou Steiner (em 1925), ou Mead (em 1933), ainda não havia sido formado um verdadeiro corpo iniciático, uma escola de mistérios (ocidental), do gênero das que existiram em todos os grandes períodos da humanidade.

Um grupo de pioneiros entra em cena

"A Sociedade Rosacruz começou na Holanda sob forte influência das publicações de Max Heindel", escreve Jan Leene em *Alguns excertos da história da Sociedade Rosacruz holandesa*. "Max Heindel foi um dos mensageiros da Ordem da Rosa-Cruz, ativa na Europa
46 há séculos."

Wim e Jan Leene reconheceram sua ligação com a Ordem em primeiro lugar pela afinidade espiritual com o conceito rosa-cruz, que eles sentiram intensamente. Em Max Heindel eles reconheceram uma "alma-irmã", pela qual demonstraram grande respeito. Seu amoroso anseio por pureza interior e exterior (e também purificação), que se expressava até na apresentação exterior do trabalho, conferiu certa suavidade às suas atividades. Ela sempre foi preservada, tanto na Sociedade Rosacruz, como, mais tarde

45. Heindel, M. *Por que sou Rosacruz.*

46. *Enige Grepen uit de Geschiedenis van het Nederlandse Rozekruisers Genootschap*, 1936.

no Lectorium Rosicrucianum. Essa é uma qualidade que sempre agraciou o trabalho até o século 21.
Do mesmo modo, os termos simples e claros com que Max Heindel demonstra as relações entre o mundo e a humanidade encontraram profunda ressonância nos irmãos. Seu caráter holandês reconheceu também essa atmosfera de trabalho árduo e de anseio idealista de pensar, sentir e agir. Não é por acaso que Heindel tinha como lema: "Mente pura, coração nobre, corpo são". Contudo, foi principalmente a pureza mental, a atmosfera de solidariedade e honestidade e, em sentido material, o ambiente puro e claro, que deram a eles a sensação: "aqui é possível". Por isso, desde os primeiros tempos, o cuidado excepcional com o ambiente exterior será uma característica de todo o trabalho que empreenderam.
Apesar de não fazer parte de sua natureza falar muito sobre si mesmo, Jan Leene relatou que, com seis anos de idade, já havia tido a percepção de "algo como a Rosa-Cruz". Evidentemente no início muito vago, era, no entanto, uma noção real de que deveria existir algo como a Rosa-Cruz. Contudo, naquela época, ele não tinha a mínima ideia do que isso implicava! Com o passar dos anos, essa imagem se fez sentir cada vez mais forte. Em uma palestra para jovens, a respeito de "parentesco espiritual", ele escreve que o importante é reconhecermos as forças com base no interior, "pois da soma do passado os jovens devem chegar à sua escolha de vida; e da soma do passado nasce o que denominamos de parentesco espiritual. Nos séculos passados, vozes falaram a nós, ideias nos iluminaram, guias nos auxiliaram na edificação da nossa atividade de vida. Foram forças que nos auxiliaram a nos aproximar da luz. Em cada vida nova, essas forças encontram-se sempre de novo em nós e ao redor de nós para, em renovado autossacrifício, auxiliar-nos na senda. Agora, porém, trata-se de reconhecermos do imo essas forças. Tão logo esse reconhecimento se liberta em nós, surge

a vida em comum, nasce o sentir-se uno com determinada ideia, causa, grupo ou pessoa. E por meio dessa comunidade espiritual é formada a ponte pela qual vem a nós, pela graça de Deus, todo o auxílio a que o ser humano possa aspirar.

Esse reconhecimento, que muitas vezes é muito simples, poderá ser festejado em um momento psicológico.

Lembro-me de que pela simples leitura de um nome descobri meu parentesco espiritual. Naquela época, um mundo abriu-se para mim, tomei a decisão, e minha alma estremecia de vontade

47 e dinamismo."

É evidente que esse "reconhecimento" não é o mesmo que uma compreensão completa. É mais o começo de uma pesquisa, como ele explica: "Então, comecei a buscar pessoas que divulgavam a Rosa-Cruz no mundo, e entrei em contato com a Fraternidade Rosacruz de Max Heindel. Em 1924, renunciei à minha participação na Igreja Holandesa Reformada. Isso não implicou em nenhuma crítica a essa Igreja, como ocorre geralmente quando se deixa uma igreja ou uma sociedade. O que era um ensinamento exterior na Igreja Reformada, descobri como ensinamento interior na Rosa-Cruz. E, como estava buscando viver a religião interiormente, estava convencido de que deveria seguir a senda indicada pela Rosa-Cruz. Assim, tornei-me interiormente cada vez mais cônscio desse caminho, dessa senda multimilenar de libertação, do qual testemunharam os hierofantes da luz em todos os tempos. Fui irresistivelmente confrontado com minha vocação: desse modo, comecei a testemunhar do que crescia e tomava forma em mim,

47. Rijckenborgh, J. van. Alocução proferida em 1943. In: *Pentagrama*, ano 9, n. 6, 1987, p. 28 e ss.

arrebatado por intenso anseio de auxiliar meus semelhantes com os valores imperecíveis de vida que se revelavam a mim". 48

Como devotou toda a sua vida a serviço da obra, Jan Leene considerava que os acontecimentos de sua existência pessoal não eram importantes. Em uma rara digressão sobre sua busca, ele escreveu um dia: "Nós também examinamos a natureza dialética. Nós o pudemos porque pertencemos a esta natureza. Com nosso ser-eu, cuidadosamente pesquisamos e experimentamos tudo o que este mundo pode oferecer-nos. E, vede, tudo não passa de sofrimento e tribulação! [...] Após anos de investigação, concluímos que esse não pode ser o sentido da verdadeira existência e que não é bom colaborar para que as pessoas na natureza da morte se iludam ainda por mais tempo. Quando se chega a semelhante conclusão, é preciso tomar uma decisão. É preciso, em dado momento, poder governar sua existência atual. Consequentemente, sentimo-nos obrigados a sondar o antigo Tao objetivamente e sem a ajuda de autoridade alguma. Portanto, descobrimos rapidamente que de todos os lados tudo era e é feito para impedir tais descobertas. Inúmeras fontes haviam sido destruídas; outras estavam fora de alcance, enterradas em profundos porões, onde ninguém pode entrar. O resto havia sido, sem exceção, seriamente mutilado. Começamos pelos fragmentos remanescentes da linguagem sagrada. Com nossa pesquisa, ficou claro e evidente que existe um reino original, outra ordem de natureza, um reino muito além do mais elevado plano nirvânico, um reino que se distingue nitidamente da natureza da morte e de suas duas esferas. Após haver descoberto isso, pesquisamos os homens, ou os grupos

48. Jongedijk, J.W. *Geestelijke leiders van ons folk. En hun kerken, stromingen of sekten* (Os guias espirituais de nosso povo, suas igrejas, movimentos ou seitas). 's Gravenzande: Europese Bibliotheek, 1962.

de homens, que haviam ansiado por esse outro reino, e qual havia sido o curso de suas vidas e quais particularidades elas apresentavam. E examinamos se esse tipo de homens, muito distantes uns dos outros e separados por séculos, haviam seguido o mesmo caminho. E descobrimos que todos esses homens e grupos organizaram seus esforços de forma semelhante. Nós nos decidimos, então, pela autofrancomaçonaria. Porque: *Quem conhece o princípio original segura nas mãos o fio do*
45 *Tao*." O fio de Ariadne.

A CAMINHO DE UM REFÚGIO NO MUNDO

Os rosa-cruzes não querem ser "apenas" cristãos. Eles sabem que a causa dos numerosos sofrimentos e comportamentos prejudiciais provém do lado invisível das coisas e que esse é um terreno que as igrejas de todas as denominações interditam categoricamente aos seus fiéis.

Esse "princípio original" mostra-se um auxílio capaz de restabelecer no ser humano tudo o que foi fragmentado, danificado, ou o que é ainda inconsciente. Dizem que os rosa-cruzes têm trabalhado através dos séculos com um "auxílio invisível", um remédio universal, e que, graças às suas ideias claras e a esse auxílio invisível, eles podem prestar um grande serviço à humanidade. Como já vimos, havia muito pouco disso tudo no início da década de 1920. O campo esotérico mundial parecia ser um ambiente confuso e caótico. Nele circulavam os mais variados fragmentos da antiga sabedoria, e a ideia da existência de "outro mundo" estava completamente corrompida. Apenas poucos tinham uma visão abrangente ou força suficiente para chegar até uma imagem pura do ser humano.

49. Rijckenborgh, J. van. *A Gnosis Chinesa*. Jarinu: Lectorium Rosicrucianum, 2011, p. 144-6.

UM CÍRCULO SECRETO DE ROSA-CRUZES

Essa mesma grande confusão foi também vivenciada por Rudolf Steiner (1861-1925), que teve contato com a Sociedade Teosófica na Alemanha desde 1900. Esse notável cientista espiritual fez da pesquisa objetiva o seu lema: "Deve-se examinar o(s) mundo(s) interior(es) espiritual(is) tão minuciosamente, sem preconceitos e impessoalmente como se examina o mundo material". Pode-se dizer que ele inaugurou um capítulo totalmente novo na história do trabalho estruturado de libertação e de sua linha espiritual. Em 1902, Steiner tornou-se membro do ramo alemão da Sociedade Teosófica e dez meses mais tarde, presidente. Uma carta datada daquele ano mostra claramente que Steiner tinha a intenção de fundar um círculo secreto de rosa-cruzes. Ele queria "formar um círculo interno e secreto – que reuniria apenas pessoas de grande sensibilidade e elevada instrução –, um círculo silencioso de 'rosa-cruzes', desconhecido externamente, para trabalhar em benefício geral e espalhar a semente". 50

Na primeira década do século XX, Steiner desenvolveu alguns *insights* esotéricos sobre "o quinto Evangelho" e a missão de Cristo. A seu ver, cada indivíduo está, de fato, ligado ao mesmo processo de morte e ressurreição vivenciado por Cristo. Steiner fala a respeito de uma promessa e de uma liberdade em Cristo que ultrapassam toda e qualquer forma de institucionalização ou dogmatismo. Portanto, o drama de 2000 anos atrás não é histórico, porém espiritual. Esse ponto de vista dá uma perspectiva espiritual ao objetivo de vida do homem, embora isso tenha sido compreendido apenas exteriormente, ou nem compreendido durante muitos séculos. Por essa razão é interessante o surgimento de Cristão Rosa-Cruz, a quem ele atribui um papel muito importante na sociedade europeia. Ele

50. Westerberg, G. *Max Heindel en The Rosicrucian Fellowship* (Max Heindel e a Fraternidade Rosacruz). Amsterdam: Pelikaan, 2003. p. 55.

chamou Cristão Rosa-Cruz de líder da humanidade: um ser humano muito a frente de nós, alguém que realmente compreendeu o mistério de Cristo e um dos primeiros a vivenciar o renascimento com base no princípio superior que ligou Cristo à terra. Por isso, C.R.C. conduz a humanidade espiritualmente, durante essa quinta era pós-atlanteana: o tempo em que estamos vivendo atualmente. Steiner considera Cristão Rosa-Cruz um auxiliar de Cristo que colabora estreitamente com o arcanjo Miguel.
De acordo com Steiner, a pessoa que recebeu o nome de Cristão Rosa-Cruz nasceu na Alemanha em 1378, e dos vinte e oito aos trinta e cinco anos viajou pelo mundo recolhendo toda a sabedoria a que podia ter acesso, em todos os lugares que visitou. Quando voltou, formou em torno de si um pequeno círculo de irmãos com os quais continuou seu trabalho. Três dentre eles eram mais voltados para o ser interior e dele recebiam inspiração. Os quatro outros estavam preparados para traduzir essas mesmas inspirações de forma que outras pessoas pudessem assimilá-las também. Cristão Rosa-Cruz alcançou uma idade notável durante essa encarnação. Ele morreu em 1484, com a idade de cento e seis anos.

Nesse contexto, Wijnand Mees escreve, em seu posfácio na versão holandesa do livro de Steiner *Ciência Oculta:* "De acordo com Rudolf Steiner, os rosa-cruzes tentaram entrar em cena em diferentes momentos da história. Essas tentativas eram sempre acompanhadas de esforços para efetuar uma renovação social de maneira não violenta. É sob essa luz que podemos ver a tentativa de alcançar a tolerância no setor religioso no início do século 17 e o apelo à liberdade, à igualdade e à fraternidade no final do século 18. No entanto, tais tentativas em prol da paz muitas vezes foram banhadas em sangue. Por exemplo, durante a Guerra dos Trinta Anos (1618-1648), bem como na Revolução Francesa (1789) e nos 30 anos subsequentes. O movimento rosa-cruz parece ser um poderoso fator condutor nas camadas mais profundas da alma humana, porém o materialismo, alojado nas camadas mais superficiais dessa alma, está cada vez mais assumindo o controle".

"Com esse pano de fundo", sempre segundo Mees, "podemos considerar a obra de Steiner como teosófica, e, mais tarde, como antroposófica. Ele queria dar uma base científica a esse movimento secreto rosa-cruz, que, segundo ele, estimulou a Teosofia a apresentar-se ao público em 1875. E mais: queria mostrar que essa teosofia, à qual ele dera uma forma científico-espiritual, seria a continuação natural do desenvolvimento científico na nova era. Nesse contexto, ele não só experimenta forte oposição externa como também encontra incompreensão nas próprias fileiras teosóficas, conforme transparece em seu primeiro prefácio" (que nessa edição figura no final, com outros prefácios). 51

Segue-se outro testemunho, desta vez em uma biografia rebuscada, escrita por um amigo especial de Steiner, Édouard Schuré, porque corresponde particularmente à missão da Rosa-Cruz: "Desde tenra idade, o próprio Rudolf Steiner sempre definiu sua missão intelectual da seguinte forma: reconciliar a ciência com a religião, reinserindo Deus na ciência e a natureza na religião, para, desse modo, fertilizar novamente as artes e a vida". Schuré nos dá, assim, uma visão de vida viva e floreada de seu amigo. "Mas como empreender essa tarefa gigantesca e audaciosa? Como fazer para vencer ou, melhor dizendo, como domar e submeter o grande inimigo, a ciência materialista dos tempos atuais, que, tal um assustador dragão, sob a armadura de suas escamas, vigia sobre seu gigantesco tesouro? Como ele conseguirá

51. Steiner, R. *De wetensschap van de geheimen der ziel. Herkomst en bestemming van de mens. Vertaald em toegelicht door Wijnand Mees* (Ciência oculta. Origem e detino do homem. Traduzido e explicado por Wijnand Mees). Zeist: Vrij Geestesleven, 1998, p. 368 ss.

domar o dragão da ciência moderna e atrelá-lo ao carro da vitória da verdade espiritual? E, sobretudo, como triunfará sobre o touro da opinião pública? [...] A essas questões ardentes de Steiner, o seu mestre responde aproximadamente como se segue: 'Se queres combater o inimigo, começa por compreendê-lo. Somente poderás vencer o dragão entrando na sua pele. Quanto ao touro, é preciso agarrá-lo pelos chifres. É sobretudo na mais extrema angústia que encontrarás tuas armas e teus companheiros de luta. Eu te mostrei quem és.
52 Agora, vai e sê tu mesmo!'"

Steiner continuou sendo ele mesmo. Portanto, desligou-se da Sociedade Teosófica, também por causa de A. Besant, fortemente influenciada pelas doutrinas indianas e pela ideia de que a volta de Cristo se tornara realidade com Krishnamurti. Em 1912, Rudolf Steiner fundou a Sociedade Antroposófica. Em centenas de conferências, ele mostrou ao mundo os acontecimentos, os ensinamentos e a missão do ser humano, mais especificamente em relação ao desenvolvimento da alma humana nos tempos modernos.

Por duas vezes ele instituiu uma "escola esotérica". A primeira existiu de 1904 a 1914, e a segunda durante a primavera e o verão que antecederam sua morte, quando, com alguns alunos da *Freie Hochschule* (Universidade Livre), ele deu início a uma escola interior na qual os candidatos poderiam alcançar a consciência superior. A primeira escola esotérica tinha um "círculo interno", que, de acordo com a tradição, não continha mais do que doze
53 alunos, aprovados por Steiner.

52. Schuré, E. A personalidade do dr. Rudolf Steiner e seu desenvolvimento. In: Steiner, R. *Het Kristendom als mystiek feit* (O cristianismo como fato místico e os mistérios da Antiguidade). 2. ed. São Paulo: Antroposófica, 1996. Amsterdam, 1912. Um artigo especial dos primeiros anos da Antroposofia.

53. Wiesberger, H. *Rudolf Steiner esoterische Lehrtätigkeit* (Os ensinamentos esotéricos de Rudolf Steiner). Dornach: 1997. In: Westenberg, G. *Max Heindel en The Rosicrucian Fellowship*. Amsterdam: Pelikaan, 2003. p. 266.

Templo *Mount Ecclesia,* da Fraternidade Rosacruz de Max Heindel, consagrado em 24 de dezembro de 1920

SEGUNDA PARTE

A ORDEM DA ROSA-CRUZ
O TRABALHO DE Z.W. (WIM) E JAN LEENE

5. O trabalho na Holanda

1924-1935. Primeira fase: a Sociedade Rosacruz na Holanda. Revistas e escritório de publicações. Trabalho em grupo, tendo como chave a obra de Johann Valentin Andreæ. Uma base nova e autônoma

Há um plano de ação universal sempre aplicável quando uma nova iniciativa se apresenta, um plano mediante o qual o verdadeiro trabalho espiritual sempre se desenvolve irresistivelmente. Nós, que estamos distanciados dele, muitas vezes apenas conseguimos reconhecê-lo posteriormente. Contudo, os que têm a alma mais amadurecida e empreendem o trabalho conhecem o plano desde o princípio.

Numa breve retrospectiva feita após trinta anos de trabalho, J. van Rijckenborgh descreveu o estado do campo de vida esotérico quando ele e um pequeno grupo de amigos começaram suas atividades. E, como sempre, no tom que ele usa não há nenhuma hesitação: é como se tivesse uma visão panorâmica de todo o conjunto e somente desse passos absolutamente certos, de acordo com um plano virtual de trabalho que ressoasse fortemente dentro dele.
"Quando iniciamos nosso trabalho, em 1925 (na verdade, no outono de 1924), encontramos um movimento rosa-cruz já estabelecido no mundo. Era um movimento que, fora o nome, nada possuía em comum com a Rosa-Cruz. Este movimento apenas se interessava pela aplicação de métodos de ioga, com todas as suas consequências. O referido movimento estava cheio de ocultistas negativos que não conseguiam nenhum progresso e se encontravam muito doentes. Além disso, muitos deles, de vontade perfeitamente "negra", intrometiam-se por toda parte. Finalmente, havia algumas pessoas sérias

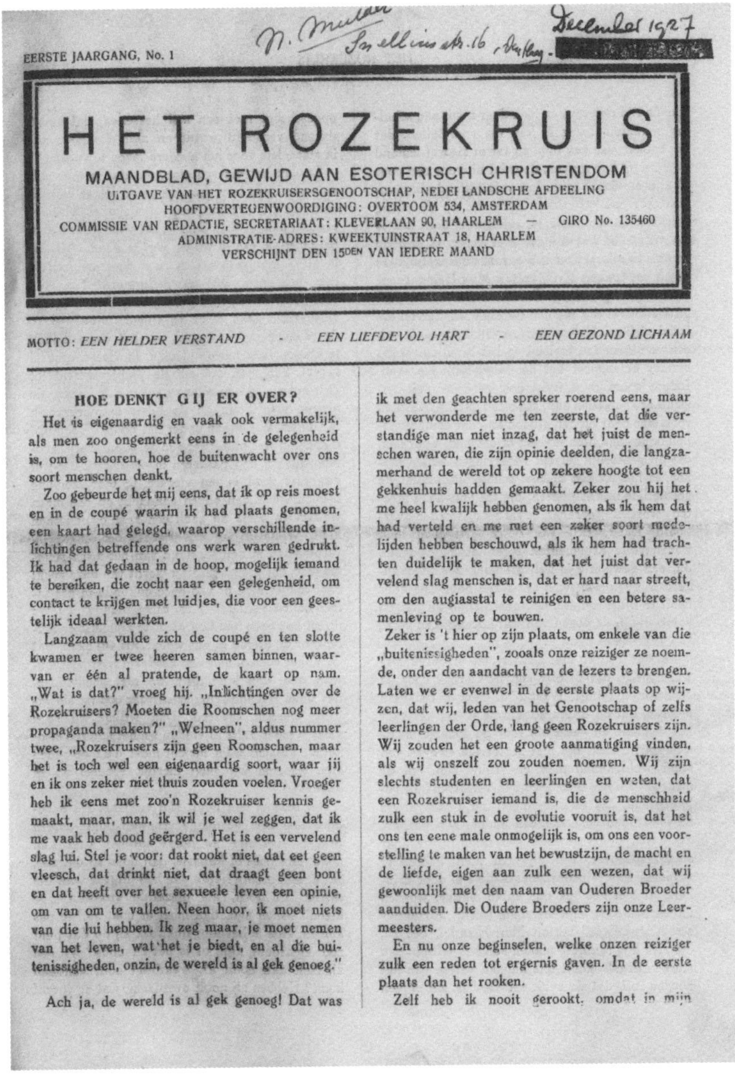

EERSTE JAARGANG, No. 1

HET ROZEKRUIS

MAANDBLAD, GEWIJD AAN ESOTERISCH CHRISTENDOM
UITGAVE VAN HET ROZEKRUISERSGENOOTSCHAP, NEDERLANDSCHE AFDEELING
HOOFDVERTEGENWOORDIGING: OVERTOOM 534, AMSTERDAM
COMMISSIE VAN REDACTIE, SECRETARIAAT: KLEVERLAAN 90, HAARLEM — GIRO No. 135460
ADMINISTRATIE-ADRES: KWEEKTUINSTRAAT 18, HAARLEM
VERSCHIJNT DEN 15DEN VAN IEDERE MAAND

MOTTO: *EEN HELDER VERSTAND - EEN LIEFDEVOL HART - EEN GEZOND LICHAAM*

HOE DENKT GIJ ER OVER?

Het is eigenaardig en vaak ook vermakelijk, als men zoo ongemerkt eens in de gelegenheid is, om te hooren, hoe de buitenwacht over ons soort menschen denkt.

Zoo gebeurde het mij eens, dat ik op reis moest en in de coupé waarin ik had plaats genomen, een kaart had gelegd, waarop verschillende inlichtingen betreffende ons werk waren gedrukt. Ik had dat gedaan in de hoop, mogelijk iemand te bereiken, die zocht naar een gelegenheid, om contact te krijgen met luidjes, die voor een geestelijk ideaal werkten.

Langzaam vulde zich de coupé en ten slotte kwamen er twee heeren samen binnen, waarvan er één al pratende, de kaart op nam. „Wat is dat?" vroeg hij. „Inlichtingen over de Rozekruisers? Moeten die Roomschen nog meer propaganda maken?" „Welneen", aldus nummer twee, „Rozekruisers zijn geen Roomschen, maar het is toch wel een eigenaardig soort, waar jij en ik ons zeker niet thuis zouden voelen. Vroeger heb ik eens met zoo'n Rozekruiser kennis gemaakt, maar, man, ik wil je wel zeggen, dat ik me vaak heb dood geërgerd. Het is een vervelend slag lui. Stel je voor: dat rookt niet, dat eet geen vleesch, dat drinkt niet, dat draagt geen bont en dat heeft over het sexueele leven een opinie, om van om te vallen. Neen hoor, ik moet niets van die lui hebben. Ik zeg maar, je moet nemen van het leven, wat het je biedt, en al die buitenissigheden, onzin, de wereld is al gek genoeg."

Ach ja, de wereld is al gek genoeg! Dat was ik met den geachten spreker roerend eens, maar het verwonderde me ten zeerste, dat die verstandige man niet inzag, dat het juist de menschen waren, die zijn opinie deelden, die langzamerhand de wereld tot op zekere hoogte tot een gekkenhuis hadden gemaakt. Zeker zou hij het me heel kwalijk hebben genomen, als ik hem dat had verteld en me met een zeker soort medelijden hebben beschouwd, als ik hem had trachten duidelijk te maken, dat het juist dat vervelend slag menschen is, dat er hard naar streeft, om den augiasstal te reinigen en een betere samenleving op te bouwen.

Zeker is 't hier op zijn plaats, om enkele van die „buitenissigheden", zooals onze reiziger ze noemde, onder den aandacht van de lezers te brengen. Laten we er evenwel in de eerste plaats op wijzen, dat wij, leden van het Genootschap of zelfs leerlingen der Orde, lang geen Rozekruisers zijn. Wij zouden het een groote aanmatiging vinden, als wij onszelf zou zouden noemen. Wij zijn slechts studenten en leerlingen en weten, dat een Rozekruiser iemand is, die de menschheid zulk een stuk in de evolutie vooruit is, dat het ons ten eene male onmogelijk is, om ons een voorstelling te maken van het bewustzijn, de macht en de liefde, eigen aan zulk een wezen, dat wij gewoonlijk met den naam van Ouderen Broeder aanduiden. Die Oudere Broeders zijn onze Leermeesters.

En nu onze beginselen, welke onzen reiziger zulk een reden tot ergernis gaven. In de eerste plaats dan het rooken.

Zelf heb ik nooit gerookt, omdat in mijn

A primeira edição da revista Het Rozekruis (A Rosa-Cruz), 1927-1928

que, tendo se desviado do bom caminho, vendiam seu verdadeiro direito de primogenitura por uma pretensa felicidade. Esta era a situação extremamente trágica. Todos eles também se encontravam diante de uma enorme confusão, tanto no domínio filosófico como
54 na organização."

Nessa primeira fase do trabalho, na década de 1920, os amigos reuniam-se em suas próprias casas. Eram encontros que ocorriam na atmosfera de vida pessoal, com os primeiros divulgadores entusiastas das novas "lições esotéricas de puro cristianismo" de Heindel, como ele próprio as chamava em seus livros e cartas. Da matriz, em Oceanside, eles recebiam os textos e, com muito dinamismo, reuniam em sua revista mensal as diferentes iniciativas que surgiam por todo o país. Nesses primeiros anos, havia um relacionamento amigável entre os estudantes, que geralmente recebiam as lições de Heindel na casa da dirigente A. van Wagendorp, em Amsterdã. Contudo, a visão dos dois irmãos Leene ia muito além. Para eles, o esoterismo de salão e as tardes agradáveis em volta do chá com certeza não eram suficientes para estar a serviço de um mundo em chamas e fazer seu ideal ficar mais próximo. Isso não conseguia satisfazê-los.

Era preciso mais.

E assim: "Desse modo, a Escola, com cerca de quinze interessados, alugou, em 1924, parte da casa situada na Bakenessergracht 13, em Haarlem, Holanda. Ali, puderam ser organizados um templo pequeno e, nos fundos, uma sala de reuniões, tudo em ambiente extremamente modesto. Então, nesse ambiente próprio, pôde ser estabelecida uma ordem, uma regularização do ritmo de trabalho. Nesse local, o trabalho pôde receber seu tão necessário ritmo próprio, apesar das muitas decepções, sobretudo no começo, quando, por exemplo, não obstante a sala estar preparada e a reunião anunciada, ninguém

54. Rijckenborgh, J. van. *Filosofia elementar da Rosacruz moderna*. Jarinu: Rosacruz, 2003. p. 242-3.

aparecia. Em meio a toda a espécie de decepções, desenvolveu-se algo do que agora denominamos campo de força.” 55

A partir daí, seus esforços ganharam impulso. Durante dezesseis anos, até o início da Segunda Guerra Mundial, os dois irmãos acompanhados de amigos como Cor Damme, A. Rutgers van der Loeff, E. Roland-Retera e certamente muitos outros, continuaram investigando e expondo as ideias e conceitos da “antiga sabedoria”.

Em 1927 eles tomaram a iniciativa e a responsabilidade de publicar a revista Het Rozekruis (A Rosa-Cruz). O número experimental foi publicado em dezembro de 1927. A partir de janeiro de 1928, *A Rosa-Cruz* tornou-se uma revista mensal. Com ela, eles atraíram a atenção tanto para o trabalho dos rosa-cruzes clássicos, como também para os fundamentos e conceitos básicos da astrologia. Traduziram um folhetim de E. Prentiss Tucker a respeito da vida após a morte e 56
fizeram um apanhado crítico e social dos acontecimentos mundiais.

Desde o início deram atenção aos jovens; E. Roland-Retera foi a primeira a iniciar o Trabalho da Mocidade na Rosacruz. O ponto de partida de todos os trabalhos era “bondade, verdade e justiça”. Jan e Wim Leene escreveram sobre a importância de um Trabalho da Mocidade sadio, baseado em princípios esotérico-cristãos. Em todas as edições a senhora E. Roland-Retera escrevia sobre o crescimento e o desenvolvimento das crianças e sobre o ideal rosacrucianista de uma educação apropriada que não fosse simplesmente focada no progresso material. Para eles tratava-se de conduzir esse grupo ativo, voltado para o cristianismo interior, rumo aos mistérios da libertação. Ao mesmo tempo, prepará-lo como grupo para seguir à frente.

Com essa finalidade constituíram, nesse mesmo ano de 1928 (exatamente em 15 de fevereiro), o “Escritório Central de Publicações

55. Rijckenborgh, J. van. *A Gnose em sua atual manifestação*. Jarinu: Rosacruz, 2007. p. 130-1.
56. Tucker, P. *Na terra dos mortos que vivem*. São Paulo: Fraternidade Rosacruz, sd. http://www.fraternidaderosacruz.org/ntdmqv_prefacio.htm

57 da Fraternidade Rosacruz, dividido em três seções: 1) livros e brochuras, sob a orientação de Z.W. Leene; 2) redação da revista Het Rozekruis e novas edições, sob a orientação de Jan Leene; 3) assinaturas, anúncios e administração, a cargo de C. Honig".

Mencionamos os detalhes da fundação do Escritório de Publicações porque ela é o prelúdio do trabalho independente na Holanda, já separado do movimento americano. Embora em suas primeiras edições a revista Het Rozekruis ainda refletisse fielmente a filosofia, a astrologia e os conceitos e ensinamentos das "lições de Oceanside", como eram chamadas naquela época, o impulso jovem e idealista para dar forma ao próprio trabalho tornou-se cada vez mais evidente a cada edição.

O próximo passo ocorreu em agosto de 1929, quando houve o seguinte anúncio: "Se as negociações forem bem sucedidas, todo o nosso trabalho se concentrará em nosso próprio prédio, em Haarlem, situado no centro da cidade. Isso promoverá a popularidade da Fraternidade Rosacruz a uma amplitude ainda maior". Em abril de 1930, o trabalho do Escritório de Publicações foi dividido em oito seções, que, "devido à sempre crescente expansão de atividades, e para promover a agilidade de seu funcionamento, serão assumidas pelos abaixo-assinados, todos eles membros da Fraternidade Rosa-
58 cruz, Oceanside, Califórnia, Estados Unidos".

J. van Oel Jr., filho de um sobrinho dos Leene, que morava na casa de Z.W. Leene, gerenciava o departamento de informações. "Divulgação e redação da revista Het Rozekruis: Jan Leene. Administração: C.A. Honig. Atendimento, visitas pessoais e de leigos, reabilitação social: Z.W. Leene. Trabalho da Mocidade: sra. E. Roland-Retera. Trabalho de Cura: srta. Jenny Leene, uma sobrinha dos dois irmãos."

Esse comunicado termina mencionando que "não devemos jamais considerar o Escritório de Publicações um corpo separado da matriz,

57. Het Rozekruis. Ano I, n. 3, março de 1928.
58. Het Rozekruis. Ano 2. n. 8, agosto de 1929.

que deseja agir oficialmente em nome dela. O Escritório de Publicações deve ser visto como 'um auxílio voluntário', autorizado pela matriz, para promover o tremendo trabalho realizado por ela. Para vários assuntos é possível também dirigir-se à matriz, onde há um secretário holandês".

No entanto, parece que com essas palavras eles estavam entrando em conflito consigo mesmos. Somente nesse sentido é que se pode explicar a confusa declaração da edição de outubro daquele mesmo ano, texto que, lido em retrospectiva, parece ser um prenúncio de novos e importantes acontecimentos.
"Por mais de uma vez tentamos reunir pessoas interessadas no rosacrucianismo em grupos locais que poderiam depois ser reunidos em uma organização nacional, com uma liderança nacional. Mas a matriz sempre se recusou a dar seu consentimento a essa organização tão estruturada. E com razão, pois dessa forma poder-se-ia chegar a um alinhamento rígido em relação a princípios e posições. E haveria o perigo de uma organização limitada substituir o princípio que deveria permanecer universal, enquanto os 'Irmãos Maiores' seriam reduzidos a apenas uma expressão, Max Heindel a uma 'vocação superior' e as pessoas somente pensariam no crescimento da organização, em construir igrejas e templos. [Os filhos de Deus...] estariam, então, tão ocupados em afirmar e provar, em conter e purificar, que quase ninguém mais teria tempo de voltar seu olhar para Cristo. Então, somente poucos iriam escalar os diques e muros para ficar à luz do sol do semblante de Deus e estender os braços ao Cristo irradiante, com toda a sua simplicidade..."

No dia 24 de dezembro de 1930 a esposa de H.J. Stok, um dos amigos que desde o início deram seu apoio aos irmãos, decide juntar-se a eles. O nome dela era H. Stok-Huizer. Mais adiante, dedicaremos mais atenção à sua atividade e capacidade de estruturação. Algum tempo antes, por volta de 1928, os irmãos Leene e o presidente do Centro de Haia, C.L.J. (Cor) Damme (1897-1969) já haviam se encontrado. Eles reconheceram uma antiga afinidade mútua e grande paixão pela fonte pura: a Ordem da Rosa-Cruz. Antes da guerra, Cor Damme, uma alma irmã de personalidade dinâmica e escrita afiada, personificou o terceiro lado do triângulo, constituindo o enérgico trio que deu forma e dinamismo ao trabalho.

Damme também era um dos melhores amigos de Wim Leene. Entre outros motivos, pelo fato de possuir profundo conhecimento esotérico, ele logo se tornou membro do grupo interno e foi incluído na direção da organização (holandesa). O fato de ser cozinheiro no Hotel Central na Lange Poten, em Haia, mostrou ser muito conveniente durante os acampamentos de verão da Rosacruz que começaram em 1934. Depois da guerra Cor Damme emigrou para o Brasil, mais tarde foi para Las Vegas e para a Califórnia, no sudoeste dos Estados Unidos, onde se tornou um antiquário bem sucedido e negociante de arte asiática.

As atividades organizadas pelos centros de Haarlem e de Haia, as aulas semanais de estudos bíblicos e a revista mensal Het Rozekruis foram um grande fator de unificação. Atenção especial foi dedicada ao contínuo bom funcionamento do trabalho nacional, que ocorria principalmente na parte oeste do país, focalizando em especial a expansão do trabalho internacional do centro espiritual da Califórnia.

Em 1933, em parte pela aquisição do centro de Haarlem, que havia acontecido nesse meio tempo, e em parte devido aos planos de expandi-lo, a organização exigiu o estabelecimento de uma nova entidade jurídica: a Fundação Max Heindel.

Em todos os aspectos do trabalho, sentia-se que o círculo em torno de Cor Damme e de Jan e Wim Leene não somente era jovem e entusiasta, mas também estava contribuindo com algo extra e especial. No entanto, os três amigos sentiram que ainda faltava um sinal, uma nova certeza, uma terceira base. O trabalho e os ensinamentos de Heindel eram profundos e de grande alcance e possibilitavam a vivência e a prática do verdadeiro cristianismo esotérico. Porém Heindel falava apenas indiretamente a respeito do impulso dos rosa-cruzes clássicos do princípio do século 17.

Cor Damme aprofundara-se nos aspectos e conceitos astrológicos e também tinha uma sensibilidade especial para as consequências esotéricas e físicas dos ensinamentos. Jan Leene tornou-se secretário do movimento na Holanda e Wim Leene continuou sendo, indiscutivelmente, seu centro espiritual. Nessa época, os centros de Haarlem e Haia representavam a força motora do trabalho holandês. Eles ansiavam por uma fraternidade mais forte, que não só enviasse lições por correspondência, mas que também formasse um grupo coeso de amigos que pensassem de forma semelhante, para serem capazes de fazer a diferença.

Damme estimulou os dois irmãos a irem à Alemanha e depois a São Petersburgo. O anseio por encontrar as fontes puras impulsionou-os a ir à Inglaterra. E assim, Damme, que era empreendedor e acostumado a viajar, levou-os consigo a Londres. Os três amigos seguiram, confiantes, sua intuição que, tantas vezes, já os havia conduzido na direção certa e, neste caso, também lhes indicava o caminho. Seu objetivo era a Biblioteca do British Museum, onde esperavam encontrar, pelo menos, um dos manifestos, seguindo as indicações deixadas por A.E. Waite na primeira edição da *The Real History of the Rosicrucians*.

Em princípio o que estavam procurando não era para si próprios: a motivação de sua busca provinha do desejo de poder oferecer algo significativo para seu círculo de amigos. A ideia que os guiava era: como encontraremos o cerne? Como apoiaremos nossos amigos com os mesmos anseios espirituais em sua busca por novos valores de vida? Se há algo extremamente necessário em um futuro próximo é exatamente isso: novos valores de vida, que nada tenham a ver com padrões antigos e decadentes. Quem tem valores de vida pode mudar a própria vida, sim, pode tornar-se, ele próprio, o ponto de reversão.

6. Londres. A descoberta dos três manifestos

1935. Fama Fraternitatis, Confessio Fraternitatis e As núpcias químicas de Christian Rosenkreuz, ano 1459. Uma nova dimensão de parentesco espiritual. A atmosfera na qual surgiram os manifestos. Tobias Hess, como pai espiritual, Paracelso, como padrinho dos rosa-cruzes clássicos. O testamento espiritual da Ordem da Rosa-Cruz. Impulso para a coordenação de uma federação internacional

As obras filosóficas mais importantes da literatura mundial já eram bem conhecidas dos três amigos. No entanto, precisamos ter a consciência de que, naquela época, os manuscritos originais da Rosa-Cruz clássica dificilmente podiam ser encontrados, onde quer que fosse. Os três amigos sabiam que a *Fama Fraternitatis*, a *Confessio Fraternitatis* e a *Chymische Hochzeit des Christian Rozencreutz. Anno 1459* continham ouro em potencial. Certamente também sabiam o quanto esses textos haviam sido vilipendiados, desprezados e distorcidos e como seus valores e ensinamentos hermético-cristãos haviam sido envenenados e profanados por tanto tempo que pareciam significar exatamente o oposto. Em seu trabalho não se passou sequer um dia sem que eles tivessem a oportunidade de apontar essas distorções e explicar as verdadeiras intenções dos textos.

Foi por isso que, literalmente, "dançaram de alegria" quando os manuscritos originais da clássica Fraternidade da Rosa-Cruz chegaram às suas mãos. Ao ver o selo na página de rosto do livro *Chymische Hochzeit Christiani Rosencreutz Anno 1459*, Jan Leene exclamou com alegria: "É isso! Agora conseguimos agarrar o fio condutor que estávamos procurando!"

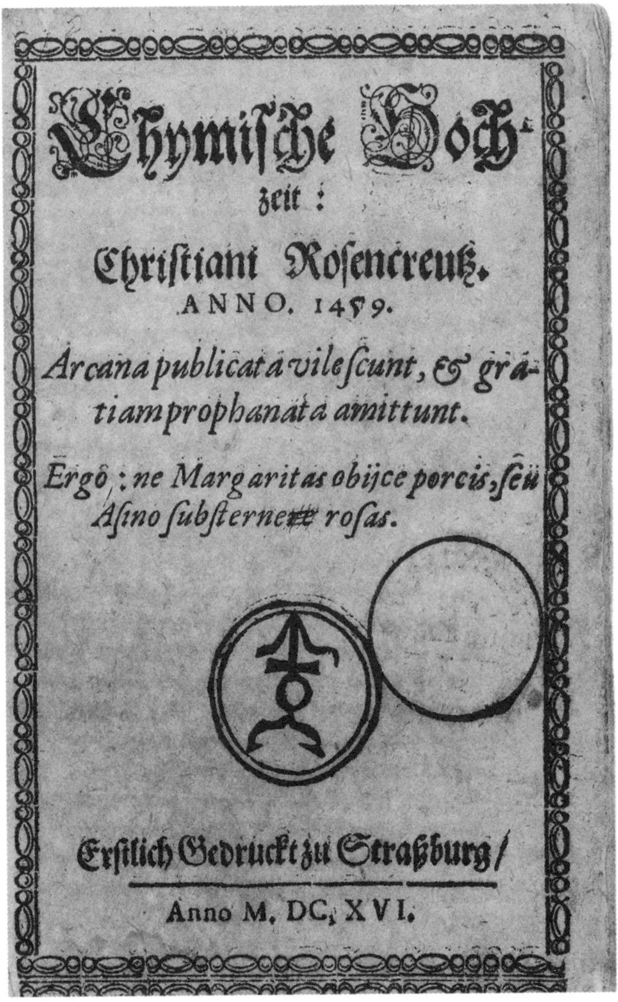
Chymische Hoch-
zeit:
Christiani Rosencreutz.
ANNO. 1459.

Arcana publicata vilescunt, & gratiam prophanata amittunt.

Ergò: ne Margaritas obijce porcis, seu Asino substernere rosas.

Erstlich Gedruckt zu Straßburg/
Anno M. DC. XVI.

Terceira edição de 1616 de *Chymische Hochzeit,* que leva na página de rosto o "selo de sangue" de Cristão Rosa-Cruz

A linguagem dos manifestos rosa-cruzes, a *Fama* e a *Confessio,* irradia uma atmosfera fora do comum. Por trás dessa linguagem existe uma força expressiva inegavelmente instigadora, porém não inusitada, uma vez que, nessa época, havia vários escritores incisivos capazes de empunhar suas penas afiadas. No entanto, os manifestos estão impregnados de uma força que vem de uma "morada espiritual", a "Casa *Sancti Spiritus*", como relata, no final, a *Fama*. Esses textos não são obra de uma só pessoa, mas sim de um colegiado: eles emanam de uma faculdade, de um impulso, de uma intuição superior cuidadosamente formulada, que os fundadores e irmãos da Ordem expressaram com o coração e a alma. Os manifestos introduziram na cultura europeia o conceito de renovação do mundo fundamentado na fusão entre o Espírito e a alma do ser humano.

Ao mesmo tempo os fundadores da Ordem quiseram dar novo impulso à sociedade. Por isso lançaram a proposta de uma gigantesca reversão da ordem social, tendo em mente a imagem de uma sociedade ideal, cujos líderes deveriam demonstrar responsabilidade e oferecer uma perspectiva geral de paz, uma igreja com ministros inspirados por Deus e uma ciência com pessoas capazes de pensar com o coração. Isso seria possível? Essa era a primeira pergunta. De qualquer forma, esse momento marcou o ponto em que a nova linha espiritual da obra libertadora teve início.

Os rosa-cruzes clássicos ofereceram uma nova explicação para o conceito "ser humano" e formularam uma nova visão do objetivo da condição humana. Melhor dizendo: a sabedoria de Moisés, Hermes, Cristo e Paracelso, que expressa a busca dos séculos anteriores, foi condensada em poucas páginas e apresentada de tal forma que até hoje têm uma força semelhante à de uma bomba-relógio que continua a vibrar. Nos manifestos, um tríplice processo de gênese, ligado às três fases do desenvolvimento humano, foi expresso no seguinte axioma: *Ex Deo nascimur – In Jesu morimur – Per Spiritum*

Sanctum reviviscimus (de Deus nascemos, em Jesus morremos, pelo Espírito Santo revivemos).

Os autores dos manifestos relatam que, ao longo da história da humanidade, um impulso espiritual sempre se liga àqueles mestres religiosos capazes de divulgarem, de um modo novo, a antiquíssima sabedoria sobre Deus, o cosmo e o ser humano. Inicialmente, tal sabedoria é elaborada nas escolas de mistérios que eles fundam. Mas, sobretudo, ela é vivida.

Com isso, eles selaram espiritualmente o processo de gênese da consciência da humanidade. Nunca houve nenhuma escola de mistérios verdadeira que tivesse deixado de mostrar o mesmo caminho universal de iniciação. Contudo, após um período de tempo, elas desaparecem porque seus ensinamentos espirituais passam a ser relacionados, a partir de um certo momento, apenas com a vida exterior do homem, perdendo-se de vista o seu real fundamento, a gênese da nova alma. Hermes Trismegisto explicava isso do seguinte modo: na busca pela alma humana, o prêmio da corrida é alcançar a ligação com o Espírito! Todo ser humano que ultrapassar os limites e romper as correntes que o prendem ao espaço-tempo, ao nascimento e à morte, receberá esse prêmio.

Por isso os irmãos da Rosa-Cruz declaram na *Fama Fraternitatis* que sua filosofia não é nova. No livro *Confessio Fraternitatis* eles esclarecem alguns conceitos – na verdade, tratava-se de novas propostas. O terceiro manifesto, *As núpcias químicas de Christian Rosenkreuz, ano 1459*, desenvolve o processo da alquimia espiritual sob a forma de uma história.

Nesses manifestos a sociedade europeia é conclamada a realizar uma imitação viva de Cristo na vida cotidiana, algo semelhante ao chamado de Tomás de Kempis, um autor medieval, em sua obra *Imitação de Cristo*. Esse chamado dirigiu-se, em primeiro lugar, aos governantes, autoridades e homens cultos, a fim de que o povo pudesse seguir espontaneamente seu bom exemplo.

Os manifestos escrevem sobre uma reforma, cujo ponto de partida não é apenas uma renovação da Arte, Ciência e Religião: acima de tudo, trata-se de um processo de transformação – a começar pela mudança da classe dirigente – que visa ao restabelecimento da dimensão espiritual do ser humano. Na *Fama Fraternitatis* podemos ler: "[...] para que o homem compreenda, finalmente, sua nobreza e sua majestade e perceba a razão pela qual ele é chamado de *microcosmo* e a extensão de sua arte na natureza."

Uma nova dimensão de parentesco espiritual

Os três amigos ficaram eufóricos quando os originais dos manifestos chegaram-lhes às mãos, em 1935. Eles vivenciaram esse profundo parentesco espiritual ao reconhecerem tratar-se da antiga sabedoria. Eles se sentiram ligados a esses outros três amigos que, 331 anos antes, fundaram a "Casa *Sancti Spiritus*", em 1604: Tobias Hess, Johann Valentin Andreæ e Christoph Besold.

O que deu esplendor a esses dois textos, *Fama* e *Confessio*, foi certamente a combinação da linguagem flexível, concisa e profunda do gênio literário de Johann Valentin Andreæ e, possivelmente, a moderação religiosa e o equilíbrio de Christoph Besold mas, sobretudo, as ideias e o pensamento de Tobias Hess, profundamente religioso, claro e hermético.

Quando observamos a atmosfera na qual os manifestos foram criados vemos que causaram uma onda de choque que se propagou através do modo de pensar do século XVII. Desde então esses textos não cessaram de fascinar o mundo esotérico e teosófico. Tobias Hess (1568-1614) era um erudito maravilhoso, alquimista e médico, que os jovens Andreæ e Besold consideravam como um pai espiritual. Quando a *Fama* e a *Confessio* surgiram, logo no início do século XVII, em Tübingen, Hess tinha 40 anos, Andreæ era um adolescente e Besold apenas um pouco mais velho. Hess era um médico ao estilo de Paracelso. Nele se reuniam as linhas de força espirituais de Hermes, Ficino, Arndt e da Bíblia, para formar uma nova síntese. Ele era o protótipo nórdico do *uomo universale*. Tinha excelente memória visual e citava sem dificuldade todas as passagens bíblicas em alemão e em latim. Ele vivia em concordância com as sagradas escrituras. Jurista de origem, seus amigos diziam que ele tinha a sabedoria da lei pura (não a lei humana), a humanidade de Erasmo, os conhecimentos matemáticos de Maestlin e a mansidão universal de Ficino. Andreæ escreveu sobre ele: "Primeiro foi um bom advogado; depois, tornou-se um bom médico. E, finalmente, um conhecedor melhor ainda de Deus". Hess adotou a medicina clássica de Hipócrates (470-360 a.C.) e Galeno (130-200 d.C.), mas também a "nova" medicina de Paracelso (1491-1543). Quando ele mesmo contraiu uma doença incurável esforçou-se para compreender profundamente a ideia de que "se o Livro de Deus é imenso, pequena é a obra dos especialistas" e mostrou-se paciente e indulgente, imitando Cristo. [59]

A sabedoria hermética, desvelada mais uma vez nos últimos dois séculos, estava, por assim dizer, concentrada em Hess. Ele também reuniu um grupo de almas afins ao seu redor, nessa região da Alemanha luterana, para preparar a reforma hermético-cristã da Reforma! Aí vemos também a origem do desejo que Andreæ sentiu durante toda a vida: a ideia de reunir um grupo de pessoas notáveis que promoveria a ciência, a moral e o puro cristianismo aplicado. Semelhante grupo de amigos, estudantes do Seminário de Tübingen, frequentemente se reunia na casa hospitaleira de Tobias Hess. Andreæ jamais voltaria a participar de um grupo assim.

59. *Johann Valentin Andreæ 1586-1986. Die Manifeste der Rosenkreuzerbruderschaft. Katalog einer Ausstellung in der Bibliotheca Philosophica Hermetica* (Os manifestos da Fraternidade da Rosa-Cruz. Catálogo de uma exposição na Bibliotheca Philosophica Hermetica). Amsterdam, 1986 (Carlos Gilly). p. 20 ss.

Era um ambiente espiritual desafiador e cheio de vida, que inflamou jovens talentosos do calibre de Johann Valentin Andreæ e Christoph Besold (entre outros). Seus corações estavam repletos de coragem juvenil, quando as ideias libertadoras da Ordem fecundaram suas mentes. Tudo parecia dar certo e encaixar-se. Por um breve momento, todos os conhecimentos obtidos fundiram-se numa síntese e o resultado era muito mais belo do que o conjunto formado pelas participações individuais. Essas pessoas estavam "nas nuvens" e foram tidas como entusiastas – o que não significava um elogio. Umas entusiasmavam as outras pelo universal. O impulso espiritual deu asas à sua imaginação, enquanto seus corações estavam abertos para o hermetismo, para o mundo das ideias hermético-cristãs. Era como se Paracelso acenasse com a cabeça confirmando, lá do céu da medicina e da "teologia do microcosmo".

Nenhum nascimento acontece sem as dores do parto, e as dores da Ordem foram tão violentas que, em 1614, a criança correu o risco de morrer com Hess. Desde 1599 Hess entrara em um longo conflito com sua *alma mater,* a Universidade de Tübingen. Isso porque ele era conhecido como "aluno do maldito Paracelso e, dez anos depois, ainda receitava remédios 'paracelsistas' e dava aulas em casa sobre seus textos".

Assim como Paracelso, acreditava firmemente em "uma nova era e em um julgamento que iria acontecer no ano de 1613, depois do qual a terceira era ou período iria começar: a era da restauração do Estado e da Igreja. Os dois primeiros períodos eram os do Velho Testamento, que havia anunciado a vinda de Cristo, e o do Novo Testamento, no qual Cristo havia realmente vivido entre os homens. Então o terceiro período, que começaria em 1620, veria o alvorecer da gloriosa era do "Espírito Santo" e do "povo de Deus na terra". Essa era a atmosfera efervescente e concentrada na qual os manifestos rosa-cruzes surgiram e quase desapareceram. Hess morreu em 1614, quando seus amigos já estavam ocupados com outros assuntos: Andreæ, com sua formação para tornar-se pastor e a preparação de seu casamento com uma jovem de família luterana extremamente ortodoxa; Besold, com a carreira jurídica. Contudo, algo como os manifestos, que continha uma energia tão concentrada, seria incapaz de permanecer oculto, como veremos. O primeiro manifesto, que já havia circulado como manuscrito entre amigos (e inimigos!), apareceu como uma edição impressa pirata. Assim, acendeu-se o rastilho para o barril de pólvora. Em 1615 Besold e principalmente Andreæ decidiram publicar a *Fama* original e a *Confessio*.

Em 1619, ao escrever sobre aquele tempo e Tobias Hess, Andreæ suspira: "Acreditávamos na mente paradoxal de Tobias Hess, em não sei que Idade de Ouro imaginária e em todos os estranhos cálculos sobre o juízo [final]. [...] Sigamos nossas próprias regras em Cristo, durante estes tempos sem lei. Busquemos refúgio na honradez, em meio à impureza geral. Nestes tempos materialistas, sejamos sonhadores, sonhemos com o que é superior. Amemos como ele amou e chamemo-nos de 'irmãos' depois de termos descartado os enfeites dos títulos e o orgulho dos cargos honoríficos (do que você está rindo, diabo?). Façamos, juntos, o juramento de devotar-nos ao serviço de Cristo, rejeitando o mundo, em relação amigável e de mútua elevação. Consideremo-nos cidadãos – não do reino da utopia – mas do reino de Cristo, mesmo que ele esteja invisível aqui, devido à idade do mundo. Assim temos vivido e Deus é testemunha de que nossa vida é plena de simplicidade, inocência e boas intenções. Eu preferiria ficar desprovido de todo o ouro do mundo se, pelo menos, pudesse ter a esperança de conquistá-lo como amigo com essa atitude". 60

60. Andreæ, J.V. *Tobias Hessi, Viri incomparabilis, Immortalitas* (Tobias Hess: A imortalidade do homem incomparável). Strassburg: Erben L. Zeitner, 1619.

Quanto ao livro *As núpcias químicas de Christian Rosenkreuz,* publicado em 1616, essa é uma história completamente diferente. Na época, havia somente um pequeno número de pessoas preparadas para sondar suas profundezas: para o mundo exterior essa alegoria era incompreensível. "É uma narrativa fantasiosa e confusa" – essa era a leitura da crítica oficial – "o produto de uma mente perturbada." No entanto os irmãos deram seu testemunho de que não era nada disso e que essa leitura estava longe de ser verdadeira. "Nossa ciência consiste nas forças espirituais do ser humano e em uma sabedoria comprovadamente superior. Ela contém muito do conhecimento de Deus, muito sobre medicina, mas pouco sobre leis. Essa verdadeira ciência, em última análise, nada mais é do que a filosofia hermética.
61 Ela é também a filosofia dos gregos." Essa citação de Besold acabou sendo registrada no livro *Confessio* e foi disseminada mais tarde por Comênio.

Trata-se, com certeza, da antiga sabedoria; no entanto em 1614, 1615 e 1616, os manifestos ainda eram textos destinados ao futuro – um futuro que pôde ser revelado naquele dia, em Londres, em 1935.

O TESTAMENTO ESPIRITUAL DA ORDEM DA ROSA-CRUZ

Voltemos ao ano de 1935. Aquele momento, em Londres, realmente foi muito significativo. Para os três amigos os manifestos constituíam um testamento espiritual, uma confirmação concreta de sua missão. Eles vivenciaram essa experiência como a prova de um vínculo estreito, de primeira mão, com a Ordem da Rosa-Cruz: um impulso rosa-cruz manifestado diretamente no exterior, pela primeira vez desde o século XVII.

61. *Johann Valentin Andreæ 1586-1986. Die Manifeste der Rosenkreuzerbruderschaft. Katalog einer Ausstellung in der Bibliotheca Philosophica Hermetica* (Os manifestos da Fraternidade da Rosa-Cruz. Catálogo de uma exposição na Bibliotheca Philosophica Hermetica). Amsterdam, 1986 (Carlos Gilly), p. 104–106.

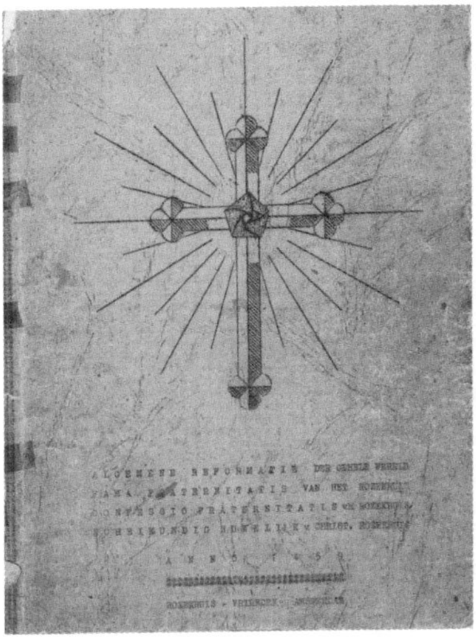
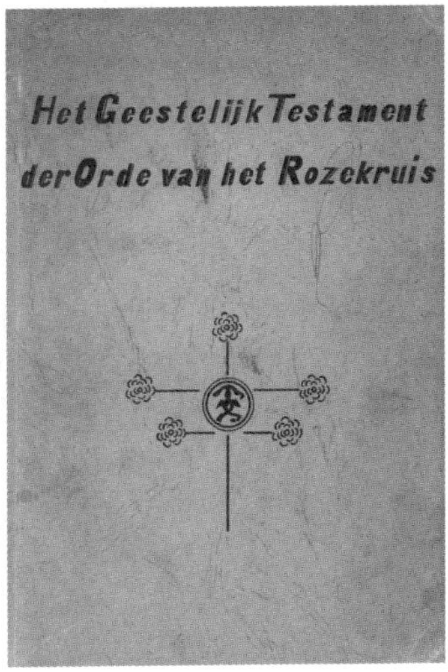

Edição mimeografada de *A reforma geral do mundo inteiro: a Fama, a Confessio Fraternitatis* e *As núpcias alquímicas,* por "Amigos da Rosa-Cruz", Amsterdam: 1937. À direita: *O testamento espiritual da Ordem da Rosa-Cruz,* Haarlem, 1937

Os que tinham consciência da linha espiritual da obra de libertação iniciada em 1875, sabiam que "em determinado momento seria iniciado um novo trabalho, sob o impulso direto (e a direção) da Ordem da Rosa-Cruz". Além do fato de que isso dizia respeito à continuação da antiquíssima obra de libertação de Hermes, da Gnosis, a Fraternidade tinha também o "direito cármico" de iniciar um novo trabalho, pois todos os seus esforços do século XVII haviam sido frustrados brutal e escandalosamente pela Igreja e pelo Estado. Para compreender até certo ponto o que tudo isso implica, citamos um trecho da explicação apresentada por J. van Rijckenborgh em 1945 a respeito dessa linha espiritual de trabalho. Na brochura *Rosa-cruzes e teósofos, antropósofos e sufis* lemos:

"Todos os grandes obreiros que atuaram publicamente nos últimos cem anos sabiam que todo o seu trabalho fazia parte de um plano engenhoso no qual a Rosa-Cruz teria necessariamente de realizar a etapa final. Consequentemente, essa ideia não poderia permanecer apenas nos círculos rosa-cruzes mas, sendo verdadeira como é, com certeza surgiria também em outros obreiros. Isso diz respeito primeiramente à obra *A Doutrina Secreta* de H.P. Blavatsky, na qual ela é muito clara a respeito desse ponto em alguns trechos – mais clara até que seus discípulos. H.P. Blavatsky testemunha que, nesta dispensação, os rosa-cruzes intervirão e conquistarão o mundo e implantarão a única verdade em todos os centros da vida espiritual e filosófica.

Para completar gostaria de me referir a um discurso de Weler van Hook, em 1922, na Convenção da Divisão Americana da Sociedade Teosófica, no qual ele conclui e enfatiza para seus ouvintes que, naquela época, a Fraternidade da Rosa-Cruz havia transferido deliberadamente uma parte de seu trabalho para a Sociedade Teosófica. Ele continua dizendo que os teósofos deveriam compreender que o sucesso de seu trabalho se deve totalmente a essa inatividade dos rosa-cruzes. Graças a isso, a Sociedade Teosófica pôde atrair continuamente a atenção do mundo. E Weler van Hook dá seu testemunho dizendo literalmente: 'Desse modo, a antiga Ordem renuncia, condicional e temporariamente, ao seu direito cármico e à oportunidade de expandir-se para uma atividade maior e maiores relacionamentos. Seus líderes e antigos membros oferecem grande auxílio à Sociedade Teosófica e preservam muito de suas forças cármicas para uso posterior.' E, para terminar, ele afirma enfaticamente que 'a Ordem da Rosa-Cruz pode, a qualquer momento e com grande rapidez, ser estimulada à atividade exterior'. Além disso, os conhecedores esotéricos sabiam que, em determinado momento deste século [século XX], uma nova era cósmica seria iniciada: uma era em que aconteceria [...] uma separação definitiva entre pioneiros e retardatários. Seria mesmo possível que apenas uma porcentagem extremamente pequena da humanidade pudesse passar pelas portas da nova dispensação, enquanto o restante continuaria preso nas malhas do materialismo, da falta de fé e da ignorância mais fatal ainda: a ignorância espiritual das igrejas." 67

Desde aquele dia memorável em Londres, os irmãos Leene e Cor Damme prometeram absoluta lealdade a essa Fraternidade: a essa Ordem da Rosa-Cruz. Sob o "selo de sangue de Cristão Rosa-Cruz", eles reconheceram sua missão. Eles se referiram a "um mandado absoluto, conferido a nós pela Ordem da Rosa-Cruz". Com essa nova base de sustentação do trabalho, seu posicionamento em relação a Oceanside também mudou. Menos dependentes, eles agora tomam suas posições de forma autônoma: já desligados da Fraternidade Rosacruz, sabem que sua tarefa é publicar – talvez pela primeira vez desde 1615 – uma tradução holandesa dos três manifestos. Eles já haviam começado a publicar alguns capítulos desde 1933 na revista *Het Rozekruis*. Em 1937, editaram o texto todo, sob o título geral de *Het geestelijk testament der Orde van het Rozekruis* (O testamento espiritual da Ordem da Rosa-Cruz). No prefácio da primeira edição mimeografada, lemos:

"Na primeira metade do mês de setembro de 1936, um pequeno número de amigos da Rosa-Cruz editou, por sua própria iniciativa, e distribuiu a preço de custo todos os textos antigos da autêntica Ordem da Rosa-Cruz que já não estavam disponíveis em livrarias. E certamente não foi por acaso que essa primeira edição dos quatro textos importantes da Ordem foi apresentada a todos os amigos da Rosa-Cruz sob o título de 'O Livro M'. A tradução foi feita com base na transcrição dos textos originais e foi comparada a outras poucas traduções holandesas difundidas há muitos anos".

62. *Rozekruisers en Theosofen, Anthroposofen en Soefi's* (Rosa-cruzes e teósofos, antropósofos e sufis); três palestras dadas pelo sr. J. van Rijckenborgh no Templo da Sede em Haarlem, após o reinício do trabalho em maio de 1945. Haarlem: Rozekruis Pers, 1946.

AQUARIUS

De overwinning van het licht.

AQUARIUS

WAT IS TIJD.

O semanário Aquarius, publicado entre 1935 e 1939

Essa edição começa por *De geheime kenmerken v/d Rozekruisers* (As
características secretas dos rosa-cruzes) "como introdução, para
os que sabem pouco ou nada a respeito da Ordem da Rosa-Cruz";
e *Algemene Reformatie der gehele wereld* (Reforma geral do mundo
inteiro). Esses dois textos introdutórios não faziam parte da edi-
63 ção publicada no mesmo ano. Na segunda edição, Jan Leene, sob
o pseudônimo de John Twine, anuncia que "será publicado um
estudo aprofundado dessas três obras no devido tempo, em três
tomos, sob o título: *Os segredos da Fraternidade da Rosa-Cruz*. É com-
preensível que pseudotextos ou textos mutilados dessa Ordem
circulem com a finalidade de obstruir e desacreditar as intenções

63. *Algemene Reformatie der gehele wereld. Fama Fraternitatis van het Rozekruis. Confessio Fraternitatis vh Rozekruis. Scheikundig Huwelijk v. Christ. Rozekruis Anno 1459* (Reforma geral do mundo inteiro. *Fama Fraternitatis* da Rosa-Cruz. *Confessio Fraternitatis* da Rosa-Cruz. *As núpcias alquímicas de Christian Rosenkreuz, ano 1459*). Edição mimeografada. Amsterdam: Rozekruis-vrienden, 1937. p. VI. Ver ilustração na p. 109.

da Ordem. Temos boas razões para presumir que nossa edição corresponde aos textos originais”. 64

O INÍCIO DE UMA FEDERAÇÃO INTERNACIONAL ABRANGENTE

Outra consequência de suas experiências em Londres foi a visão clara do futuro do trabalho. O ideal seria criar um grupo internacional que reunisse e abrangesse todos os centros isolados e independentes da Rosa-Cruz. Uma federação internacional de associações rosa-cruzes poderia ocupar um lugar importante na estrutura centralizada em Oceanside. Foi com esse objetivo que Cor Damme atravessou novamente o Oceano Atlântico para consultar seus amigos americanos em Oceanside.

É importante mencionar que, depois da morte de Max Heindel, em 1919, houve vários transtornos na Fraternidade Rosacruz, devido à disputa entre a senhora Heindel e um Conselho de Curadores. Ela era a única herdeira e detinha os direitos autorais de Max Heindel, enquanto o Conselho de Curadores constituía o comitê executivo da Fraternidade Rosacruz. Quando Cor Damme empreendeu sua viagem para debater os planos propostos no início de 1935, houve pouco entusiasmo da parte deles. Se ainda estivesse vivo, Heindel com certeza teria reconhecido as motivações puras e sinceras que impulsionaram os três amigos. Muitas oportunidades, totalmente diferentes, ter-se-iam apresentado. No entanto, a recepção foi tal que Oceanside somente se sentiu confrontada por um grupo de jovens rebeldes que, demasiado autoconfiante, desejava uma organização

64. *Het Geestelijk Testament der Orde van het Rozekruis; bevattende de klassieke uiteenzettingen van doel, wezen en roeping der Westerse Mysterieschool; met een inl. van het Rozekruisers Genootschap* (O testamento espiritual da Ordem da Rosa-Cruz; contendo as explanações clássicas do objetivo, da essência e da vocação da Escola de Mistérios; com uma introdução da Sociedade Rosacruz). Haarlem: Rozekruis Pers, 1937. Ver ilustração na p. 109.

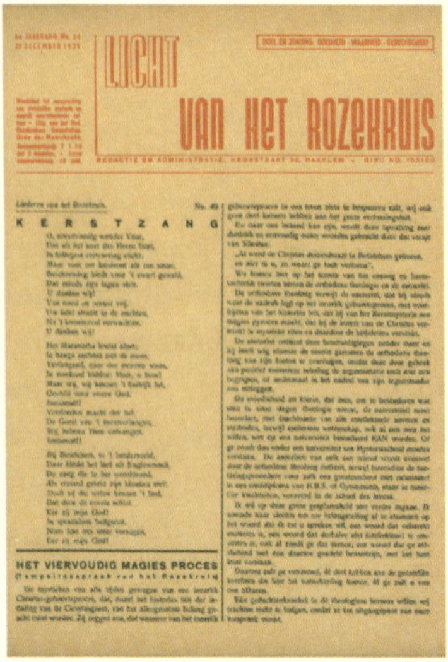
LICHT VAN HET ROZEKRUIS

KERSTZANG

HET VIERVOUDIG MAGIES PROCES

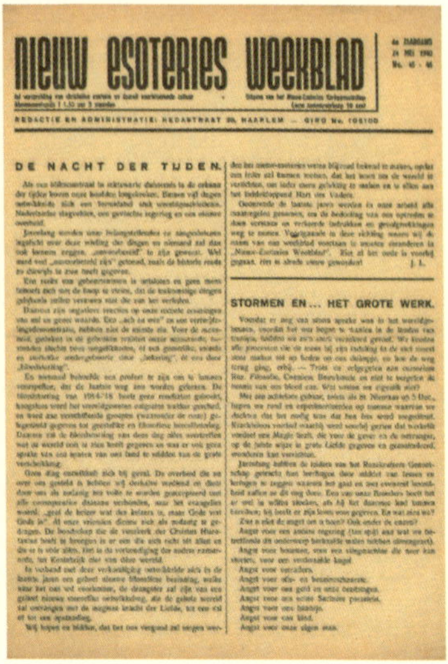
NIEUW ESOTERIES WEEKBLAD

DE NACHT DER TIJDEN

STORMEN EN ... HET GROTE WERK

O semanário Aquarius mudou de nome, em 1939, para Luz da Rosa--Cruz; duas semanas após a ocupação alemã, mudou novamente para Novo Semanário Esotérico

própria. Se a senhora Heindel e o Conselho de Curadores tivessem percebido a fidelidade ardorosa que esses devotados amigos dedicavam a Max Heindel, possivelmente teriam reagido de outra forma. Tendo visto a situação de perto, Cor Damme foi forçado a concluir, por conta das circunstâncias, que qualquer colaboração futura seria impossível. Segundo ele, havia desaparecido a verdadeira força espiritual e a ligação direta com os Irmãos Maiores. Para Oceanside, o grupo holandês era recalcitrante, rebelde e estava destruindo a forte união estabelecida na época de Heindel, que tanto fora cultivada. Em uma carta datada de 1935, a senhora Heindel advertiu os membros holandeses da Fraternidade Rosacruz a respeito de uma separação
65 iminente. "[...] O ser humano colhe o que semeia." Foi o que aconteceu. Assim deu-se um novo passo, autônomo, para o desenvolvimento de uma atividade completamente nova da luz.

65. Correspondência da Fraternidade Rosacruz, janeiro, abril/maio e novembro de 1935, cartas aos alunos, assinadas pela sra. Heindel.

Em vez de poderem dar um novo impulso global, como um toque de trombeta e com solidariedade internacional, os amigos holandeses tiveram que fazer soar sua nova *Fama* de maneira autônoma, mas solitária. Assim, Cor Damme, os irmãos Leene e os centros de Haia e Haarlem alavancaram a independência da Sociedade Rosacruz na Holanda, dissociando-se do trabalho americano. Como escreveram os irmãos Leene e Cor Damme, o resultado foi o seguinte: “obedecendo a um impulso interior que recebemos por volta do Natal de 1934, a Sociedade Rosacruz, o ramo holandês da Fraternidade Rosacruz, tornou-se a sede central independente para os países de língua holandesa.” Com 545 [66]
estudantes e alunos probatórios e pelo menos o mesmo número de interessados inscritos nos cursos, com vários prédios e acampamento próprios e “vários meios influentes de propaganda”, os amigos prosseguiram em seu trabalho independente. “Em cerca de 10 anos ele ampliou-se até ser o que é hoje. Todos reconhecerão, por detrás de todo esse trabalho, a presença obrigatória de um impulso interior como força propulsora, que não pode nem deve ser ignorado.” [67]

No dia 25 de setembro de 1935, seguiu-se a legalização: “No Natal de 1934, a Sociedade Rosacruz independente nasceu. Por Decreto Real, os estatutos da organização foram aprovados em 25 de setembro de 1935, tornando-se vigentes”, escreveu Jan Leene, um tanto orgulhoso, na brochura supracitada *Alguns excertos da história da Sociedade Rosacruz holandesa.* [68]

Nesse contexto talvez seja apropriado citar algumas linhas de uma carta que a Sra. B. Danko-Schuijt escreveu sessenta anos mais tarde,

66. Carta enviada pelo Centro de Haarlem, janeiro de 1935.

67. Sociedade Rosacruz Haarlem, lição para estudantes, 1937.

68. *Enige grepen uit de geschiedenis van het Nederlandse Rozekruisers Genootschap,* [1936]

69 em 9 de abril de 1993. Quando jovem, ela fora sucessora da Sra. Van Warendorp, a responsável pela seção holandesa da Sociedade Rosacruz. Nessa carta, dedica algumas linhas a essa época da separação das duas sociedades. Em primeiro lugar, ela observa: "agora sabemos que estávamos lançando as bases para os que viriam depois de nós, também buscando o melhor caminho de elevação. [...] Estudos comparativos de diferentes religiões já mostram que há um maravilhoso fio vermelho conectando tudo. Contudo vivenciamos mais intensamente ainda a 'unidade' presente em todos os movimentos animados por um desejo de elevação. [...] Nesse contexto, quero mencionar que, tanto meu marido como eu não levamos muito a sério essa assim chamada cisão de nossa Sociedade. Primeiro, porque estávamos mais ocupados em seguir nosso próprio caminho, mas também entendemos que, por detrás desse evento, não havia nenhum descuido nem submissão. Eu diria que tudo o que aconteceu foi 'consentido' pelo Alto. E agora, por exemplo, se eu levar em conta que vocês vêm de um movimento paralelo, essa ruptura acaba adquirindo um significado profundo."

O Lectorium continua a ter apreço pelo trabalho de Max Heindel e da Fraternidade Rosacruz. Em 1952 houve planos para iniciar uma nova relação amigável, como mostra uma alocução proferida por J. van Rijckenborgh, da qual segue uma síntese: "No entanto, se há alguém que amamos, que nos toca profundamente, esse alguém é Max Heindel. Ele será salvo, porque lançou os fundamentos do transfigurismo. A viagem da Direção está relacionada com isso. Em breve, a Direção viajará para a Califórnia e entrará em contato com os obreiros que ainda estão em Oceanside. No antigo templo de M.H. [Mount Ecclesia], tentaremos restabelecer

69. Carta de B. Danko-Schuijt a J.R. Ritman em 9 de abril de 1993. Ela escreve a propósito do início do trabalho na Rússia e da exposição "500 anos de Gnose na Europa", realizada pela Bibliotheca Philosophica Hermetica em Moscou.

a unidade rompida em 1935. Se isso não for possível, será erguido um templo inteiramente novo na Califórnia, porque lá a atmosfera é extremamente favorável." 70

A partir de 1935, o emblema da Fraternidade Rosacruz deixou de adornar os novos livros publicados. Assim, ficou claro que o trabalho tomava novos rumos. Entre 1935 e 1940 todos os livros publicados pelos irmãos trazem o "símbolo de Mercúrio", que eles explicavam ser o "selo de sangue de C.R.C.". Em 1940, eles dedicam toda uma brochura, com esse mesmo nome, para explicar esse selo e a ação do sangue em sentido esotérico. Nesse meio tempo, como já mencionamos, uma edição dos textos dos três manifestos rosa-cruzes do século XVII já havia sido publicada em 1937, com o título *O testamento espiritual da Ordem da Rosa-Cruz*. Pela primeira vez desde o século XVII os manifestos ficaram acessíveis para um público maior. Os editores dessa publicação escrevem na introdução: "Embora sintam intuitivamente o grande valor dessas 'vozes do passado', os leitores, em sua maioria, com certeza não ficarão satisfeitos com o aspecto exotérico deste livro e desenvolverão uma aspiração interior por compreender o sentido esotérico desses manuscritos misteriosos. Inicialmente, tínhamos a intenção de produzir uma edição contendo comentários esotéricos mas, por diversas razões, sentimo-nos impelidos a fazer primeiro esta edição. Os comentários com um estudo detalhado dessas três obras rosa-cruzes clássicas serão publicados no devido tempo em três volumes, por John Twine, sob o título *Os segredos da Fraternidade da Rosa-Cruz*." 71

Dois anos mais tarde, em 1939, J. Leene, sob seu primeiro pseudônimo John Twine, publica efetivamente o primeiro volume dessa série.

70. Alocução de J. van Rijckenborgh proferida em 25 de agosto de 1952. A viagem anunciada no trecho citado não se realizou.

71. *Het Geestelik Testament der Orde van het Rozekruis* (O testamento espiritual da Ordem da Rosa-Cruz). Haarlem: Sociedade Rosacruz, 1937. p. 4.

Revista A Rosa-Cruz, número de Natal, 1934

7. A importância da construção do templo interior e exterior

1935-1946. Segunda fase. O primeiro templo de fogo e uma onda de publicações independentes

Com a independência o trabalho recebeu uma força propulsora cuja fonte nunca parou de fluir: a inspiração direta da Ordem da Rosa-Cruz. Ela de fato provou ser de ouro: um potencial que seria impossível ignorar.

"Ajudar os seres humanos nas suas aflições e questionamentos existenciais", de acordo com Hermes, é algo que o próprio homem tem de empreender: esse é o único caminho para impelir sua própria alma. Essa ideia foi extraída da filosofia estoica (cerca de 300 a.C.): *deus est mortali juvate mortalem, et hæc ad æternam gloriam via*. "Deus está onde os mortais ajudam os mortais e esse é o caminho para a glória eterna". Esta frase do filósofo grego Zenon de Citium (333-262 a.C.) foi preservada graças a Plínio, o Velho, (23-79 d.C.).

Max Heindel criou seu próprio lema, que era: *O serviço ao próximo em autoesquecimento é o caminho mais curto, mais seguro e mais alegre para Deus.*

Estava-se à procura de um lugar onde os membros da Sociedade pudessem se reunir em uma atmosfera construtiva. Do contrário, como satisfazer a segunda condição de Hermes que diz: "O homem torna-se consciente em um lugar sereno, de éteres puros, na serena quietude de um puro campo etérico?" Nessas palavras de Hermes soa clara a 72

72. Rijckenborgh, J. van; Petri, C. de. *Reveille!* (Desperta!) Um apelo à juventude para a renovação fundamental da vida como saída de uma existência sem esperanças. São Paulo: Rosacruz Áurea, 1983.

exigência de que um lugar com vibração elevada é indispensável para um rápido desenvolvimento da alma.

Onde poderiam encontrar um local como esse? Afinal, o círculo de amigos reunidos em torno da Sociedade Rosacruz holandesa e dos irmãos Leene ansiava pela inspiração que eles ofereciam e, por assim dizer, absorviam cada carta da nova Rosa-Cruz. Onde poderiam eles encontrar um campo de silêncio interior e "vivenciar a paz do coração, bem longe do burburinho cotidiano"?

Por volta de 1925, não existia um lugar como esse. Certamente não havia, pelo menos na Holanda, lugar algum, ou acesso a um lugar, onde as pessoas pudessem ligar-se à pura vibração e à serena atmosfera necessárias para realizar o trabalho interior. Quanto a isso convém observar o seguinte: em uma brochura da "Fraternidade Rosacruz, Centro de Amsterdã", datada de 1920, C.C.J. Witbraad afirma que já havia um templo [...] "na propriedade rural 'Heideveld', situada entre Laren e Blaricum. Ali os alunos rosa-cruzes cuidam dos doentes com todo o seu engajamento e lhes dão instrução espiritual. Eles conclamam todos os que sentem o anseio interior a elevar sua vida espiritual a um plano o mais alto possível, de forma a poderem par-
73 tilhar da paz interior que somente os rosa-cruzes conhecem". No

73. *De Tempel der Rozenkruisers, Hoofdloge Laren* (O templo dos rosa-cruzes, Loja Principal de Laren). Amsterdam: International Headquarters. Divisão Central, Czaar Peterstraat, 103, 1920. p. 11. Esta pequena, mas brilhante, brochura de 1920, datada de 15 anos antes do período que estamos citando, formula, em um holandês esplêndido, um esboço geral de uma história romântica e inexata dos rosa-cruzes. Se avaliarmos a figura da capa, essa brochura deve ter origem num centro de estudos independente da Fraternidade Rosacruz. Desse templo, só conhecemos o que é relatado na brochura, cujo propósito é assim descrito: "O objetivo principal do rosa-cruz é descobrir, por meio de pesquisa científica, os aspectos ocultos pelos quais a natureza restabelece seu equilíbrio depois de grande perturbações. No futuro, isso deve levar à felicidade geral da humanidade, enquanto a parte velada dessa pesquisa terá produzido ideias por meio das quais o pensamento ético poderá facilmente transformar-se em uma civilização espiritual superior."

entanto, não foi encontrado nenhum vestígio de alguma atividade proveniente desse local.
Na Califórnia a Fraternidade Rosacruz dispunha de um templo que possuía uma irradiação forte e pura. Era o lugar onde os amigos inscritos na Fraternidade Rosacruz concentravam sua atenção durante as meditações, feitas em determinadas horas, que correspondiam a posições favoráveis da lua. Durante a noite, tentavam reunir-se nesse templo em seus corpos sutis. Na Holanda não havia nenhum lugar que pudesse ser comparado a esse – e o trabalho sentia muita falta disso.
A primeira cidade em que pôde ser fundado um templo rosa-cruz foi Haarlem, na Bakenessergracht, 13. Foi nesse local que surgiu um campo de energia puro – mas isso não aconteceu automaticamente. No começo era um campo oscilante, com muitos altos e baixos. Porém, mais tarde, graças aos esforços de muitos, tornou-se um fogo ardente e contínuo. A partir de 1933 as almas já podiam refrigerar-se ali e consagrar-se a um campo cada vez mais sereno de éteres puros que eram a condição para o seu despertar. Rapidamente outros templos surgiram: em 1935 já havia núcleos em vários locais; em Haia, Amsterdã, Utrecht e Gorinchem, todos com uma oficina templária ativa.
Para "ajudar o próximo em suas aflições, problemas existenciais e durante sua vida", desenvolveu-se uma organização muito ativa. Mas logo ficou provado que os pequenos núcleos nas cidades e também os acampamentos de verão não eram suficientes. Em 1937, quando a Sociedade Rosacruz já era uma entidade jurídica holandesa independente há dois anos, o trabalho começou a sentir necessidade de um "foco" e uma sede central. Nesse mesmo ano de 1937, o secretário geral escreveu sobre isso numa lição para estudantes:
"Alguns estudantes pensam que esses núcleos são locais previamente determinados e abençoados e que, a partir do momento em que sua reserva se esgota, apenas será possível realizar um trabalho de

'segunda mão'. Com base nisso dizia-se que o templo da Fraternidade Rosacruz, em Oceanside, nos Estados Unidos, era o 'último' templo rosa-cruz. Essa é uma afirmação tola, não científica e essencialmente não cristã, conforme o demonstram as palavras de Cristo: 'Onde dois ou três estiverem reunidos em meu nome, aí estou eu no meio deles'. [...] Não vamos ocupar-nos com tolices. Tais focos, pensados por nós como um vácuo inacessível às forças negras, precisam ser assentados por seres humanos.

[...] Obviamente também achamos que alguns lugares são mais adequados que outros para estabelecer esses focos. Quanto menor for a resistência a ser superada, melhor. No entanto, isso é apenas desejável e certamente não é uma questão essencial. Foi assim que nos instalamos, há cerca de dez anos, na rua Bakenessergracht, em Haarlem. Naquela época não tínhamos como julgar se era ou não um lugar especialmente abençoado e o local era bastante questionável. A casa que tínhamos encontrado havia sido um mosteiro, situado na parte mais antiga da cidade. As pessoas diziam que ele era assombrado – o que foi comprovado ser realmente verdade. Nunca investigamos qual seria a causa desse fenômeno e começamos a trabalhar. [...] Metro por metro, fomos ganhando terreno sobre as forças desconhecidas, numa luta que durou muito tempo. Quando a luz irrompeu com suas chamas, finalmente a escuridão se dissipou. Foi assim que, tal como em uma peregrinação ou uma cruzada, criou-se, em terra hostil e desconhecida, um vácuo no
74 qual o templo espiritual pôde ser erigido e o foco pôde ser aceso."

Apesar de tudo, quando chegou a hora, quando esse templo principal pôde realmente ser consagrado no dia 4 de setembro de 1937, J. Leene disse, em poucas palavras: "Hoje faz mais ou menos 13 anos

74. Sociedade Rosacruz, Haarlem, Lição para estudantes, 1937.

que ouvimos o chamado 'pregai o evangelho e curai os doentes', compreendemos seu sentido gnóstico e o aceitamos como missão". Nessas palavras pronunciadas na inauguração do novo templo principal de Haarlem ouve-se, praticamente pela primeira vez em holandês, a palavra Gnose fora de um pequeno círculo especializado. Esse é o ponto de partida para uma nova visão de vida, cujas consequências seriam objeto de suas reflexões nos anos de recesso forçado, durante a Segunda Guerra Mundial.

No dia 16 de outubro de 1938, o jornal NRC dedica toda uma 75
coluna ao trabalho rosa-cruz e à abertura de um templo em Roterdã, na qual o secretário geral, J. Leene, afirma: "Somente não começamos antes o trabalho nesta cidade porque em 1934, quando a Sociedade Rosacruz holandesa independente surgiu, já existia um centro da Fraternidade Rosacruz americana e não queríamos dar a impressão de fazer concorrência. Por isso, esperamos quatro anos para que todos pudessem ver que existe uma grande diferença entre os alunos das sociedades holandesa e americana. Os ensinamentos da Sociedade holandesa têm apenas uma relação muito tênue com os ensinamentos de Max Heindel, independentemente do fato de sermos gratos por sua obra. Mas sentimos que o tempo passa e que não podemos ficar inativos. Por isso o trabalho neo-oculto da Sociedade holandesa é um novo trabalho em um novo tempo".

O ano de trabalho de 1937 a 1938 foi especialmente turbulento. Co- 76
meçou com a consagração do primeiro templo principal de Haarlem, mas também foi o ano em que piorou o estado de saúde de Z.W. Leene, que faleceu, "como se tivesse sido atingido por uma bala", nos braços de seu irmão, no dia 9 de março. No boletim anual da Secretaria
da Sociedade, apresentado em 20 de maio de 1938, lemos: 77

75. Nieuw Rotterdamsche Courant, 16 de outubro de 1938.
76. Setembro a junho (NT).
77. Het Rozekruis, Ano 10, n. 9, setembro de 1937. p. 96 ss.

"Que ano memorável deixamos para trás! Os amigos que vivenciaram esse momento não o esquecerão. Foi o ano de um crescimento inusitado, um ano de revelações espirituais sem precedentes, o ano da consagração do templo e o ano da despedida da matéria de nosso irmão Z.W. Leene, um dos construtores da grande obra, cujos frutos todos nós agora podemos colher. Se houve uma época em que a Rosa-Cruz conseguiu algo foi certamente o ano de 1937/1938. Os alunos que ainda vivem muito na superfície poderão pensar somente na forte ênfase que tivemos nos últimos meses, no aspecto material. Mas os que têm uma visão mais profunda percebem que desenvolveu-se algo muito mais poderoso, que terá um alcance extraordinário para a obra como um todo, se todos mantiverem
78 seus esforços."

Em 2001 um prédio totalmente novo foi acrescentado aos edifícios clássicos do século XVII que a jovem organização adquiriu na Bakenessergracht ao longo dos anos. A partir de 2001 ali foi instalado o Centro J. van Rijckenborgh, bem como uma sede ampla para o trabalho. Ele inclui, entre outras coisas, a administração central do Lectorium Rosicrucianum, a Rozekruis Pers (Imprensa Rosa-Cruz), a editora, com sua própria gráfica, bem como a livraria Pentagrama. Em algum momento ele também deverá alojar um Centro de Informações do Lectorium Rosicrucianum.

"Cristo no centro de nossas reflexões"

O ponto de partida de todas as obras empreendidas pela Sociedade Rosacruz sempre foi considerar Cristo "como o centro ativo, como a esfera de vida interior" e trazê-lo para mais perto das pessoas. Desde 1928, por mais de dez anos, J. Leene escreveu semanalmente um texto sobre a Bíblia, que era publicado pelo "Comitê de Propaganda

78. Relatório anual de 1937/1938. Haarlem: Sociedade Rosacruz, 20 de maio de 1938 (enviado como lição para estudantes).

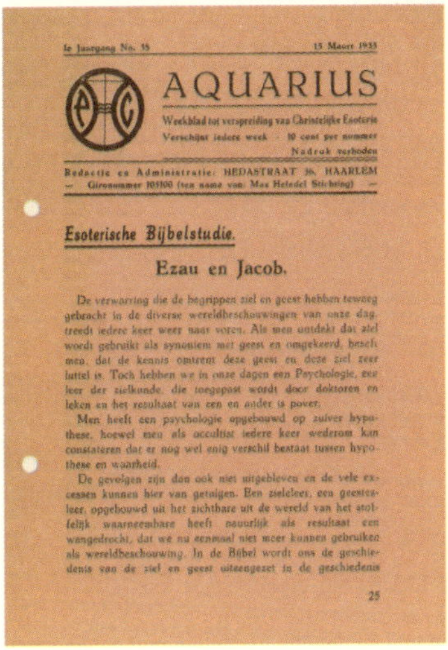

1e Jaargang No. 35 — 15 Maart 1933

AQUARIUS

Weekblad tot verspreiding van Christelijke Esoterie
Verschijnt iedere week · 10 cent per nummer
Nadruk verboden

Redactie en Administratie: HEDASTRAAT 36, HAARLEM
— Gironummer 103100 (ten name van: Max Heindel Stichting) —

Esoterische Bijbelstudie.

Ezau en Jacob.

De verwarring die de begrippen ziel en geest hebben teweeg gebracht in de diverse wereldbeschouwingen van onze dag, treedt iedere keer weer naar voren. Als men ontdekt dat ziel wordt gebruikt als synoniem met geest en omgekeerd, beseft men, dat de kennis omtrent deze geest en deze ziel zeer luttel is. Toch hebben we in onze dagen een Psychologie, een leer der zielkunde, die toegepast wordt door doktoren en leken en het resultaat van een en ander is pover.

Men heeft een psychologie opgebouwd op zuiver hypothese, hoewel men als occultist iedere keer wederom kan constateren dat er nog wel enig verschil bestaat tussen hypothese en waarheid.

De gevolgen zijn dan ook niet uitgebleven en de vele excessen kunnen hier van getuigen. Een zieleleer, een geestesleer, opgebouwd uit het zichtbare uit de wereld van het stoffelijk waarneembare heeft natuurlijk als resultaat een wangedrocht, dat we nu eenmaal niet meer kunnen gebruiken als wereldbeschouwing. In de Bijbel wordt ons de geschiedenis van de ziel en geest uiteengezet in de geschiedenis

25

Estudos bíblicos esotéricos no semanário Aquarius,

Aquarius". Por dez centavos por semana, essa edição mimeografada, chamada de "Estudos bíblicos de ciência oculta", era enviada para um círculo cada vez maior de amigos. Nessas lições J. Leene investiga os fundamentos mais profundos da Bíblia, do Antigo e do Novo Testamento. Fiel a seu lema, "aplicar na própria vida", cada carta continha uma lição prática de vida, seguida de uma curta meditação ou reflexão e um lema curto ou uma palavra-chave. No fim desse ano ele substituiu essas lições por um "Curso semanal de estudo oculto bíblico, para atender à demanda de milhares, especialmente porque o preço colocará esses estudos extremamente valiosos ao alcance de todos. Os temas populares e dignos de atenção serão abordados principalmente durante os primeiros meses. A luz oculta brilhará sobre os trechos da Bíblia que foram distorcidos e transformados em mistificações pela visão ortodoxa e a opinião pública". Isso aconteceu 79

79. Carta circular para pessoas interessadas e estudantes. Haarlem: Sociedade Rosacruz, (1933).

sempre com base nas ideias inspiradas pela Rosa-Cruz e em consonância com um pensamento não dogmático. As lições, que segundo Jan Leene eram "puramente intelectuais e talvez um pouco áridas", deveriam abordar, entre outros temas, a essência do amor e do ódio. No dia 19 de outubro de 1934, os "estudos bíblicos" foram publicados pela primeira vez no *Aquarius Weekblad ter verspreiding van Christelijke Esoterie* (Semanário Aquarius para a disseminação do cristianismo esotérico). Posteriormente foi acrescentado "[...] e da cultura dele resultante. Seu objetivo e missão: Bondade – Verdade – Justiça. Livre de tendências políticas".

Nesse semanário podemos ler comentários sobre a situação do mundo com base em um ponto de vista esotérico – geralmente vindos da pena dos Leene e de Cor Damme mas, frequentemente, com colaborações de E. Roland-Retera, A. Rutgers van der Loeff e, no início de 1930, H. Stok-Huizer. No número 47 do ano 4 (1938), lemos:

"Aquarius não é conhecido como um semanário que atrai a atenção do público para a vida nos reinos da criação que não é perceptível pelos sentidos físicos. Pelo contrário: o tempo todo, com toda energia, Aquarius tenta confrontar as pessoas com o mundo em que vivem.

Aquarius não aponta um caminho de fuga do mundo para esferas mais elevadas, para as quais o sonhador gostaria de mudar-se, porque não tem coragem de encarar a realidade e as consequências da vida.

Da primeira à ultima letra, Aquarius aponta ao ser humano sua missão no mundo material: uma tarefa tão complicada, que exige tanto esforço, amor, conhecimento e prudência, que muito pouco se fez para realizá-la. E qualquer interesse por uma vida em outros reinos somente desvia as pessoas de sua missão neste mundo. [...] Aquarius é um movimento de cristãos realistas na realidade prática do mundo material. Por isso, evitam-no certos humanistas que não querem enfrentar as consequências da realidade e temem que algo lhes seja tirado do seu conforto, de sua felicidade, de sua paz interior".

"Não é de se surpreender que Aquarius não seja compreendido", escreveu J. Leene, "pois ele traz para as pessoas algo da realidade que acima de tudo difunde a vida do Espírito. Quem, por compaixão, cavou na terra dura e perseverou, apesar das calúnias e da incompreensão das pessoas, ganha, dessa forma, a experiência que o levará para mais perto do mundo da vida, o mundo do sentimento e o mundo da razão. O mundo da matéria é o mundo da forma e quando uma pessoa se apega à forma perde o senso de realidade. [...]

Quem se aproximar conscientemente dos reinos invisíveis outra vez perceberá a relativa insignificância das formas, porque verá os valores por trás dessas formas e despertará em mundos que são muito mais reais do que a exterior roupagem terrena. Por isso ela será incapaz de viver na separação, pois vê a centelha divina que está sofrendo nos seres humanos. Já não consegue odiar, mas também já não pode buscar a chamada 'felicidade'; como ser humano nitidamente desperto, apenas pode começar a trabalhar." 80

Já mencionamos que, desde o início, um Trabalho da Mocidade cheio de vida ocupou uma posição central. Desde as primeiras edições, em 1928, a revista Het Rozekruis abriu um grande espaço para o desenvolvimento da criança e o trabalho para orientá-la. Em diversas edições uma verdadeira pedagogia esotérica foi explicada, com base no crescimento dos vários veículos imateriais dos jovens. Guiados pela sra. Roland-Retera e Jan Leene, reuniões da Mocidade começaram a ser feitas em alguns centros. Em outra brochura Jan Leene declara: "No passado as reuniões da Mocidade da Sociedade Rosacruz faziam parte do Departamento Pedagógico (DP). Este último tinha por objetivo guiar pais e tutores em sua

80. Aquarius; Semanário para a disseminação do esoterismo cristão e sua cultura. v. 4, n. 47. Haarlem: Comitê de Propaganda Aquarius, 1938.

difícil tarefa. Os egos que estão encarnando em nossos dias têm demandas muito diferentes das do passado. É por isso que hoje muitas vezes se ouvem queixas sobre 'crianças-problemas'. Para ajudar as pessoas com aconselhamento e assistência o DP orienta quem tem problemas com os filhos. Também fornecemos, com alegria, informações sobre 'escolha de carreira' – e, é claro, fazemos tudo isso sem nenhum custo".

Aliás, em 1935, "os membros jovens da Sociedade Rosacruz" realizaram uma "peça de mistérios para a mocidade", na Maison Boer (Amsterdã), em 6 de outubro e em 20 de outubro no Teatro Excelsior. "Libertação, em quatro atos. 1. O passado e o presente. 2. A
81 ação. 3. O amor. 4. O futuro". A edição vespertina do Het Vaderland (A Pátria) publicou a seguinte crítica, em 21 de outubro de 1935: "Desejamos que este trabalho da mocidade da Rosa-Cruz continue a ser bem-sucedido. Existem escuros abismos entre a pureza da

81. Carta circular: Libertação, em quatro atos. Haarlem: Sociedade Rosacruz, Trabalho da Mocidade, 1935.

ROZEKRUISERS GENOOTSCHAP
HOOFDKWARTIER HEDASTRAAT 36
HAARLEM

MEDEWERKENDE

TEKSTBOEKJE
VAN HET
JEUGD-MYSTERIESPEL
„BEVRIJDING"

Uit te voeren door de Jeugdclubs van het Rozekruisers Genootschap.

Op Zondagmiddag 6 October te Amsterdam, om 2.30 uur precies in „MAISON BOER"

Uitvoering van het mysteriespel in vier tafrelen:

1. Verleden en heden.
2. De daad.
3. De Liefde.
4. De Toekomst.

Elk tafreel zal worden voorafgegaan door een proloog gedeclameerd door den heer H. Schuurman

Prijs 40 cent, stedelijke belasting inbegr.

Controle

Programa da peça de mistérios *Libertação*, 1935

criança e a do ser humano que reencontrou o caminho para o alto. Possa esse trabalho construir uma ponte".

No semanário Aquarius também eram publicadas traduções de livros com temática espiritual. *A aurora nascente*, de Jacob Boehme, livro editado pela última vez em holandês em 1672, foi traduzido, capítulo por capítulo, e republicado. Cor Damme encontrou a coleção especial de ensaios de Karl von Eckartshausen, *A nuvem sobre o santuário*, de 1802, que também foi apresentada da mesma maneira. Foi um trabalho que, segundo os editores, fez "ressoar outra vez a palavra da Rosa-Cruz viva". Em Aquarius também foram publicados, em série, os comentários já mencionados sobre o trabalho de Andreæ: *Reipublicæ Christianopolitanæ Descriptio,* uma aguda crítica à sociedade e à burguesia sob uma perspectiva espiritual.

Em 1939 o formato e o título da revista mudaram, e ela foi publicada como semanário intitulado: *Het Licht van het Rozekruis* (A luz da Rosa-Cruz) até junho de 1940, quando foram proibidas todas as publicações das sociedades esotéricas, inclusive as da Rosa-Cruz.

8. A Aliança Aquarius, 1935

Mediante o trabalho desse grupo de amigos que se uniram em uma sociedade, gradualmente surgiu uma "Escola da Rosa-Cruz". Como esse trabalho foi organizado? Desde o início estabeleceu-se que não iriam, "sob nenhuma condição, fundir-se com outros grupos, partidos ou movimentos ou associar-se a eles". Isso dificultaria "o trabalho de ciência oculta e de maçonaria da Rosa-Cruz, que depende plenamente da aplicação da doutrina universal de sabedoria do Ocidente. Conhecer e professar esses ensinamentos ocidentais de sabedoria significa pertencer à Rosa-Cruz. Associar-se com quem não pertence à Rosa-Cruz seria, portanto, impedir seus esforços. A Sociedade Rosacruz trabalha *para* todos, mas não *com* todos". Nessa época as pessoas falavam a respeito da assim chamada "ordem natural jeovística" e trabalhavam para esse reino "que não é *deste* mundo, isto é, para a restauração da realidade da ordem divina, a Teocracia,
82 que foi rompida devido à Queda."

Durante o período anterior à guerra os associados eram divididos em cinco graus. Depois de ter seguido um curso, a pessoa tornava-se um neófito. Os noviços comprometiam-se a seguir uma dieta vegetariana, não fumar e não usar álcool, assim como assistir aos cursos e serviços templários regularmente. O *nuntius* (núncio) entrava nos graus interiores; o *magister* (mestre) recebia uma missão individual; os *fratres* (irmãos) formavam um grupo separado (hierarquia) com tarefas específicas.

82. Aquarius. Haarlem: Sociedade Rosacruz. s.d. [1935]. As citações deste capítulo foram extraídas dessa brochura, p. 5 e ss.

Aquarius.
Brochura
da Aliança
Aquarius,
1935

O trabalho caracterizou-se por muitas iniciativas. Afinal tratava-se de homens e mulheres jovens, idealistas, que nunca se esqueciam de que pelo mundo se espalhava um incêndio quase impossível de combater. Durante viagem à Alemanha, em 1935, os dois irmãos sentiram a pesada atmosfera de medo que se espalhava pelo país como um cobertor cinzento. Expressar o cristianismo, o amor ao próximo e a tolerância nesse país era praticamente impossível. O fascismo crescente reprimia sistematicamente movimentos como a maçonaria e a Rosa-Cruz. Grupos populacionais como os judeus, os ciganos e raças diferentes da ariana perderam o direito de levar uma vida social normal. Até mesmo o livre-pensamento, de modo geral, podia contar com repressão violenta. Numa publicação independente, também editada sob o nome de Aquarius, a Sociedade Rosacruz escreveu:
"Essas coisas não estão acontecendo na China ou em uma obscura região africana: estão acontecendo em nossas fronteiras. Um grande sofrimento aflige nossos irmãos alemães. Alguém com um pouco de sensibilidade que viaje à Alemanha já se sente mortalmente doente logo após um dia."
Por isso, conceberam o plano de fundar uma associação, uma aliança *Aquarius* de colaboradores conscientes que apoiariam firmemente a liberdade.
"Tentemos lançar um movimento popular internacional que lutará para consolidar o verdadeiro cristianismo. Chegou a hora!
Seu programa de ação contém, entre outras coisas, os seguintes pontos:

a. lançar um movimento popular, liderado por homens e mulheres, para realmente impedir a guerra e todo e qualquer preparativo para ela;
b. iniciar um sistema educacional completamente novo para crianças e abrir imediatamente novas escolas secundárias nas cidades grandes consideradas adequadas;
c. fundar uma comunidade com uma orientação econômica totalmente nova.

A base filosófica desse programa pode ser encontrada nos objetivos e nos esforços da Sociedade Rosacruz como parte da Federação Internacional da Fraternidade da Rosa-Cruz."

Com a Aliança Aquarius os irmãos queriam mostrar que era possível imaginar e até seguir outro caminho: o cumprimento, "sem derramamento de sangue, das exigências cristãs, tal como foram expressas no Sermão da Montanha". Qualquer pessoa, a partir dos dezoito anos, poderia participar ou tornar-se membro simpatizante. Quem se juntasse a eles aceitava o princípio do "cristianismo da ação" e fazia uma promessa a si próprio. Uma filiação do tipo "A" dava direito às edições semanais da revista Aquarius. Os membros também podiam optar por "tornar-se um partidário decidido". Essa filiação "B" consistia em unir-se a uma organização de trabalho; então, eles passavam a ser "companheiros de combate" e podiam ser inseridos nos diferentes aspectos do trabalho decorrentes da nova organização. Eles deixavam claro que não se tratava de um partido político e que a Aliança Aquarius estava "absolutamente acima dos partidos, totalmente em sintonia com a sublime vocação do cristianismo esotérico". Mais tarde, em 1938, eles acrescentaram o seguinte: "*Aquarius* é isento de quaisquer tendências políticas. Seu ponto de vista acentuadamente contrário ao dos fascistas e nacional-socialistas não contradiz isso. O fascismo é magia negra, antirreligioso e hostil ao ser humano. Apenas em países onde não consegue tomar o poder de imediato, ele usa uma máscara de partido político. Nações e raças devastadas pelo fascismo veem destruído o melhor de sua ciência, cultura, arte e religião, sua liberdade individual sufocada em sangue e sua civilização esmagada. [...] Todos os que amam a bondade, a verdade e a justiça devem resistir fortemente ao fascismo, sem nenhuma tendência política, por amor a Cristo".

A Aliança Aquarius é um exemplo das diferentes iniciativas práticas empreendidas pelos dois irmãos antes da guerra e foi um passo numa das diversas fases do desenvolvimento de sua consciência, rumo a um trabalho puramente interior. Contudo eles mantiveram claro em mente:

“A obra libertadora de Cristo, que somente pode ser realizada por seres humanos e para seres humanos, tem de ser organizada porque há pouquíssimas maneiras de efetuar o trabalho de salvação. O mundo tem sentido na pele como ela não deve ser realizada. Há apenas uma ação que o cristianismo nos permite realizar: é o ato de autossacrifício absoluto, do amor que nada pede e tudo dá. Não conhecemos esse amor como um fator social e é por isso que os obstáculos precisam ser superados. Esse é o trabalho de Aquarius”.

Uma coisa é ter em mente essa aliança de homens e mulheres novos e determinados. Bem outra, porém, é o esforço real necessário para alcançá-la.

Por mais que eles tivessem indicado claramente em sua conclamação que “isto não é para pessoas medrosas e instáveis”, muitos interessados e simpatizantes se inscreveram, mas assim como rápido chegaram, rápido se foram quando as ameaças se tornaram mais reais e os vizinhos do Leste forçaram os Países Baixos a ficar de joelhos, com o cruel bombardeio de Roterdã. Então J. Leene ficou com um pequeno grupo e, para ele e sua obra, também se iniciou um período difícil.

Justo quando seu trabalho começou a tomar forma, os dois irmãos aprenderam, por experiência própria, o que A.H. de Hartog queria dizer com a afirmação de que a verdade fundamental não é oferecida de bandeja. “Não, a verdade fundamental deve ser conquistada e
83 aceita pela consciência humana comum.”

83. Brul, A.H. van den. Jan van Rijckenborgh, um rosa-cruz moderno e gnóstico hermético. In: *Pentagrama*, ano 17, n. 2, 1995.

9. Os acampamentos de verão, em “De Haere”, entre 1934 e 1940

Voltemos, por alguns instantes, ao ano de 1933, o ano em que a Fundação Max Heindel se estabeleceu oficialmente. A ata de fundação, autenticada por um notário de Haarlem, dizia: “O objetivo do novo órgão é apoiar o trabalho que é realizado, de várias maneiras, pela Fraternidade Rosacruz nos Países Baixos. A Fundação pretende atingir esse objetivo:

a. por aquisição, arrendamento e utilização de imóveis, com o inventário anexo;

b. pela disponibilização de recursos onde e quando necessário, de
84 acordo com o Conselho.”

Em fevereiro de 1933, segue-se o primeiro anúncio na revista Het Rozekruis: “Conferências de fim de semana em Haarlem. O Escritório de Publicações pretende organizar algumas conferências de fim de semana em Haarlem em junho, julho e agosto, para as quais podem inscrever-se estudantes e pessoas interessadas na filosofia rosa-cruz. A primeira conferência de fim de semana, em junho, abordará a cosmologia rosa-cruz. O segundo fim de semana, em julho, será dedicado ao estudo esotérico da Bíblia. A terceira conferência,

84. Het Rozekruis, v. 6, n. 8, agosto de 1933, p. 91. Como este é o primeiro ato oficial da organização holandesa, gostaríamos de mencionar os nomes do primeiro conselho: sr. E.A. Kan, advogado e procurador em Haia; presidente: J. Leene, representante geral da Fraternidade Rosacruz; Secretaria: Hyacintenlaan, 42, Haarlem; K.H. Schalkers, professor de contabilidade M.O., tesoureiro, Kleverlaan, 100, Haarlem, conta bancária 38280. C.L.J. Damme, Haia. Z.W. Leene, Haarlem. A.F. Rohn, Amsterdã. Sra. E. Roland-Retera, Amsterdã.

Altar da tenda-
-templo

em agosto, tratará da astrologia mágica. As conferências durarão do início da tarde de sábado até o final da tarde do domingo. O pernoite e o café da manhã serão gratuitos. As refeições comunitárias (dois almoços e um jantar) custarão, no total, 2,50 florins. As conferências e as refeições comunitárias serão realizadas no edifício
85 do Centro de Haarlem [...].”

Baseados “no sucesso dos fins de semana de 1933 (em Haarlem)”, Wim e Jan Leene decidiram que, em 1934, “as conferências de mais de um dia e reuniões de fim de semana devem ser realizadas na zona rural, em um ambiente de acampamento”. Assim, nos primeiros meses de 1934 a necessidade de estarem juntos por um longo período de tempo para alcançar maior concentração, aprofundamento e inspiração, levou os irmãos a procurarem por toda parte, nos arredores de Haarlem, um local adequado para um acampamento de verão. No entanto, uma oferta repentina de um empresário simpatizante, de Haarlem, fez com que eles decidissem comprar um lote em De Veluwe. Z.W. Leene escreveu:

“Toda a nossa atenção se concentrou em um acampamento em Kennemerland e certamente teríamos conseguido, se não acontecesse uma mudança completa de planos devido a um desses acontecimentos inesperados, a que já estamos tão acostumados em nosso trabalho. Uma oferta muito valiosa e viável fez todo o nosso plano do acampamento de Kennermerland ir pelos ares, e aterrissamos
86 no meio de Veluwe.”

Ao preço de 9.500 florins foi possível comprar uma propriedade em Veluwe, chamada “De Haere”. Foi lá que, em 1934, aconteceu o primeiro acampamento rosa-cruz. E, quando o jovem grupo consagrou o local a serviço de Cristo, no dia de Ano Novo de 1935, esse momento foi vivenciado com muita profundidade. “O serviço

85. Het Rozekruis, ano 6, nº 2,

86. Het Rozekruis, ano 6, nº 12, dezembro de 1933, p. 148.

A compra de “De Haere”, no dia 1.° de janeiro de 1934: J. Leene, sr. E. Kan, J. Rensenbrink, Z.W. Leene, K. Schalkers, C. Damme, F. Rohn

A tenda-templo em “De Haere”

O primeiro acampamento, em 1934

de consagração e a caminhada pelo terreno foram inesquecíveis. A base espiritual de nossa escola de verão foi edificada pelo martelo da ação e a foice do amor."

Nesse contexto, a referência aos símbolos da foice e do martelo, tão estreitamente ligados ao comunismo, não é tão estranha quanto parece. Naqueles anos, o idealismo relacionado ao socialismo e ao comunismo era geral. Os dois irmãos apoiaram a ideia de que, ao longo da história mundial, uma distribuição injusta dos bens de primeira necessidade sempre foi a causa de conflitos e tumultos.

A diferença de interpretação é expressa pelo fato de que eles não se dedicavam de todo o coração a uma teoria horizontal, voltada para a matéria, mas a uma filosofia de vida aberta a todos e que visa a uma vida espiritual mais elevada. Nesse sentido seu trabalho precisava ser acessível a todos. O texto assim prossegue:

"'De Haere' é um propriedade rural de 251 hectares, situada em Doornspijk, perto de Nunspeet e é tão perfeita para nosso objetivo que não tivemos nenhuma dúvida quando vimos esse pedaço maravilhoso de natureza virgem. Aqui, pode-se passear horas a fio sem encontrar ninguém, tendo ao redor somente uma brisa fresca com o perfume da campina e um amplo bosque de coníferas e árvores de folhagens. O calor do sol fazia o ar tremular sobre as dunas, cobrindo a areia com uma névoa lilás, oferecendo tão raro encantamento que nos perguntamos: como vamos passar os meses que nos separam do prazer de desfrutar esta natureza gloriosa? 'De Haere' tem uma atmosfera tão pura e intocada que nos sentimos outra pessoa, mesmo depois de uma visita de poucas horas e é como se realmente fôssemos capazes de pensar mais claramente lá. [...] Ao olhar fixamente o horizonte, percebemos uma névoa azul, misteriosa e muito atraente e bosques, mais campina e cada vez mais bem-aventurança. Amigos, acampemos em 'De Haere'!"

Durante esses anos, Wim era o líder inquestionável, que deu forma ao impulso; Cor era seu amigo mais próximo e compartilhava com

Impressões de
“De Haere”

Z.W. Leene recebe uma convidada do acampamento de verão

J. Leene, E. Roland-Retera, Z.W. Leene, E. Kan, K. Schalkers, C. Damme

Um serviço na tenda-templo, oficiado por J. Leene

ele o mesmo dinamismo, enquanto Jan era chamado de "o calado". De 1934 a 1940, eles organizaram, juntos, uma escola de verão anual: primeiro com quatro e depois com cinco semanas de duração. Cada um dos vários grupos ficava uma semana.

Naquela época, vários grupos e movimentos, tanto espirituais como políticos, costumavam organizar acampamentos de verão. Um dos exemplos mais conhecidos era o "Acampamento da Estrela", em Ommen, onde Annie Besant e Leadbeater tentaram apresentar Jiddu Krishnamurti (1895-1986) como um mestre mundial. Em 1911 eles fundaram a Ordem da Estrela do Oriente para divulgar o pensamento de Jiddu Krishnamurti. Posteriormente o nome foi abreviado para Ordem da Estrela. Em 1924 Philippe, barão de Palandt, transferiu para a Ordem da Estrela sua propriedade Eerde, perto de Eerde em Ommen, onde eram realizados anualmente os chamados Acampamentos da Estrela. Em 1926–27, Annie Besant e Leadbeater viajaram pela Inglaterra e pelos Estados Unidos com seu protegido que, em 1929, no entanto, renunciou categoricamente a qualquer honra ou pretensão de ser o novo mestre mundial. Em 3 de agosto de 1929, Krishnamurti devolveu a propriedade ao barão e desmantelou a organização, pois considerava organizações prejudiciais para a busca da verdade e da liberdade: "A verdade é uma terra para onde não há caminho". As semanas no Acampamento da Estrela continuaram até 1938, mas muitas vezes ele não comparecia. Alguns membros do centro de Haarlem visitaram esse acampamento em 1933 e o ouviram com mente aberta. Essa visita resultou em uma conversa de quarenta e cinco minutos com o próprio Krishnamurti. A revista Het Rozekruis comentou esse encontro, em sua seção "Reflexo do Tempo":

"Muitos de nossos membros acompanharam o desenvolvimento de Krishnamurti desde 1925. Eles concordam plenamente conosco que a sua atuação é um dos mais importantes eventos na vida espiritual contemporânea." A impressão era de que Krishnamurti

entendia e vivenciava o que é perfeição, verdade e liberdade. "Ele é um ser humano aquariano, que nos faz ver o alvorecer da Era de Aquário, e por isso ele é o maior revolucionário deste tempo. É fato que um estudante de ocultismo, que está crescendo no ocultismo no verdadeiro sentido da palavra, torna-se gradualmente alguém que sabe e, assim, falará com autoridade. Por isso é certo que os neófitos, quando encontram pessoas e coisas, saberão imediatamente se algo é bom ou não. Assim, todos nós, sem exceção, convencidos da ideia rosa-cruz da salvação do mundo e da visão esotérico-cristã, aproximamo-nos de Krishnamurti com a firme e indiscutível convicção: 'Não pode haver diferença, isto é, nenhuma diferença fundamental'. Nossa senda é correta, absolutamente íntegra e sem defeitos, mas a senda de Krishnamurti certamente também é. Ele também está a serviço do "Cristo cósmico". "A filosofia da Rosa-Cruz é confirmada pelos ensinamentos de Krishnamurti. Por enquanto, seu sistema de libertação está focado em outro método, adequado e necessário para outras pessoas, diferentes das que alcançamos. No entanto, em nossa opinião, no futuro ambos os desenvolvimentos irão confluir, depois que ele concluir
87 sua tarefa de 'pôr as coisas no devido lugar'."

87. Het Rozekruis, ano 6, nº 8, agosto de 1933, p. 95 ss.

Casa do acampamento e cozinha ao ar livre

10. Os três autores

As obras de Jan Leene, Wim Leene e Cor Damme

Até o fim de 1937 Z. W. Leene atuou como líder espiritual dinâmico do jovem grupo, encarregando-se também da organização. Wim (Z. W.) era o guia ardoroso, extrovertido e entusiasta, mas também irritadiço. "Foi bom ele ter morrido antes da guerra, porque com certeza não teria sobrevivido a ela", disse seu irmão algumas vezes a seu respeito. "Ele pôs para correr do jardim, a vassouradas, os
88 membros do NSB com seus folhetos."

Cor Damme era prático: carregou grande parte do trabalho diário sobre seus ombros e garantiu que a vida no acampamento corresse bem. Jan Leene, "o calado", era mais conhecido como o escritor, o filósofo, profundo e suave. Mais modesto que o irmão mais velho, Jan era mais teórico, quieto e contemplativo. Isso também se comprova pelos dois livros que escreveu e que foram publicados durante esse período: *De blijmare van de gave Gods* (A boa-nova da dádiva de Deus), 1931, e *In het land aan gene zijde* (Na terra do lado de lá), 1933, ensaios esotéricos e histórias.

A boa-nova da dádiva de Deus (O esoterismo do Evangelho de Mateus) foi o primeiro livro que ele publicou, sob o pseudônimo de John Twine, como "explicações baseadas na ciência oculta". Era a primeira parte de uma série de comentários sobre os quatro evangelhos, que ele considerava uma unidade e assim os abordou. Ele escreveu na introdução:

88. Conversa com E.T. Hamelink-Leene, fevereiro de 2008. NSB: Movimento Nacional-Socialista.

Cor Damme, Wim Leene e Jan Leene

"Os quatro evangelhos realmente constituem, deliberadamente, uma unidade. O primeiro livro expõe todo o trabalho e a intenção de Cristo; o segundo ensina como alcançar o crescimento da alma mediante verdadeira pureza e ação de vida; o terceiro faz uma explanação das consequências das exigências cristãs, por um lado, e as da Era de Peixes, o período em que vivemos, por outro lado. Finalmente, o quarto livro refere-se à manifestação universal do espírito de Cristo em todo o cosmo, com suas expressões de um
89 amor quase inconcebível e uma sabedoria insondável."

E ele prossegue: "A primeira iniciação é conscientizar-se de maneira plena da boa nova da dádiva de Deus: os ensinamentos do Evangelho de Mateus. A segunda iniciação pode ser designada como pureza, ação e crescimento da alma: é o batismo da purificação do Evangelho de Marcos. A terceira iniciação nos conduz à mensagem de Peixes, à certeza interior alcançada quando começamos a ver uma parte do plano divino: o Evangelho de Lucas. E a quarta iniciação nos faz beber das palavras de amor e sabedoria e põe em contato
90 com a onisciência e a verdade universal: o Evangelho de João."

John Twine escreveu em estilo poético e fascinante sobre temas esotéricos da "ciência oculta". Por exemplo, quando ele se reporta a uma antiga tradição:

"Um iniciado nos conta sobre os encantadores ensinamentos das almas gêmeas. No início da manifestação da onda de vida humana, a nova vida manifesta-se de modo sétuplo. Ao longo de sete raios, os espíritos descem para a escola da experiência. Os sete espíritos diante do trono, os espíritos planetários, por sua vez, são inspirados pelas doze hierarquias criadoras, os signos do Zodíaco. Cada signo

89. Twine, J. *De blijmare van de gave Gods* (A boa-nova da dádiva de Deus); o esoterismo do Evangelho de Mateus; explicações baseadas na ciência oculta. Haarlem: Comitê de Propaganda Aquarius, 1831. p. 8.
90. Idem, p. 101.

prepara certo grupo de almas humanas para o extraordinário desenvolvimento que todos nós vivenciamos. Essa é a razão pela qual cada ser humano tem uma estrela guia, sem saber qual é. Assim, pode acontecer de encontrarmos pessoas em nosso meio ou fora dele, por quem nos sentimos extraordinariamente atraídos. Intuitivamente, sentimos que existem muitas ligações que acendem em nosso interior uma luz e sentimentos de felicidade. Então, é despertado nas profundezas do âmago de nosso ser algo adormecido, que resistiu a bilhões de anos: ou seja, a faculdade de reconhecimento interior. Reencontramos uma irmã gêmea, ou um irmão gêmeo, uma alma gêmea. Reencontramos uma alma que tem o mesmo anjo estelar. Conosco ele veio do mesmo raio! Continuaremos juntos até o fim da jornada, quando todos chegaremos à pátria. Então, no auge da nossa individualidade, entoaremos o cântico sétuplo de amor, amizade, autossacrifício e ação. Como a onda de vida humana se desenvolve de sete modos diferentes, há sete escolas de iniciação e cada um de nós apenas pode alcançar a iniciação na escola que corresponde a seu raio.” 91

No geral, o livro é uma análise esotérica estrutural do Evangelho de Mateus. O primeiro capítulo é dedicado ao “Salvador” e começa com uma explicação das três vezes catorze partes da genealogia. Elas são relacionadas com as nove iniciações menores, com os quatro mistérios maiores e, por fim, com a iniciação pelo “Grande Libertador”, o “estado de sublimidade”. O segundo capítulo, sobre “Os reis magos do Oriente”, é um tratado sobre magia negra, magia branca e magia libertadora. Em “A vitória da Luz” ele aborda a Ordem dos Essênios, a fuga para o Egito – não como um país, mas como um “princípio de vida”. Também trata do elemento místico fogo, que Jesus aprendeu a controlar completamente, de tal modo que o raio de Cristo pudesse descer nele. No capítulo “A voz que

91. Idem, p. 92.

clama no deserto", John Twine escreve sobre Jesus e João como duas entidades adiantadas: João anuncia a última fase da involução e Jesus é o arauto da nova e gloriosa evolução. Ele também descreve de forma brilhante a fase joanina, vivenciada pela humanidade e aqui representada pela história de Marta e Maria. O que foi transmitido acima é uma introdução ao cerne do capítulo "Descida", que trata das sete escolas que são uma só. Em "O Guardião do Umbral", ele escreve sobre as quatro iniciações evangélicas, sobre a união das forças contrárias à descida da luz de Cristo, além de comparar as tentações de Buda e as de Cristo. O capítulo "Os primeiros discípulos" mostra que não se trata de pescadores de profissão, e sim, novamente, de almas desenvolvidas e maduras. Elas assimilaram completamente as características da Era de Peixes e, nesse sentido, estão predestinadas a cooperar com o grande trabalho mundial que começou com a vinda de Cristo.

Os últimos quatro capítulos, "As bem-aventuranças", "Atitude de vida I & II" e a "Economia divina", apresentam uma vivência universal e pura do Sermão da Montanha. Trata-se de ensinamentos de vida sublimes, que não podem ser destinados a todos, mas são condições, diretrizes e conforto para quem conduz seus passos para a montanha do espírito.

Seu segundo livro, *Na terra do lado de lá,* é de natureza diferente. Ele contém algumas histórias fascinantes sobre a vida de uma pessoa anelante, sobre os problemas e obstáculos que ela encontra e precisa vencer em sua senda, sobre vício, suicídio, ambição e superação da morte. Como tudo isso pode ser vencido? "Vivendo a vida da verdadeira estabilidade espiritual e da serenidade, mergulhando de cabeça e coração em tudo o que se relaciona com o macrocosmo. Então entenderemos o objetivo do Todo, então todos os nossos suspiros desaparecerão no conhecimento absoluto de que tudo funciona de forma sistemática e com amor insondável até a meta final, que é a libertação. E ele, o Inefável, enxugará todas as lágrimas de nossos olhos, na morada da alegria eterna, onde milhões de anos são como um dia". 92

Uma publicação especial foi o opúsculo *Het Onze Vader. Gebed voor de esoterische mysticus* (O Pai-nosso. Oração do místico esotérico. s/d.), publicado em meados da década de 1930. Nele John Twine explica que, para essa oração não nos prejudicar, precisa corresponder a nosso estado atual de alma pois, como qualquer oração, ela será respondida! E ele diz mais: "Se esse estado de alma não corresponder às formas-pensamentos expressas na oração, a resposta à oração destruirá a alma e a vida". E ele prossegue: "O aluno [...] que começa o Pai-nosso não volta seu espírito para a terra. Ele volta-se para o Espírito do Pai, que vibra harmoniosamente na parte imaculada de nosso cosmo planetário sétuplo. Como estudantes de esoterismo, bem sabemos, após minuciosa investigação, que a manifestação atual de nosso planeta está parcialmente danificada. Existe uma parte, ainda íntegra, no estado da ordem original divina, chamada na Bíblia de "reino dos céus" ou, de forma abreviada, "céu"; e uma parte decaída, a ordem de natureza dialética, em suma, "a terra". Aprendemos também a distinguir nitidamente entre "o céu da terra", igualmente tão dialético quanto seu polo contrário, e "o verdadeiro e sereno reino celeste da ordem divina", em que as leis da reencarnação já não se aplicam. Em espírito, o aluno eleva-se a esses reinos indescritivelmente gloriosos e eternamente abençoados e clama pelo Pai, que ali, em amor radiante, guia seus filhos de força em força." 93

Em 1939 e 1940, a editora Rozekruis Pers publicou os comentários de John Twine sobre o livro *Reipublicæ Christianopolitanæ Descriptio*

92. Twine, J. *In het land aan gene zijde* (Na terra do lado de lá). Haarlem: Hora Est, 1933. p. 137.

93. Twine, J. *Het Onze Vader* (O Pai-nosso). Oração do místico esotérico. Haarlem: Rozekruis Pers (1935), p 20 e ss.

(Descrição da República de Cristianópolis), em forma de cartas. Nesse livro, ele apresenta uma fascinante visão da atividade da “escola de mistérios da Fraternidade” e como ela vem trabalhando no decorrer da História. Ele afirma: “A verdade sétupla é onipresente, não está encerrada em escolas de mistérios e não está trancada no cofre de nenhum iniciado. Ela está dentro de vós e a vosso redor, sem nenhuma restrição. A verdade não está lá em cima: está aqui. [...] As provas de fogo, de terra, de ar e de água [...] referem-se à esfera aérea da mente, à esfera ígnea da natureza de desejos, à esfera aquosa do veículo etérico e à esfera terrestre da materialidade
94 grosseira.”

Em 1939, John Twine publica na mesma editora os dois primeiros volumes de uma nova cosmologia esotérico-cristã em quatro partes: *Het nieuw esoterisch weten. Bijdragen tot een nieuwe openbaring van de cosmologie en magie der Rozekruisers Broederschap* (O novo conhecimento esotérico. Contribuições para uma nova manifestação da cosmologia e magia da Fraternidade Rosacruz).

Na parte I, discute, com base nos “três aspectos de Deus”, os dois aspectos que levam o ser humano à purificação: “a essência do castigo” (vista como carma) e “a essência da prova” para os anelantes. Em uma análise dos sete períodos da Época Ariana, ele amplia essa imagem, comentando sobre o caminho que a humanidade teve de seguir para que o ensinamento universal e único pudesse imprimir seu selo até o sangue, gradual e inequivocamente. Ele afirma que “por meio de todas as religiões, Cristo transforma o ensinamento universal para que possa ser compreendido pela onda de vida humana, para que, um dia, no sétimo período, a força do Espírito Santo, presente no ser humano, seja capaz de começar seu trabalho criador de maneira apropriada.”

94. Andreæ, J.V. *Reipublicæ Christianopolitanæ;* com cartas explicativas de John Twine. Haarlem: Rozekruis Pers, 1940. p. 43, 44.

Mediante o cumprimento da exigência de Cristo ("Não se faça a minha vontade, mas a tua"), ele chega a uma explicação sobre a "escada de nove degraus". Explica a atividade das hierarquias superiores e a luta do ser humano nos três primeiros degraus. Descreve a atividade dos anjos lunares, pertencentes à "hierarquia do Espírito Santo", sobre o ser humano e em seu favor, bem como a dos anjos de Marte, pertencentes à "hierarquia do Cristo cósmico". O desejo é a grande força que pode penetrar até o divino, mas que também pode levar a profunda queda. O "sagrado anseio por Cristo" é a força que o ser humano deveria ter desenvolvido gradualmente. Uma grande perturbação desse processo harmonioso provoca "a queda". John Twine então analisa profundamente as duas correntes divinas: a corrente cósmica "homem" e a corrente cósmica "mulher" e as relaciona com o ser humano atual.

Nos capítulos finais das partes I e II, publicadas em 1939, ele trata da respiração mágica e de como a pura força divina pode dominar as forças etéricas inferiores da cobiça.

A parte III aprofunda-se no conhecimento da manifestação quadridimensional de Cristo e do elemento luz de Cristo e tenta explicar as exigências do caminho e a escada de nove degraus. Em alguns capítulos, fala com detalhes sobre a atividade esotérica do sangue. Ele explica que a qualidade atual do sangue leva os sentidos a trabalharem de maneira errada no ser humano da massa. Daí resulta o grande caos no mundo. Sendo um idealista, ele vê a salvação em um "teísmo que irromperá com muita energia, porque a força espiritual que o impregna por inteiro está totalmente baseada nas palavras de Cristo: 'Amarás ao teu próximo como a ti mesmo'." Somente quem for conduzido por uma atitude de vida sincera na força de Cristo será capaz de atuar como líder nesse processo.

Em seguida, na parte IV, John Twine leva o leitor, por assim dizer, aos sete mundos que ele descreve brevemente. Não se trata de uma lição de cosmologia, mas de "uma senda de vida que se repete

infinitamente". Mais uma vez ele relaciona a escada nônupla a um desenvolvimento cósmico sétuplo, com sete iniciações, com sete forças. As sete forças são: motivação, desejo de salvação, consciência, razão superior, arte de viver, autossacrifício e faculdade de formar um campo de força. Os três primeiros degraus de iniciação são os "do espírito central único, do espírito divino e do Espírito Santo". Nesse terceiro degrau desperta a consciência-Jesus que corresponde à passagem pela porta de Saturno. No quarto degrau os senhores de Mercúrio, como mensageiros de Cristo, inflamam uma possibilidade no pensamento, denominada razão superior ou razão pura. Somente quem for capaz de testemunhá-la, anunciará verdadeiramente a Doutrina Universal! Essa é a Arte Real da construção, possibilitada pelos senhores de Vênus. Durante a iniciação de Júpiter esse servidor estará preparado para formar um campo de força em torno de si a fim de fazer a colheita no mundo material, porque: "Este mundo, nosso mundo, não é um 'mundo do nadir', nem um mundo de ordem inferior, que vale menos. Ele é, muito mais, a base sobre a qual se deve trabalhar, um fundamento ou alicerce para toda a construção. Trabalhar no mundo da matéria densa é um dos mais importantes fatores de realização do plano
95 divino." Isso requer autossacrifício total, como Cristo sacrificou a si mesmo. Sobre essa base segue-se uma segunda espiral sétupla chamada "iniciação".

Z.W. Leene e o ritual dos Rosa-Cruzes

No ano de 1938 o conselho diretivo reuniu uma série de alocuções de Z.W. Leene, publicadas pela Sociedade Rosacruz sob o título

95. Twine, J. *Het nieuw esoteries weten: Bijdragen tot een nieuwe openbaring van de cosmologie en magie der Rozekruisers Broederschap* (O novo conhecimento esotérico. Contribuições para uma nova manifestação da cosmologia e magia da Fraternidade Rosacruz). Haarlem: Rozekruis Pers, 1939-1940..

Z.W. Leene,
1937

Het Rituaal der Rozekruisers (O ritual dos rosa-cruzes). É a única publicação de sua autoria. O livro contém alocuções editadas que foram proferidas no templo da Rosa-Cruz e já haviam sido citadas em lições para alunos no semanário Aquarius. Ele inicia o primeiro capítulo explicando o ritual mágico da Rosa-Cruz e compara a pessoa que deseja alcançar qualidade de alma com Simão de Cirene que, levado por comoção interior, ajuda a carregar a cruz de sofrimento do mundo. O segundo capítulo, "A oração", mostra que o verdadeiro buscador da luz está consciente de seu complicado ser e dos diversos sussurros de seu ser inferior. Por isso, ao dirigir as reflexões de seu coração à majestade de Deus, ele sempre pede: "Possa a oração sempre ser aceitável a ti, ó Deus!". Nos capítulos seguintes, ele trata do ritual propriamente dito, e fala do fogo latente que pode ser despertado no ser humano. "Deus-Pai é luz quando cria nosso sistema solar e torna-se imanente em toda a criação e na criatura, latente nas profundezas da alma humana. Como luz abstrata transcendente, ele fende as trevas mais obscuras de nossa existência e está presente em qualquer lugar para ser compreendido e realizado por nós, em nossa alma." Nos dois capítulos sobre "A força santificadora do amor", ele se pergunta por que nós, como seres humanos naturais, não conseguimos compreender essa força. A resposta é: porque nosso corpo de desejos está completamente sobrecarregado. Essa situação só poderá mudar com base na cruz plantada em nosso próprio ser; por Cristo em nós, por sua força, que culmina na ação. E ele prossegue, no capítulo VII: "O que interessa não é estudar; os ensinamentos são ferramentas. Não passam de muletas com as quais claudicamos, assim como até nossa Sociedade e seus ensinamentos são apenas muletas com as quais claudicamos. O próprio Cristo é a força."

No capítulo sobre o "Natal", ele constata que, quem abre espaço para Cristo em si mesmo, não pode continuar sendo a mesma pessoa mesquinha de antes. Então perceberá que avança com grande ímpeto. Ele cresce na "virilidade do espírito: já nada consegue impedi-lo. Ele deixa de ter medo e atravessa o mundo como um raio, com sua imagem espiritual e seu conhecimento. Ele açoita e acusa com a força do próprio Cristo, que nele habita. Notem, amigos, que há outra lamentação e outra acusação vindas da insatisfação do ser inferior. Aprenderemos a distingui-las da verdadeira lamentação".

No final do livro, Z.W. Leene dirige seu olhar penetrante para o caminho de regresso. Esse caminho apenas pode ser seguido "após a morte dos nossos desejos na cruz da matéria. [...] É possível que hoje estejamos passando por uma encarnação fácil e depois poderemos passar por uma vida novamente atada às leis do carma, ao guardião do umbral. Esse guardião é inflexível e tem de ser ultrapassado. Isso não acontece em um instante de coragem passageira. Não: esse monstro criado por nós próprios terá de ser aniquilado mediante Cristo. Como o caminho de regresso é posto em prática? Aceitando Cristo completamente e oferecendo-lhe morada em nós. Somente então começa a evolução do ser humano".

"Como estudantes da Rosa-Cruz aceitamos a incumbência de devolver ao cristianismo o lugar que lhe é de direito no mundo da vida verdadeira e do pensamento filosófico. Por isso somos pioneiros e temos que traçar diretrizes claras, pois o mundo já vem sendo ludibriado há muito. Quanto à espiritualidade o que acontece é: ou nos tornamos irremediavelmente ridículos e criminosos espirituais, ou nos redimimos pela razão e pela compreensão. [...] O ponto é esse: o Deus transcendente é o criador, o Deus imanente é o ser humano. Não podemos encontrar o Deus transcendente na natureza, porém no ser humano, porque Deus é espírito, tal como o ser humano é espírito. Portanto, Deus não está na natureza porque ela é apenas a base na qual tudo se manifesta."

O livro finaliza com uma exclamação de júbilo: "Ensina-nos a controlar o medo mediante a alegria do conhecimento! Somos espíritos e até espíritos eternos, imortais e chamados incessantemente a fazer parte da

ordem mundial do Espírito. Portanto, devemos saber tudo a respeito dessa ordem. Não esqueçamos, porém, que também somos seres humanos físicos, mortais e chamados, sem dúvida, a deixar a matéria para
96 sempre, um dia, e não só durante o período entre morte e encarnação."
É esse mesmo espírito que fala através do trabalho de Z.W. Leene, mas com uma vibração bem diferente, um tom muito ígneo. Ele afasta-se das confusões, sem dar explicações sobre os perigos e as armadilhas da sociedade ou da Igreja. "Fogo purificador": esta é a primeira associação e também "Quem ama castiga". Z.W. Leene era ardente e as pessoas que se aproximavam do seu trabalho eram atraídas por esse fogo, ou fortemente repelidas. É com autoridade crescente que ele empreende a luta contra seus enganos, suas mistificações e coloca-as de modo plenamente lógico e racional diante da "loucura" da cruz. Sobre ele, Jan Leene escreveu: "A cruz é uma loucura porque não pode ser realizada nem professada segundo as normas desta natureza. Em praticamente todas as suas palavras, ele desmascara esse conflito. E nisso consiste o ressentimento de seus ouvintes, que se irritam com seu trabalho e suas ações, que lhe causa inimizades, mesmo sabendo que, na verdade, deveriam oferecer-lhe sua amizade."

Com o passar dos anos, um pequeno número de artigos de Z.W. Leene seria publicado em jornais e revistas da organização, mas a maior parte das alocuções de sua autoria nunca foi compilada nem publicada.

Impressão da obra de Cor Damme

Da vasta obra de Cor Damme, que lançou uma luz muito especial sobre os trabalhos da Rosa-Cruz tanto no período anterior à guerra quanto nos anos pós-guerra, a maior parte foi conservada, mas

96. Leene, Z.W. *Het Rituaal der Rozekruisers Genootschap* (O ritual dos rosa-cruzes). Sociedade Rosacruz, conselho diretivo: julho de 1938. p. 47.

ainda aguarda publicação. Sua obra, escrita durante a guerra, inclui manuscritos completos com comentários sobre a *Fama*, a *Confessio* e *As núpcias químicas* e também vários documentos sobre a organização e a estruturação interna da obra, prevista para depois da libertação da Europa. Além disso, há dezenas de alocuções, de cursos para membros e alunos, bem como uma alocução especial para jovens, de caráter educativo. Tudo isso escrito em um estilo incisivo, sem a menor tendência a afetação ou fanfarronice. Certamente ele nem sempre era simpático ou agradável: muitas vezes as pessoas que o ouviam se sentiam incomodadas. 97

Com ironia, falava "do sorriso místico e do olhar fixo de um mago", "de um jeito místico de abrir os olhos que lembra muito o olhar de quem puxa uma persiana pegajosa". Ele falava de "ocultistas de carrossel", que complacentemente "balançam de um ápice para o próximo, e consideram a tontura que sentem a mais elevada experiência, enquanto nada muda: o eixo em torno do qual giram está firmemente fincado no chão." No entanto:

"A consciência manifesta-se pelo processo de realização de vida. Grandes pesquisadores das áreas filosófica e psicológica procuram há milhares de anos a fonte da vida. Eles defenderam suas interpretações filosóficas ou científicas, sem nada elucidar a respeito do mistério da vida. Tudo o que se pensou ser metafísico ou assim foi designado nada mais era do que uma forma de manifestação de vida que ainda não se conseguia explicar. Muito do que foi considerado sobrenatural nada mais era do que uma forma de consciência intelectual mais profunda, associada a retórica e eloquência.

A compreensão e a realização na própria vida conduzem à consciência cósmica. Não há outro caminho. 'Compreender' significa

97. As citações das palestras de C.L.J. Damme foram tiradas de uma série de alocuções realizadas em 1945 e 1946. Pertencentes ao arquivo pessoal de Cor Damme, elas passaram à Bibliotheca Philosophica Hermetica em Amsterdã, onde estão arquivadas, sem data..

abarcar tudo o que se manifesta, pelo Espírito, pela força da alma e pela dedicação do amor. Juntos, esses três aspectos formam o fermento do princípio de vida em cada ser humano: são as forças que podem conduzir o ego à consciência cósmica. Quem não as possui ou se nega a aceitá-las como 'força vital' jamais poderá libertar-se, no verdadeiro sentido da palavra.

Deus é Amor – Luz – e Vida. Nesse sentido, eu o conheço em minha vida. Tudo o que em mim é trevas é o que eu sou, segundo minha personalidade, minha natureza. Tudo o que é luz em mim manifesta-se como amor – e meu eu está plenamente capacitado a realizá-lo segundo a natureza e o Espírito, sem nenhum auxílio ou influência de terceiros.

O processo que leva à consciência cósmica transcorre paralelamente ao desenvolvimento interior: realização e estado de ser manifestam-se simultaneamente. Para seu crescimento, o processo de gênese atrai a energia da substância-raiz de meu ser, de minha vida – isto é, de Deus, que é Amor. Se excluo Deus como luz e amor de meu ser e faço isso sempre que me volto para minha razão sombria, minha imagem enigmática, meu ser natural decaído, meu eu da natureza, desligo automaticamente o processo que leva à consciência cósmica.

O processo de gênese retira seu potencial da substância primordial da vida, do amor e do divino mistério de Jesus Cristo, o Verbo vivente. Um dia o ser humano deverá alcançar essa atitude, se quiser herdar a verdadeira liberdade que o Pai destinou para ele desde a criação do mundo.

A centelha divina, a vida, habita em cada ser humano. Contudo, o que se percebe como vida é o ser humano físico, o aspecto material da vida, o lado forma e esse é o aspecto mais enganador da vida, pois sua estrutura não é divina, porém antidivina, 'luciférica' ou 'decaída'. Em Jesus, vemos o primeiro homem físico, em quem o amor e a sabedoria de Deus vivem como núcleo central, isto é, funcionam

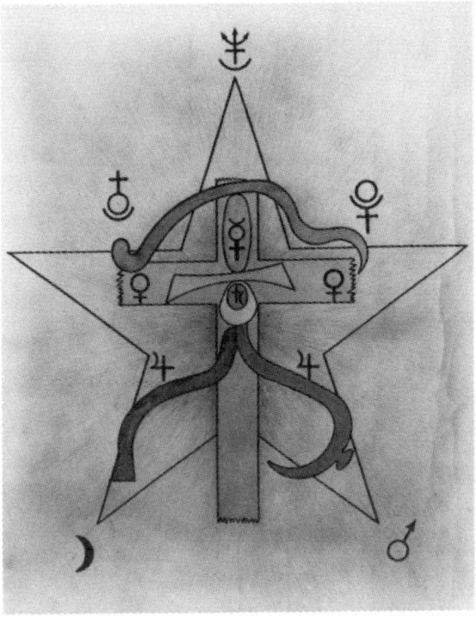

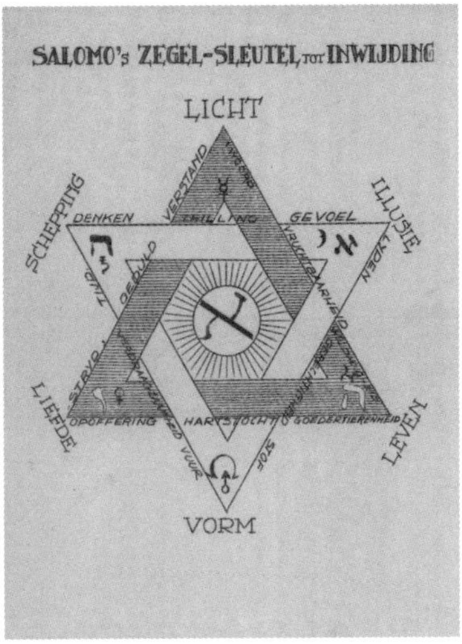

Trabalhos gráficos de Cor Damme

conscientemente. Na pessoa de Jesus vive Cristo, ou a centelha central 'que é Deus' e vive em todos nós. Ele é chamado à manifestação para mostrar que era, em sentido perfeito, o mestre puro e imaculado do corpo físico, do homem físico. Desse modo Cristo fez todas as suas grandes obras: não por ter sido, sob nenhum aspecto, diferente do que somos nem por ter exercido, como ser humano, um poder maior do que o nosso neste momento. Não se trata de ele ser o Filho de Deus e nós meros servos de Deus. Não, nós, também de ascendência divina, também somos capazes de fazer as coisas que Jesus fez. Ele realizou suas obras porque inflamou, pelo seu poder, a mesma centelha divina que o Pai coloca em cada criança que nasce. Ele pôde fazê-lo por manter-se conscientemente ligado ao 'Deus-em-si', assim como agora podemos testemunhar por intermédio dele: Emanuel, Deus conosco, fonte de toda vida, amor e poder. Jesus era um ser humano como todos são. Sofreu, foi tentado e provado, como todos nós somos tentados e provados

Z.W. Leene profere uma alocução durante a colocação da pedra fundamental do Templo de Haarlem, em 20 de março de 1937

todos os dias. No entanto ele vivenciou a crucificação plena de sua personalidade, neutralizou em si o que era natural para ser capaz de conduzir seu povo, isto é, toda a humanidade de volta a Deus para oferecer-lhe uma saída da doença, do pecado e da morte, que transformam o mundo humano em um inferno."

Em 1946, por ocasião do Dia da Fraternidade, celebrado tradicionalmente pela organização no dia 6 de janeiro, aniversário da morte de Max Heindel, Cor Damme analisou o que vem a ser a verdadeira fraternidade: "Muitos oradores apresentaram tratados sobre o assunto do ponto de vista científico, ocultista e esotérico. No entanto poucos vivenciaram o sacrifício maçônico ou o realizaram, porque ainda não haviam atingido esse ponto, no qual podem e devem ser 'irmão e irmã' totalmente conscientes. Hoje celebramos o Dia da Fraternidade. Hoje nosso coração e o meu particularmente, voltam-se para ele, que foi um verdadeiro irmão, nosso amigo inesquecível e irmão Z.W. Leene. Minha alma, que sei estar ligada, neste momento, àqueles que também pensam nele, minha alma vai dele para meu irmão Jan Leene e minhas irmãs B.R. e S.H. (E. Roland-Retera e H. Stok-Huizer). Portanto, amigos, em nome dos que estão sempre intimamente ligados a vocês e à grande Fraternidade da Rosa-Cruz, da qual tivemos a graça de ser servidores, rogo em seu nome: Possam a força e a consciência da verdadeira Fraternidade iluminar-lhes o caminho como uma lâmpada e acompanhá-los até o dia em que vocês mesmos se terão transformado em verdadeiros irmãos ou irmãs a serviço da grande obra."

Grande parte da obra pós-guerra de Cor Damme foi escrita em inglês. Na época houve contatos com editores nos Estados Unidos que tinham grande consideração por sua obra, como testemunha a correspondência encontrada. Contudo, a não ser por uma edição, não houve publicações. Pelo que se sabe, durante a vida de Damme, com exceção das publicações na série Rosa-Cruz de antes da guerra, de artigos publicados na *Nieuw Religieuse Oriëntering* (Nova orientação religiosa) e de alguns documentos mimeografados pelo autor, nenhum livro de sua autoria jamais foi publicado.

11. Comunidade espiritual, inteligência espiritual

1938-1940. O papel central de Z.W. Leene como líder espiritual. Seu falecimento e o novo conselho diretivo com H. Stok-Huizer. A maravilhosa noite de Natal. O período depois de Z.W. Leene até 1940. Os últimos acampamentos rosa-cruzes de verão em "De Haere"

Nesse triunvirato, Jan Leene e Cor Damme consideravam incontestavelmente Z.W. Leene sua fonte de inspiração e seu líder espiritual: eles eram seus auxiliares. Por sua maneira de ser, eles se deram muito bem desde o início. Z.W. Leene era caloroso, profundo, um pensador abstrato. Sua natureza dinâmica o tornou centro das atenções, sendo mais conhecido que o irmão Jan, também chamado de "o calado". Cor era prático, talvez o mais versado em cálculos astrológicos e capaz de estruturar a maioria dos temas esotéricos claramente. Devido à sua profissão ele dirigia a grande cozinha durante as semanas de acampamentos de verão. De acordo com relatos, Wim era uma pessoa amorosa e demonstrava isso com facilidade em seus contatos. Também era um palestrante marcante e fervoroso. Antes de começar a falar, sempre lançava um olhar penetrante para o grupo de ouvintes e, depois de alguns instantes, dirigia-lhe a palavra. Contudo, também batia o punho na tribuna, se necessário, para enfatizar as palavras. Dizia-se que, após a morte de Wim, Jan Leene herdou uma parte do dinamismo e do carisma do irmão.

Durante os anos anteriores à guerra, as circunstâncias em "De Haere" melhoraram consideravelmente: a eletricidade foi instalada e a cozinha ao ar livre ganhou paredes. Durante as semanas de verão, os serviços templários do acampamento rosa-cruz "De Haere" eram

Capa de *Het Rozekruis,* Natal de 1938

realizados em uma grande tenda, erguida especialmente para esse fim, no local onde hoje se encontra o Jardim das Rosas no atual Centro de Conferências Noverosa. Havia palestras diárias e, aos domingos, elas eram precedidas de um rito, realizado durante o serviço templário. Todas as noites havia uma fogueira e, na atmosfera mística em torno do fogo, invariavelmente, contava-se uma história sobre as experiências na senda da alma e da libertação. Em momentos específicos, determinados astrologicamente – datas de cura – os amigos reuniam-se na grande tenda e refletiam sobre o rito proferido durante o serviço de cura. "Os tópicos das palestras estarão relacionados com a palavra-chave do dia, selecionada de acordo com a órbita da lua através do zodíaco. Todos os temas relevantes no campo da filosofia rosa-cruz, astrologia e estudo esotérico
98 da Bíblia serão incluídos no programa de cada semana." Periodicamente também havia concertos.

Durante essas semanas, um "grupo de pioneiros" era forjado de modo intensivo, capaz de assimilar os elevados ensinamentos da Rosa-Cruz em unidade de grupo. A "unidade de grupo" é um conceito muito importante ao longo da história desta Escola. Trata-se da unidade de um grupo de pessoas que partilham a mesma aspiração, apoiam-se e fortalecem-se mutuamente. Quando é entendida de modo correto, a unidade de grupo fortalece o aluno para atuar no mundo em que vive, enquanto ele anseia, acima de tudo, pelo Espírito. Essa unidade de grupo não aponta um caminho de fuga do mundo rumo às assim chamadas "esferas superiores" devido à falta de coragem para encarar a realidade e as consequências da vida. Da primeira à última letra, a unidade de grupo do Espírito indica ao ser humano sua tarefa *neste* mundo. Esta tarefa é tão complicada, exige tanta energia, amor, conhecimento e tato, e até agora fez-se tão pouco neste sentido, que

98. *Het Rozekruis*, ano 7, n. 9, dezembro de 1933, p. 98.

qualquer interesse pela vida em "esferas superiores" mais distrai do que ajuda. A suprema realidade é a conexão de todas as coisas, de tudo o que existe. A maior consciência é: serviço, amor servidor. Esse conceito fica visível na alma que aprendeu a amar.

Centenas de visitantes, em número cada vez maior, começaram a participar. Em 1934 a Escola de Verão adota o lema "aspiração e tolerância". Ao lado do aprofundamento e da vivência, o humor era um aspecto importante. Em um relatório sobre essa primeira escola de verão, lê-se: "[...] de novo gostaríamos de testemunhar, aqui nestas páginas, tudo o que o acampamento nos trouxe em amizade, aprofundamento espiritual e crescimento de alma. Mais uma vez, gostaríamos de transmitir o quanto nossas semanas de acampamento nos ofereceram em silêncio, alegria radiante e humor contagiante."
Em 1936, Z.W. Leene, o líder do acampamento, escreveu: "O trabalho da escola de verão estará totalmente voltado para a forte agitação desta época. Ao mesmo tempo, buscaremos alcançar e encontraremos a 'elevação' em tudo e por meio de tudo. No ano de 1935 a palavra-chave da escola de verão era: 'realidade'. Agora, no chão da realidade, a 'elevação' nos fortalecerá para nosso difícil trabalho."
A escola de verão era como uma inalação: durante o verão, cessavam todos os trabalhos nos núcleos, e tudo se focalizava nos impulsos espirituais liberados no grupo durante as semanas de verão. Em 1940, já durante a ocupação dos Países Baixos, realizou-se a última escola de verão, sob o lema "a nova vida prática".
A intensa colaboração dos dois irmãos chegou ao fim quando Z.W. Leene faleceu, em 9 de março de 1938. Seu falecimento deve ser apontado como uma grande perda. Muitos acreditavam que a morte dessa figura dinâmica, desse líder, selaria fatalmente o destino da Sociedade Rosacruz. Eles não achavam que a figura modesta de Jan Leene seria capaz de dar continuidade ao trabalho sem o irmão. No entanto, para Jan Leene, essa separação não foi inesperada. No

fundo, os dois irmãos sabiam que não poderiam continuar sua colaboração do mesmo lado do véu, mas que isso não significaria o fim da jovem Escola da Rosa-Cruz.

O falecimento de Z.W. Leene não veio de forma inesperada nem era desprovido de profundo significado. Durante a cerimônia especial realizada para o irmão, J. Leene comunicou o seguinte:

"Esta morte foi anunciada antecipadamente para nós dois, mas inicialmente não sabíamos de que forma a separação iria ocorrer, e qual de nós partiria nessa grande viagem. É por isso que conversamos muitas vezes sobre o testamento espiritual que teria de ser repassado para vocês depois que um de nós falecesse. [...] Portanto, estou muito feliz por ter a certeza de que a voz de nosso irmão ressoará por meu intermédio nesta tarde, como se ele mesmo estivesse presente
99 aqui, com seu jeito inesquecível."

Ele escreveu a letra de um hino especialmente para o irmão acamado e, durante o serviço de desligamento, chamou-o de "um servo de Cristo a quem fora permitido dar uma única martelada no ferro a ser forjado. Esta é a saudade, a tragédia desta vida. Contudo, no hino, isso está expresso assim: 'As penas que a senda me traz nada são; servindo aos homens estou. Maior sofrimento é o do nosso Senhor, que se entrega mediante amor. Eis por que, sem queixar-me, o trabalho continuarei. Se grande tristeza invade meu ser, mui firme afasto-a de mim. Na minha jornada o Pai quer provar se fiel sou como ele é fiel. A taça, da qual sorverei até o fim, oferta-me Cristo, o Senhor. Aceito-a em júbilo, pois ele está junto a mim, irradiando amor'. O que importa é ser capaz de ficar satisfeito com essa única martelada na forja: satisfeito como um servidor, e até mesmo contentar-me
100 com o que sou e com o que eu tenho. Esse é o teste da fidelidade."

99. De uma transcrição literal da alocução de J. Leene por ocasião da cremação de Z.W. Leene, posteriormente publicada no semanário *Het Rozekruis*, ano 11, n. 5, maio de 1938.
100. Hinário. São Paulo: Lectorium Rosicrucianum, 2004. Hino templário 38.

No mesmo ano de 1938, foi publicado *Het Rituaal der Rozekruizers* (O ritual dos rosa-cruzes). E mesmo já não contando com a presença física de Z.W. Leene a seu lado, Jan Leene certamente não se viu desamparado por Cor Damme e um grupo decidido, composto por M.A. Verhoog, E.J. Brandenburg, W. van Dongen, H. Schuurman e outros que sustentaram o trabalho. Na lição mensal de abril de 1938 ele escreveu como novo líder do acampamento: 101

"Profundamente comovidos, voltamos nossos pensamentos para as atividades do acampamento de 1938, uma tarefa que, até agora cumpríamos apenas parcialmente e em cooperação com o antigo líder. Muitas coisas nos foram concedidas nos últimos tempos. Vimos a morte como um novo nascimento e como uma festa de luz. É por isso que trazemos, com amor, nosso sacrifício do sentimento de vazio, solidão e saudade. E rogamos: 'Cinge-nos com a ação, até nossa tarefa também ser cumprida!' [...] Mais forte do que nunca, apelamos a todos: 'Venham e nos ajudem! Ajudem a fazer que o trabalho de verão de 1938 seja um testemunho feliz e mágico a serviço da Fraternidade Joanina. Em um ato de renovação estendemos nossas mãos uns aos outros, agora que a vida nova em Cristo permeia nossa vida. Já não levaremos em conta a própria tristeza, porque 'a tristeza que a senda traz para os que estão servindo à humanidade não é nada comparada à do Senhor'." 102

Os pioneiros sentiram os benefícios da herança espiritual de Z.W. Leene como um fluxo contínuo de inspiração que os acompanhou desde o dia após o serviço de desligamento até o final da vida. "Agora consideramos muito importante que vocês entendam a vida dele como ela deve ser entendida; que vocês entendam essa luta, porque a luta ainda não terminou e temos que continuá-la com armadura completa. Nosso tempo ainda não

101. Ver a seção Z.W. Leene e o ritual dos rosa-cruzes no cap. 10, p. 156.
102. Circular da Sociedade Rosacruz, abril de 1936.

chegou; os dias de nossa peregrinação provavelmente ainda não terminaram. [...] Ele (Z.W. Leene) foi liberto mais cedo do que em circunstâncias normais [...]". Um ano depois, em 1939, Damme foi capaz de descrever esses benefícios mais precisamente: "Durante os últimos cinco anos, depois da fase americana, quando tivemos que provar nossa seriedade no trabalho e nosso amor à verdade e à ação, fomos capacitados (independentemente uns dos outros ou do exterior) para esboçar as diretrizes interiores do novo conhecimento esotérico para os alunos que vierem até nós, com linhas de força preliminares de um processo mais profundo de conscientização de vida. Esses ensinamentos, revelados tanto de forma transcendente como imanente, foram considerados por inúmeros como muito chocantes e revolucionários, em comparação com os ensinamentos adotados e reverenciados antigamente. O velho havia passado, e o novo acabava de chegar. Reconhecemos o estado em que vivíamos e, a partir desse momento, a ponte entre o santuário e o templo abriu-se novamente. Assim a luz da Loja do Alto projetou-se em muitos aspectos de nosso trabalho. Depois de polir e refinar muitos desses aspectos, entramos em contato com os ensinamentos mais profundos da Escola de Mistérios do Ocidente e conhecemos o trabalho de pioneiros espirituais, arautos, que já estavam apartados deste mundo. Em seu trabalho descobrimos diretrizes análogas para a restauração da teocracia. Realmente, nossos precursores falaram, com as mesmas palavras ou imagens, para a mesma humanidade à qual dedicamos nossa vida. [...] Isso aconteceu depois da morte de nosso amigo e irmão Z.W. Leene que, como arauto e desbravador, preparou a transição para a nova era. Todos os que vivenciaram seu trabalho e ainda podem ouvir suas palavras que reverberam na mente e no sangue sabem que não se trata de um culto à personalidade mas sim de constatar os fatos, pois depois de sua morte, a Loja do Alto manifestou-se na organização de nossa Obra, na nossa Sociedade." Nos últimos anos, as pessoas muitas vezes se aproximavam de J. Leene com a mensagem de que haviam tido contato com o irmão falecido, ou dizendo que precisavam passar uma mensagem dele. Ele sempre rejeitou categoricamente esses contatos, referindo-se à sentença: "Não invocai os mortos". Ele dizia: "Falo aqui por experiência própria. Muitos sabem que, há alguns anos, perdi meu irmão, que estava junto de mim na grande obra. Desde o momento em que fomos separados pela morte, não houve o menor contato espírita entre nós, embora se tentasse de muitos lados estabelecer tal contato. É indizível quantas mensagens, supostamente de meu irmão, recebi por intermédio de terceiros. Elas sempre foram jogadas ao cesto de lixo, sem exceção, e nunca tomei conhecimento delas. E a todos que me traziam tais mensagens eu disse: 'Se meu irmão tiver algo a me dizer, ele conhece os meios para transmiti-lo de outra maneira'". 104

(margin note at first line: 103)

A maravilhosa noite de Natal

Que meios seriam esses? Foi o que ele descreveu, em uma comovente e bela alocução de Natal por volta do solstício de inverno de 1938. Assim como Jacob Boehme teve suas visões, em 1600, enquanto olhava o esplêndido reflexo da luz do sol em uma vasilha de estanho, o mesmo aconteceu com Jan Leene durante uma profunda contemplação de algo simples como uma rosa de Natal. No folheto *Sonho de Natal*, ele diz: "Eu não conseguia dormir, mas não estava agitado nem doente. Contudo, essa era a noite da promessa: a noite em que ela seria cumprida. Era por isso que esperava, confiante, por tudo o que ainda viria. Então olhei pela janela para a noite radiante e fria. Meus pensamentos flutuaram pelas redondezas nas asas da

103. Damme, C.L.J. *Karl von Eckartshausen*. In: *Licht van het Rozekruis* (A Luz da Rosa-Cruz). Ano 6, n. 39, p. 224.
104. Rijckenborgh, J. van. *O advento do novo homem*. São Paulo: Lectorium Rosicrucianum: 1988, 2. ed.

memória até o tempo em que ele, meu amigo e professor, tinha feito essa promessa. Será que provaria ser capaz de cumprir o que tinha dito que ele faria, logo que estivesse do outro lado? Tantas coisas já haviam acontecido desde sua partida e o futuro do mundo parecia tão negro e obscuro!

Esperava paciente e contemplava a paisagem, quando me perdi na multidão de novas experiências rodopiando em meu subconsciente. Ainda pude ouvir as pancadas suaves do relógio da torre, longe, muito longe: as graves badaladas soavam como notas de órgão na noite silenciosa. As últimas vibrações ainda não tinham se dissolvido no espaço celeste, quando aconteceu uma metamorfose maravilhosa em minha bela rosa de Natal. Era como se suas sépalas se comprimissem em uma pequena bola, que de repente começou a crescer. A haste ficou cada vez maior, e as formas nas quais se transformava ficaram cada vez mais altas e fortes. O botão transformou-se em uma cabeça; o caule e as folhas em um tronco, braços e pernas. E lá estava, bem no parapeito da janela, quem tinha prometido levar-me consigo para a Festa do Nascimento: era o meu amigo!

Quantas vezes não repeti as palavras que ele tinha dito para mim: 'Logo que eu estiver do lado de lá, vou tentar mostrar que o sagrado Natal é a salvação do mundo, a crucificação de Deus na matéria! Então, tentarei mostrar a você que o Natal não é a comemoração de um fato histórico, uma espécie de festa de aniversário, mas sim uma amarga realidade, um caminho de sofrimento, aceito com alegria por aquele que é nosso senhor e salvador, Jesus Cristo! Será um Natal que você achará tão grande, tão heroico, tão além do que se entendeu por isso desde tempos imemoriais, que é impossível expressar em palavras! Por isso, darei um jeito de vir até você na véspera de Natal e juntos veremos a luz nascer.' E lá estava ele, de pé em minha frente: meu amigo e irmão, que havia conectado sua lealdade e seu ser ao meu! Então ele saltou do parapeito da janela e aproximou-se de mim com um sorriso, com os olhos radiantes de carinho, de uma forma que apenas é possível em um espírito que reconhece Deus no espírito do irmão e, feliz, aproxima-se assim do Pai!

'Como você vê, meu jovem, deixaram-me cumprir a promessa que lhe fiz: desde já digo não ser esse um mérito meu – é uma recompensa sua. Afinal, se você não estivesse maduro para essa experiência, nunca poderia passar por ela. Não temos muito tempo. Por isso, vamos começar logo a viagem. E, se por acaso você sentir medo quando ouvir os rugidos de impotência dos condenados e da maldade das trevas, é só agarrar meu casaco que o medo irá embora'." Em seguida, assinando como John Twine, Jan Leene descreveu uma viagem noturna a uma montanha poderosa, em cujo cume "erguia-se um belo castelo, com muitas cúpulas, que emitia uma áurea luz". Lá, um grupo de pessoas já estava esperando. Ele reconheceu muitas delas, a quem saudou cordialmente. "Logo eles rodearam meu amigo, que aparentemente era o líder esperado – o que não me surpreendeu. Parecia que estavam esperando um sinal de que a viagem para o alto já poderia começar. Exatamente como costumava fazer no passado, ele abriu caminho em meio à multidão que o cercava e dirigiu-se a todos depois de alguns instantes. Como me soou familiar aquele seu 'Irmãs e irmãos'! Era como se ele ainda estivesse vivo entre nós. O significado do que disse foi também sucinto e claro: 'Muitos de vocês estão há anos nesta região desconhecida pelas pessoas, e muitos ainda pertencem ao reino da matéria, a terra. Portanto, estamos vivos, na matéria ou fora dela. Contudo, como espíritos, somos *um* no Pai! É também como espíritos conscientes de sua unidade com o Pai que vocês se encontram, neste lugar, no sopé da Montanha gloriosa. Para os que ainda não adquiriram essa visão, para os que ainda vivem unicamente segundo a natureza, este lugar é inatingível. [...] Agora, em primeiro lugar, precisamos prosseguir rumo ao Templo Branco na Montanha. [...]"

Então doze irmãos mais velhos o cercaram. Num arrebatamento dos sentidos, ele observou como o amor do criador mergulhava na criação e nas criaturas. "Envergonhado, meus olhos voltaram-se para os que nos cercavam e somente então vi como eles, por sua vez, enchiam as mãos com suas oferendas. Vi como o incenso, a mirra e o ouro caíam sobre a terra e, de repente, entendi o significado dessa atividade aparentemente inexplicável. Durante o voo, toda a atmosfera estava permeada por uma tensão desconhecida, forte: a sensação de uma força esfaceladora! O significado da libertação interior penetrou-me a consciência. Vi o grande milagre ocorrer, e o rosto do meu amigo irradiava para mim, como se quisesse perguntar-me: 'Você vê agora como acontece o Nascimento?'

Vi como a terra abria suas crateras como se fossem poros e vi seus campos, suas árvores, suas montanhas e riachos, seus oceanos e seus habitantes, de todas as gerações e reinos, como bocas famintas sorvendo avidamente a energia da nova vida que vibrava através do Universo. Vi como uma luz branca ofuscante, indescritivelmente bela e incomensuravelmente grande, destacou-se dos espaços interplanetários e, lentamente, como uma esfera luminosa, penetrou na terra. Vi como o amor do Criador inundava as criaturas e a criação."

Enquanto o mundo se apoderava com avidez "dos dons divinos do incenso, da mirra e do ouro do Espírito", ele sentia progressivamente de forma cada vez mais dolorosa, como a humanidade zombava de seu mundo ("isso transpassou-me o coração", escreveu ele). Então, tomou consciência do sofrimento da alma do mundo. "Meu coração e meu eu reconheceram: se o meu sofrimento já é quase insuportável, o que deve ter suportado Cristo, em sua descida à terra, e nosso Pai, em seu sacrifício de amor! Mas essa compreensão era mais abstrata do que real interiormente. Olhei para meu amigo ao meu lado e vi como seu pobre coração também chorava e entendi que realmente o coração é capaz de chorar. No entanto, tudo isso não foi capaz de entristecer-me, pois ao mesmo tempo estava feliz. Afinal, mais do que nunca, agora podia perceber a missão que nós, seres humanos, temos que cumprir na terra. Reconheci que o material de alma que havíamos reunido – nosso incenso e nossa mirra, e especialmente nosso ouro – eram os maiores presentes que os Irmãos poderiam receber de nós durante a noite de Natal e pelos quais o Recém-Nascido espera dolorosamente." 105

O PERÍODO ENTRE A MORTE DE Z.W. LEENE E 1940

H. Stok-Huizer, que se ligara à sociedade em 1930, passou a integrar o Conselho Diretivo em 1938. Mais tarde, em 1956, quando seu papel tornara-se totalmente diferente, recebeu o nome espiritual Catharose de Petri, em circunstâncias muito especiais. De início, ela nada queria ter a ver com a Sociedade, pois era avessa a todos os mal-entendidos, emaranhamentos e associações que uma sociedade inevitavelmente envolvia. Apesar de seu marido já ter entrado para a *Rosicrucian Fellowship* holandesa, para ela, participar de uma associação somente iria perturbar o equilíbrio interior, a tranquilidade e a concentração, necessários para empreender o caminho espiritual. No entanto, por insistência do marido, ela concordou em ir a uma reunião com os dois irmãos. Ficou tão impressionada com o comportamento modesto mas enérgico de Jan que mudou de ideia. A força e os argumentos ardorosos de Wim Leene fizeram o resto. Este último simplesmente lhe disse: "Se unirmos as chamas de nossos corações, nosso coração, nosso fogo vai flamejar com muito mais força e poderemos realizar muito mais." Aqui ele se refere a um ritual rosa-cruz: "Não poderemos acender esse fogo com uma brasa só." Na Segunda Guerra Mundial, esse ritual era usado frequentemente e ele explicou o seguinte, durante uma alocução: "Agora, vocês provavelmente também irão compreender o enorme valor que a Sociedade atribui à sua presença, sua compreensão, seu respeito e devoção. Não podemos acender esse fogo com uma brasa

105. Leene, J. *Een Kerstdroom* (Um sonho de Natal). In: *Rozekruis-serie*, 1938. Ano II, n. 15, p. I–II.

só. No entanto, uma brasa pode ser capaz de acender outras. Consequentemente, é de enorme importância que essa brasa irradie um brilho que inflame todas as outras para que a força latente em cada um dos presentes comece a arder como uma flama, espalhando luz e calor. Quem assim foi inflamado tem que ser um portador de archote, um portador de luz: alguém que se comoveu, sem ser, contudo, meramente uma pessoa emocional. Essa pessoa comovida é um ser humano com um coração caloroso, cheio de amor e compreensão. Trata-se de uma lei natural: ao unirmos nossas forças espirituais, geramos uma luz que brilha até as regiões mais elevadas da realidade abstrata, isto é, até Deus Pai e criador do nosso sistema solar. Na mesma medida em que esse farol coletivo irradia de uma comunidade espiritual fiel, é aliviado o sofrimento do mundo. Isso se dá pela força especial em nós, pelo amor e a compreensão, o que significa auxílio espiritual. Aqui nos deparamos com o sentido literal da expressão "atividade prática". Porque se existe uma comunidade espiritual, também existe uma inteligência espiritual capaz de responder a todas as questões do ser humano sofredor e levar a uma compreensão correta da verdade e da integridade.

Em julho de 1938, depois do falecimento de Z. W. Leene, a liderança da sociedade é assumida por um conselho diretivo. Além de H. Stok-Huizer, já mencionada, ele é integrado por seu marido, H.J. Stok, A.M. Verhoog e, obviamente, Jan Leene.

O período inicial da Sociedade Rosacruz, no qual podemos distinguir duas fases, durou de 1924 a 1946. Até 1935, os ensinamentos e o trabalho da Sociedade foram totalmente caracterizados por intenso aprofundamento em aspectos esotéricos, pelos cursos de astrologia e, à noite, pelo estudo do "cosmo", como era chamado o *Conceito Rosacruz do Cosmos,* de Max Heindel. Reunindo todas as suas forças, o grupo reconheceu, lavrou e trabalhou "o solo do nascimento natural", para lançar as sementes da verdadeira humanidade espiritual. Em busca da origem, da verdade, da bondade e da justiça,

H. Stok-Huizer, 1939

milhares de pessoas reagiram ao seu trabalho. Nos anos de crise antes da grande guerra mundial, elas ali encontraram uma centelha de esperança e viram brilhar em sua vida, muitas vezes árdua, um pouco de luz espiritual.

Em 1935, a descoberta do trabalho dos fundadores da Ordem (os manuscritos originais dos rosa-cruzes clássicos) marcou o início da segunda fase. Desde então o grupo trabalhou de forma independente e teve o impulso de traçar seu percurso com base na ligação de primeira mão com a Ordem da Rosa-Cruz. Com sua bússola voltada para "a ordem natural jeovística" (o mundo original), o grupo navegou pelo mar do mundo na *Bona Spes*, a nau da boa esperança, com o vento da vida, a que tanto aspiravam, insuflando as velas e desafiando as ondas e tempestades de uma época cada vez mais marcada pelo fascismo.

A partir do momento em que a ameaça de guerra aumentou, o ponto de vista da Sociedade Rosacruz também se tornou mais firme. Era preciso enfrentar a ameaça de violência com "resistência total e absoluta". Os rosacruzes não eram a favor da paz convencional sob o jugo fascista, na qual seria impossível prosseguir com a obra libertadora. "Se a Holanda tivesse um 'exército de Gideão' de 10.000 pessoas com sangue renovado em sentido gnóstico-cristão, esse exército teria sido capaz de manter a guerra fora de suas fronteiras e conseguiria até libertar toda a Europa. Mas quem não conhece a lei da renovação do sangue terá de ser protegido pela espada do governo, e estamos preparados para ajudar a empunhar essa espada para o bem de nossos irmãos e irmãs que nada sabem
106 a respeito disso."

Em 1618 a Guerra dos Trinta Anos colocou um fim prematuro ao trabalho do Círculo de Tübingen e às iniciativas da Fraternidade da

106. Sociedade Rosacruz, Haarlem. Semanário *Aquarius*. Citação da p. 8. Ver nota 82, na p. 130.

Rosa-Cruz clássica, cuja figura central, Tobias Hess, havia morrido alguns anos antes. Da mesma maneira, parecia óbvio que a Grande Obra, da qual o trabalho em Haarlem era um raio, receberia outro duro golpe. Agora, com a morte de seu principal líder, a pergunta era se seriam capazes de continuar, mesmo já tendo sobrevivido por dois anos. A ocupação nazista iniciada em 5 de maio de 1940 logo impossibilitou qualquer trabalho público. Os nazistas proibiram todas as sociedades esotéricas. Sob a direção de Werner Schwier, um matador de cavalos corrupto, rude e sádico (nas palavras do Instituto Holandês de Documentação da Guerra), a *Referat Internationale Organisationen* (Departamento de Organizações Internacionais) confiscou todos os bens dessas sociedades. O *Star Camp* de Ommen foi transformado em *Arbeitseinsatzlager Erika* (campo de concentração Erika) e recebeu milhares de prisioneiros durante a guerra. Nesse local, Schwier estabeleceu um verdadeiro reino de terror. Assim como aconteceu em Haarlem, o acampamento rosa-cruz *De Haere* foi saqueado por três vezes.

Para o trabalho espiritual, tem início um período forçado de descanso relativo. Mas seria mesmo descanso?

Cor Damme, por volta de 1936

12. Sob pressão, ardo mais intensamente

Saques em Haarlem e Doornspijk. Interrogatório pela Gestapo. Meditação e reflexão. O trabalho na ilegalidade. A vida segundo o Sermão da Montanha

Em 4 de setembro de 1940, a ocupação alemã proibiu oficialmente todas as atividades públicas de sociedades como a Maçonaria e a Rosa-Cruz – e a Escola, aparentemente, conformou-se com essa proibição: "A quem possa interessar. Tendo em vista o fato de ainda estarmos recebendo continuamente pedidos de informações sobre a literatura, esclarecimentos e outros, gostaríamos de informar a todos os interessados que, por ordem das autoridades alemãs, esta Sociedade foi extinta no dia 4 de setembro deste ano. Por essa razão, estão suspensas todas e quaisquer atividades. Pedimos a gentileza de que os senhores ajam em total conformidade com essas decisões do governo, com todas as consequências concernentes. O ex-Conselho Diretivo." 107

Foi durante esse período turbulento que J. Leene adotou o pseudônimo de J. van Rijckenborgh. A Rozekruis Pers continuou a editar, com total paz de espírito, uma série de títulos publicados anteriormente, em fascículos, no jornal Aquarius, antes de a ocupação pressionar duramente e proibir todas as atividades das sociedades secretas. Sob o pseudônimo de John Twine foram publicados o terceiro e o quarto volumes da série *Nieuw Esoteries Weten – Bijdragen tot een nieuw openbaring van de kosmologie en magie van de Rozekruisers Broederschap* (O novo conhecimento esotérico – contribuições para uma nova revelação da

107. Carta da Nova Comunidade Religiosa Esotérica (Sociedade Rosacruz holandesa), datada de 14 de outubro de 1940.

cosmologia e da magia da Fraternidade da Rosa-Cruz). A editora também publicou, em forma de livro *De wolk op het Heiligdom* (A nuvem sobre o santuário), de Karl von Eckartshausen (1752-1803). E, por fim, também é publicada a segunda parte dos comentários explicativos feitos por John Twine à *Reipublicæ Christianopolitanæ Descriptio* (Descrição da República de Cristianópolis). O primeiro volume fora publicado um ano antes.

Logo depois, as forças de ocupação (em sua maioria membros da NSB, o movimento nacional-socialista holandês) saquearam o templo e o interior da sede central. Além disso, os edifícios em *De Haere* também tiveram de pagar seu preço. Muitas pessoas abandonaram o trabalho, quer de maneira forçada ou não. No entanto, restou um grupo de jovens que, apesar de tudo, continuou a acampar em *De Haere* durante o verão, para "ficar de olho" no terreno da Sociedade. Entre eles estava o presidente do Centro de Rotterdam, H. Dekker. Durante o bombardeio de 14 de maio de 1940, ele colocou em segurança os pertences e objetos rituais do templo, esgueirando-se de porta em porta, para escapar da violência (158 bombas, 800 mortes e mais de 80.000 pessoas desabrigadas). Depois disso, a cada dois meses Dekker viajou de sua cidade natal, que foi bombardeada, para Haarlem, às vezes até de bicicleta, para manter vivo o contato e ajudar a sustentar o trabalho, tanto quanto possível. Depois da guerra, a Escola de Arquitetura Elckerlyc foi comprada, a fim de ser utilizada como centro de conferências, e Dekker tornou-se seu primeiro intendente.

Na prática, durante esse período obscuro, o trabalho continuou em Haarlem e Haia. De madrugada, um pequeno grupo reunia-se no templo saqueado para manter aceso o fogo espiritual. Durante a guerra, várias pessoas que estavam escondidas foram acomodadas na *Gracht* (trincheira), como a sede era popularmente chamada. Em determinado momento, havia 33 pessoas. Todas foram traídas por companheiros judeus perseguidos, que também exigiram o direito de se esconder no

mesmo edifício. A maioria dos clandestinos foi deportada e morreu em campos de concentração, pouquíssimos voltaram.
Nesse meio tempo, J. van Rijckenborgh continuou a dar palestras secretamente em endereços diferentes, próximos ao templo. Entre outras coisas, ele disse: "Por dez anos, semana após semana, alertamos todos vocês contra o perigo iminente. Chamamos sua atenção de um modo um tanto rude, sem meias-palavras, com palavras cruas, até que o momento fatal chegou de repente. Adivinhem onde tudo isso acabou? Na delegacia de polícia de Haarlem, para onde fomos convocados por fazer propaganda da peça teatral extremamente profética, intitulada: *O Carrasco*. Levamos uma advertência. Mais tarde, porém tarde demais, a rainha disse, por transmissão de rádio de Londres, quase as mesmas palavras, pelas quais fomos tidos, naquela ocasião, como "malfeitores": 'Amigos, quem são seus inimigos?'"

Em fevereiro de 1941, J. van Rijckenborgh foi preso pela Gestapo. De Haia, Cor Damme viajou imediatamente para a temida rua Euterpe, em Amsterdã, onde seu amigo estava detido. A Gestapo e o Serviço de Inteligência alemão tinham suas horríveis instalações de interrogatório e tortura em uma escola, na rua Euterpe (atual rua Gerrit van der Veen), edifício que foi bombardeado pelos ingleses em 1944. Não permitiram a Damme entrar para conversar com J. van Rijckenborgh, mas ele ficou aguardando seu irmão a certa distância. Enquanto isso, a Sra. E. Roland-Retera, que tinha contato com o comissário do *Reich* Seyss-Inquart, usou de sua influência para tentar libertá-lo. Mais tarde, J. van Rijckenborgh relatou suas experiências como segue:
"Eu estava diante de um oficial com uma das patentes mais altas da Gestapo. Tinha sido preso! O homem tinha um rosto bonito, regular e olhos azuis claros. Sobre a mesa, retratos da mulher e dos filhos. Era um homem absolutamente normal. Com certeza não era mau: não havia nada de bestial nele. Olhou para mim – e eu para ele. Sorrimos

um para o outro. Percebíamos nossa situação tragicômica... e, de repente, aconteceu. Os olhos dele ficaram fixos, as pupilas dilataram-se, ele estava sendo ensombrecido. Sua laringe estava sendo controlada – o que sempre é perceptível pelos altos e baixos infundados da voz e pela completa mudança de timbre. A cabeça inclinou-se um pouco para trás, como se ele tivesse sido agarrado pelo pescoço. Percebi imediatamente que o homem estava possuído; ele mesmo havia sido expulso. Assim o espírito que falava comigo, em segundo plano, era a besta negra, rugindo. Esqueci minha resistência, que era o motivo de minha prisão. Fui preenchido por uma sincera piedade por esse homem e ali, debaixo de uma chuva de impropérios, fiz uma prece por aquele estranho inimigo. Envolvi-o na luz da Rosa-Cruz. E a possessão recuou. Ele sacudiu-se como um poodle molhado. Meu estranho inimigo ficou normal outra vez, voltou a ser ele mesmo. Eu o tinha visto e ouvido. Tinha resistido a ele e o vencera, afugentando-
108 -o. Contudo, o meu inimigo não era o líder da Gestapo. Era outro."
No fim dessa tarde, libertaram-no, com a condição de abster-se de toda e qualquer atividade relacionada com o cristianismo esotérico. Nessa mesma noite, ele e Damme foram dar um curso em Haia.

Jan Leene deve a sua sorte na rua Euterpe, pelo menos em parte, ao oficial que estava à sua frente, que foi provavelmente Rümke. H.M. van Randwijk escreve sobre ele em *In de schaduw van gisteren. Kroniek*
109 *van het verzet 1940-1945*: "Rümke era um alemão ainda com certo senso de decência. Decência alemã, claro, mas considerava-se um psicólogo dentro da Gestapo. Em outro interrogatório, Rümke disse,

108. *Nieuw Religieuse Oriëntering* (Nova Orientação Religiosa), ano 7, n. 5, 1947, p. 146 e ss.

109. H.M. van Randwijk, *In de schaduw van gisteren. Kroniek van het verzet in 1940-1945* (À sombra de ontem. Crônica da resistência em 1940–45), p. 111 e ss. O livro foi publicado em setembro de 1967 numa coprodução de 4 editores: Bert Bakker, Het Wereldvenster, N. V. Het Parool e N. V. Weekbladpers Vrij Nederland.

apontando com o dedo para a sala onde seus colegas descansavam: *Wissen Sie, dort rechnet man nur mit dem was auf dem Papier steht* (sabe, ali só vale o que está no papel). Ele, Rümke, também examinava as pessoas, mas se equivocava, graças a Deus! – pois muitos dos que ele libertou eram conhecidos combatentes da resistência".

Voltando à pergunta: "Quem são os seus inimigos?" J. van Rijckenborgh não deixa nenhuma dúvida sobre quem era esse inimigo, no restante do texto. Os submarinos com os quais o inimigo inicialmente torpedeava os navios holandeses haviam sido construídos na Holanda. O construtor naval uniu-se à resistência, e seu filho foi morto – por armas produzidas por um amigo dele. "Por detrás de seu inimigo está outro inimigo, e atrás dele novamente outro, e assim por diante. Ou seja, o inimigo que você está enfrentando age fora de si, controlado pelo espírito desse outro. [...] Sempre que você perceber esse outro atrás de alguém, descobrirá que está enfrentando toda a humanidade. Todos estão contra você... e por trás de todos eles, lá está você, como inimigo de todos e inimigo de si mesmo." E ele conclui: "Para o homem-espírito, a ordem da natureza é uma mistificação. Há uma hierarquia de entidades humanas. Todas as pessoas estão ligadas pelo sangue e todos são nosso próximo. Existe apenas um caminho, um método. E eu falo apenas para os que estão enobrecidos e podem aproximar-se das palavras de Cristo no monte sagrado. 'Amai aos vossos inimigos, [...] e orai pelos que [...] vos perseguem'." 110

Com muita cautela, eles conseguiram continuar seu trabalho; realizaram serviços templários em um prédio em Overveen, que era utilizado secretamente como templo. Para não levantar suspeitas (porque toda e qualquer reunião estava proibida), os

110. Ver nota 108.

amigos entravam um a um, com um intervalo de vários minutos. Apesar de todos esses anos de grande tensão, o trabalho durante a guerra foi caracterizado por certa tranquilidade. Havia tempo para meditar e refletir, e os amigos podiam preparar-se para os tempos que viriam após a libertação do país. Eles refletiam sobre ensinamentos totalmente diferentes dos que haviam sido manifestados até aquele momento. Em 1941 os amigos já estavam mais ou menos preparados para enxergar os contornos do novo trabalho à sua frente, como testemunha um trecho escrito por C. Damme: "Temos feito advertências contra essas inconveniências (do fascismo), temos antecipado as reações e as desmascaramos. Dissemos que podemos resistir a essa reação por meio da conversão, da intervenção positiva, mas todos os grupos quiseram usar a reação como uma arma contra seu próprio inimigo, até que a arma voltou-se contra seu próprio coração. Agora todos se lamentam: 'Ó meu Deus!' Mas eles apenas receberam o que pediram. De um ponto de vista superior devemos, portanto, ser gratos a Deus por esta dura lição e tirar conclusões claras da experiência.

Os filhos do fogo e os filhos da água devem compreender seu chamado. Por isso, vamos começar a construir e expandir um amplo trabalho, que compreende três partes:

1. Uma escola espiritual para as ciências esotéricas [a escola externa]
2. Um templo de fogo (o primeiro templo) [a escola interna]
3. Uma loja aqui embaixo (o segundo templo) [os graus interiores]

A reorganização iminente implica que todos os mandatos antigos estão cancelados, que todos preparar-se-ão livremente para o futuro trabalho. Então a direção terá ampla liberdade e não sentirá nenhum vínculo em relação ao que existia antes. A Nova Sociedade Esotérica será regida por uma diretoria, composta por *ædificatoris*, isto é, por 'construtores', em três funções diferentes: *ædificator* geral, *ædificator* especial e sacerdote-construtor. O trabalho será subdividido em sete grupos: serviço do templo, trabalho de curso, direção de

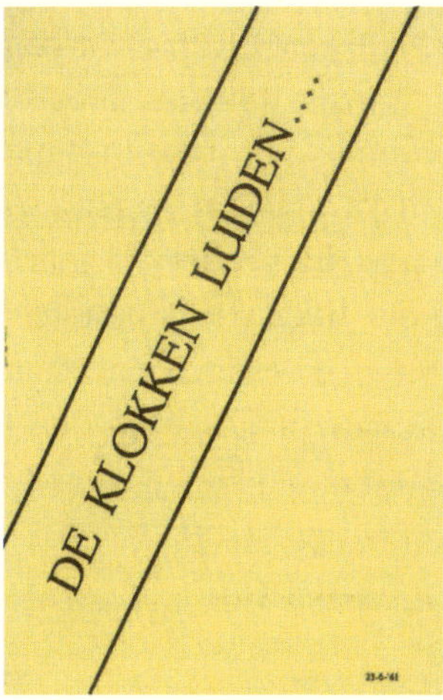

DE KLOKKEN LUIDEN....

23-6-'41

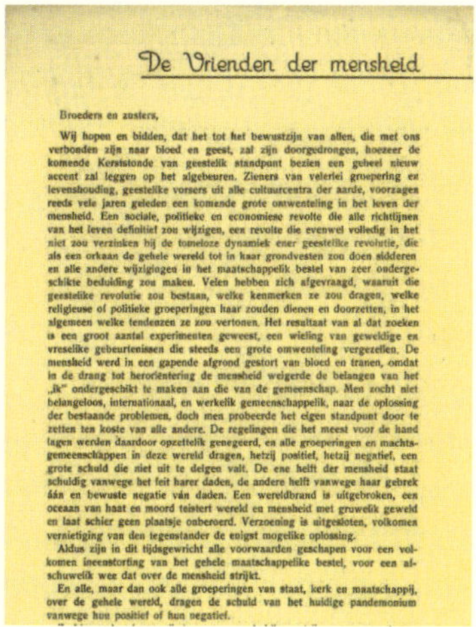

De Vrienden der mensheid

Broeders en zusters,

Wij hopen en bidden, dat het tot het bewustzijn van allen, die met ons verbonden zijn naar bloed en geest, zal zijn doorgedrongen, hoezeer de komende Kerststonde van geestelik standpunt bezien een geheel nieuw accent zal leggen op het algebeuren. Zieners van velerlei groepering en levenshouding, geestelike vorsers uit alle cultuurcentra der aarde, voorzagen reeds vele jaren geleden een komende grote omwenteling in het leven der mensheid. Een sociale, politieke en economiese revolte die alle richtlijnen van het leven definitief zou wijzigen, een revolte die evenwel volledig in het niet zou verzinken bij de tomeloze dynamiek ener geestelike revolutie, die als een orkaan de gehele wereld tot in haar grondvesten zou doen sidderen en alle andere wijzigingen in het maatschappelik bestel van zeer ondergeschikte beduiding zou maken. Velen hebben zich afgevraagd, waaruit die geestelike revolutie zou bestaan, welke kenmerken ze zou dragen, welke religieuse of politieke groeperingen haar zouden dienen en doorzetten, in het algemeen welke tendenzen ze zou vertonen. Het resultaat van al dat zoeken is een groot aantal experimenten geweest, een wieling van geweldige en vreselike gebeurtenissen die steeds een grote omwenteling vergezellen. De mensheid werd in een gapende afgrond gestort van bloed en tranen, omdat in de drang tot heroriëntering de mensheid weigerde de belangen van het „ik" ondergeschikt te maken aan die van de gemeenschap. Men zocht niet belangeloos, internationaal, en werkelik gemeenschappelik, naar de oplossing der bestaande problemen, doch men probeerde het eigen standpunt door te zetten ten koste van alle andere. De regelingen die het meest voor de hand lagen werden daardoor opzettelik genegeerd, en alle groeperingen en machtsgemeenschappen in deze wereld dragen, hetzij positief, hetzij negatief, een grote schuld die niet uit te delgen valt. De ene helft der mensheid staat schuldig vanwege het feit harer daden, de andere helft vanwege haar gebrek áán en bewuste negatie ván daden. Een wereldbrand is uitgebroken, een oceaan van haat en moord teistert wereld en mensheid met gruwelik geweld en laat schier geen plaatsje onberoerd. Verzoening is uitgesloten, volkomen vernietiging van den tegenstander de enigst mogelike oplossing.

Aldus zijn in dit tijdsgewricht alle voorwaarden geschapen voor een volkomen ineenstorting van het gehele maatschappelike bestel, voor een afschuwelik wee dat over de mensheid strijkt.

En alle, maar dan ook alle groeperingen van staat, kerk en maatschappij, over de gehele wereld, dragen de schuld van het huidige pandemonium vanwege hun positief of hun negatief.

Panfletos "Os sinos estão tocando", 1941 e "Amigos da Humanidade", na virada do ano de 1942/1943

núcleos, conselho diretivo, ministração de sacramentos, música e trabalho da mocidade.

A Nova Sociedade Esotérica terá os graus de discipulado preparatório e professo. O discipulado preparatório será semelhante ao atual discipulado dos neófitos. Isso significa um vínculo com a Sociedade sob uma base moral e material, mas somente após um exame mais completo do que é feito agora, com uma seleção rigorosa.

O discipulado professo será semelhante ao atual noviciado, mas sem lições por meio de cartas. A consagração deverá acontecer depois de um ano de discipulado preparatório e implicará na reforma elementar da vida e em uma decisão espiritual. O discipulado professo dá acesso aos sacramentos para a pessoa e seus filhos. A partir do estado de professo, torna-se possível a participação no trabalho interior, no qual aspectos como antiguidade não serão levados em conta." [III]

III. Citação extraída de C. Damme, *Nieuw Esoterisch Genootschap* (A Nova Sociedade Esotérica). Original datilografado que descreve a nova divisão e organização do trabalho, 1941, Bibliotheca Philosophica Hermetica.

Em 1942, Jan Leene pôde continuar o trabalho em escala modesta, sob o nome novo, e um tanto velado, de "Amigos da humanidade". Por volta do Natal daquele ano, ele enviou uma circular, na qual se referia a uma "futura revolução espiritual que será realizada por meio de uma fraternidade espiritual internacional e fará as atuais diferenças políticas, sociais e econômicas tornarem-se inúteis e
112 obsoletas."

Um ano depois, em 1943, falou aos jovens, em uma pequena igreja em Stoofsteeg, sobre as duas vozes existentes no ser humano, sobre o conceito de afinidade espiritual e o quanto essa afinidade trouxe para ele. Estimulou-os a ter coragem e encarar a vida com mente aberta, dizendo:

"Os jovens estão diante dessa dualidade: tomar ou não uma decisão! E agora vocês estão esperando que eu diga para que lado devem virar o timão, porque os jovens gostam de ser dinâmicos e positivos. Tomar uma decisão sempre dá mais orgulho do que ficar atolado na indecisão. No entanto, se vocês acatarem minhas ideias de vida, se vocês orientarem seu barco da vida pelo rumo que tomei, serão seguidores negativos – e um servidor negativo nunca poderá tornar-se um mestre com autonomia. Vocês têm de tomar uma decisão independente, e minhas ideias sobre as coisas não podem nem devem ser essenciais para vocês. Do mesmo modo, não devem ser decisivas para vocês as ideias e as escolhas
113 de seus pais e amigos."

112. Panfleto, dezembro de 1942. Edição dos *Vrienden der mensheid* (Amigos da humanidade), s.d. e sem lugar de edição. Com um calendário de 1943 para meditação e concentração: "A Fraternidade da Luz acha extremamente útil que todos sustentem o trabalho com exercícios psíquicos e mentais, que poderão transformar-se em forte e valioso ato de oração, a serviço da humanidade sofredora."

113. Rijckenborgh, J. van. *Twee stemmen* (Duas vozes). Alocução proferida em 1943. In: *Pentagrama*, ano 9, n. 6, 1987, p. 37 e ss.

A VIDA DO SERMÃO DA MONTANHA

Na casa de amigos, frequentada por muitos jovens, J. Leene falava sobre temas que lhes interessava, como a magia e a vocação para as artes. Serviços também foram realizados em casas particulares. Durante a guerra reuniam-se regularmente, sob o máximo sigilo, nas instalações da Bakenessergracht para manter a ligação.

A partir do início de 1944, os obreiros da Rosa-Cruz começam a aparecer pública e oficialmente sob o nome de "evangelizadores para o ser humano pensante". Isso aconteceu porque um colaborador havia conseguido obter autorização dos ocupantes para continuar o trabalho como organização religiosa, sob o nome de Nova Orientação Religiosa. Então, fundou-se uma associação com o nome de "Evangelização para o ser humano pensante": era uma forma inocente de religião e os ocupantes não teriam nada contra. Foi assim que, nesse mesmo ano, eles conseguiram até voltar a publicar um semanário! Esse periódico de distribuição gratuita foi publicado de forma irregular de 1944 a 1947. Tinha o mesmo nome de *Nieuw Religieuse Oriëntering* (Nova Orientação Religiosa). Seus editores eram: *Evangelisatie voor de Denkende Mens* (Evangelização para o ser humano pensante)."

Então ele já podia realizar uma série de palestras nos edifícios de organizações amigas sobre temas vindos diretamente da Bíblia e, ao mesmo tempo, tratava diretamente da libertação do ser humano interior, tal como ele a via. Uma capela em Berkenweg também serviu como sala de reuniões. Todos os domingos pela manhã ela era utilizada pelo pastor protestante, mas às quatro da tarde a palavra da Rosa-Cruz vivente ressoava ali, sob o disfarce da nova orientação religiosa. Durante esse período de guerra, ele também falou sobre temas religiosos, sem usar o nome da Rosa-Cruz, nas sedes de Ligas Protestantes.

Isso não exigiu esforço algum de sua parte: seu coração desabrochou com a linguagem simples e clara do Sermão da Montanha.

Ilustração de *O mistério das bem-aventuranças,* primeira edição, 1946

Dez anos antes, ele havia comentado os mesmos versículos em *De blijmare van de gave Gods* (A boa nova da dádiva de Deus, 1931). Segundo ele, essas passagens do Evangelho de Mateus estão cheias de noções e conselhos incompreensíveis para o homem voltado para o mundo, mas para o ser humano que está no caminho do desenvolvimento da alma, que está em busca da transfiguração, elas são pérolas preciosas, nas quais cada parágrafo respira consolo e sabedoria.

J. van Rijckenborgh citou o autor, P.D. Ouspensky, ao dizer: "o Sermão da Montanha [...] não foi escrito para a massa, mas para os participantes de um círculo interior bem consciente". Em outro lugar 114 ele diz: "O Sermão da Montanha, que contém as bem-aventuranças, mostra-nos um ser humano que é e age em todos os aspectos de forma totalmente diferente do ser humano nascido da natureza. A fim de viver dessa forma, a fim de ser como ele, devemos tomar como ponto de partida o renascimento da alma, o estado de alma vivente. Portanto precisamos fazer o exercício de alcançar esse estado de alma vivente, deixar fluir essa força acima do bem e do mal. Afinal, o modo de vida da nova era é uma necessidade urgente em uma época como a nossa e depende dessa incrível magia que é amar. A única possibilidade de fazer algo para a humanidade é mobilizar a força do amor".

Ele descreve uma maneira de viver que torna possível perseverar nesse caminho. Às vezes, as bem-aventuranças são tidas como um hino para "os mansos, pacíficos e misericordiosos". Na realidade, contudo, são um chamado e contêm uma fórmula para realizar uma poderosa revolução que não poupa o próprio ser humano. Assim é possível ultrapassar as fronteiras que impedem a renovação. Para além desses limites o ser humano percebe, no presente, a perspectiva da realidade de uma nova vida que o faz ficar silencioso. O equilíbrio interior, a paz, até mesmo a "beatitude" e a participação

114. Rijckenborgh, J. van. *O mistério das bem-aventuranças*. Jarinu: Rosacruz, 2007.

na salvação eterna ficam a seu alcance. Por meio de um comportamento bem compreendido e amoroso, a vida torna-se uma vida de serviço – tanto interior como exteriormente – e constitui um novo e importante fator nos contatos com o próximo. Em 1946, sob o pseudônimo de J. van Rijckenborgh, ele publica como um conjunto coerente de explanações, *Het Mysterie der Zaligsprekingen* (O mistério das bem-aventuranças), seguido por um volume posterior com conferências do mesmo período: *Het Licht der wereld* (A Luz do Mundo).

Durante a guerra, ele apoiou amigos que viviam longe, com suas "cartas de Van Rijckenborgh" que, no entanto, foram enviadas apenas para alguns. "Passem essas cartas adiante, o quanto for possível", pedia insistentemente a seus amigos. No início do "inverno da fome", em 22 de novembro de 1944, ele escreveu:

"Agora, devido à falta de energia elétrica, praticamente todas as gráficas pararam. Os fascículos de nosso livro, publicados semanalmente, já não podem ser impressos, e gostaríamos de ficar em contato com vocês dessa maneira, pois já faz algumas semanas que vocês não recebem nada de nós. Enquanto persistir a situação atual, temos a intenção de transmitir-lhes as ideias da Nova Orientação Religiosa por carta, confiantes de que, assim, estaremos prestando-lhes um serviço. Juntos seremos capazes de promover nossa grande ideia. Também pedimos com urgência que passem adiante todos os
115 exemplares já lidos para pessoas com afinidade espiritual."

Nessas cartas ele escreve pela primeira vez sob o nome de J. van Rijckenborgh. Fala a respeito da vibração do novo tempo que se aproxima e escreve sobre a preparação do grupo para a atividade

115. *Van Rijckenborgh Brieven 1940-1944* (Cartas de van Rijckenborgh, 1940–44. Haarlem. Rozekruis Pers. Edição mimeografada [*Enige grepen uit de geschiedenis van het Nederlandse Rozekruisers Genootschap* (Alguns excertos da história da Sociedade Rosa-Cruz holandesa), s.d. [1936] p. 4].

totalmente nova que o aguarda: "A nova era se aproxima: o sol da manhã, que já nasceu, é muito diferente do que se pôs em 1940, tanto por sua natureza quanto por seu espírito. Se o ser humano decidir-se pela 'nova ordem espiritual da era futura', essa escolha terá consequências de grande envergadura e exigirá uma atitude de vida nítida, que deve ser demonstrada nestas obscuras horas pelas quais nosso povo está passando. Chegou a hora de vocês expressarem seu estado de ser interior." 116

No dia 6 de maio de 1945, C. Damme escreve numa alocução por ocasião da "reabertura oficial do Trabalho Público da Escola Internacional de Filosofia Esotérica, a Sociedade Rosacruz":

"[...] Nos declínios das ondas dialéticas, o que sempre aconteceu é que os inimigos clássicos jubilavam, por acharem que estavam diante de restos mortais. É isso que também acontece agora. A Rosa-Cruz parecia estar morta, um grande silêncio sobreveio e um vazio encheu o coração dos que a amavam, embora ainda não a compreendessem suficientemente. [...] No entanto temos de dizer-lhes que, sob as novas condições dos últimos cinco anos, nosso trabalho não estagnou um único dia, uma única hora. Com grande esforço e energia foi realizado um imenso trabalho e mais ainda foi preparado. Em todos os locais onde a Rosa-Cruz se estabeleceu, o trabalho nunca foi interrompido." 117

116. *Nieuw Religieuse Oriëntering. Verschijnt tijdelijk ongeregeld en gratis* (Nova Orientação Religiosa. Publicado irregular e gratuitamente). Edição: *Evangelisatie voor de Denkende Mens* (Evangelização para o ser humano pensante). Texto datilografado, sábado, 4 de novembro de 44. A data foi riscada e corrigida à mão para quinta-feira, 22.

117. Citação extraída de C.L.J. Damme, texto datilografado da aula de 6 de maio de 1945 [realizada em Haia], 1945. Bibliotheca Philosophica Hermetica.

13. Um período de reflexão

Novos caminhos de iniciação: retorno ao cristianismo original. A fraternidade precedente. Conscientização da importância do trabalho mundial. O novo sinal – a base hermética de vida

Três pontos de partida já citados neste livro descrevem as características que revestem os verdadeiros obreiros espirituais. São elas: a pura vivência religiosa, o conhecimento dos mundos esotéricos e o esforço em busca da vida original mediante a purificação e o acrisolamento. No entanto, para uma filosofia ser libertadora e capaz de cumprir realmente essa tarefa, ela precisa "sustentar sua senda de salvação e libertação com base em uma cosmologia e uma antropologia. Uma filosofia tríplice pode oferecer compreensão intuitiva às pessoas que chegaram a um beco sem saída".

Por isso, no livro *O mistério da vida e da morte*, J. van Rijckenborgh descreveu os três elementos dessa filosofia como: cosmologia, antropologia e evangelho. Inicialmente, a cosmologia e a antropologia são inúteis para quem chegou ao fundo do poço, ao nadir absoluto. Essa pessoa tem uma única necessidade: ela precisa de luz – e essa é a qualidade do evangelho. Ele escreve:

"Um buscador, cansado de procurar, acabará por reconhecer como verdadeiros numerosos fatos resultantes de sua própria experiência, que ele encontra descritos no terceiro aspecto filosófico. Ele confiará nos marcos ali presentes e aceitará a senda quíntupla de salvação como a que ele deve seguir. Devido a seu estado de natureza e ao estado de seu meio natural, ele encontrará inúmeros obstáculos nessa senda. Somente então compreenderá o grande valor dos dois outros aspectos da filosofia. Se ainda não trilhais a

senda, a cosmologia e a antropologia terão apenas um valor teórico para vós; quando, porém, estiverdes a caminho, estes dois aspectos vos capacitarão a reconhecer e a resolver todos os problemas que surgirem em vossa senda. Por conseguinte, primeiro vem o anúncio da salvação, o evangelho, a filosofia da salvação. A seguir, vêm então os dois outros aspectos da filosofia, que servem de apoio prático ao primeiro. O mesmo método é encontrado em todas as
118 fraternidades transfigurísticas que o mundo conheceu."

Nos amigos da primeira hora, a "vivência interior da religião", que reconhece a mensagem de libertação, vem acompanhada por certa predisposição para receber o toque desse campo de consciência da alma, que em grande parte está livre dos impulsos que nos ligam a este mundo. É uma atmosfera de vida que está acima do mundo dos opostos. De modo geral podemos dizer que esses obreiros – e eles são muitos – procuram ajudar e aliviar as mais profundas necessidades espirituais do ser humano. Eles querem trazer ao necessitado a "solução da luz" que está contida em cada ser humano, embora em geral ele não a perceba ou ainda não consiga perceber.

A antiga linguagem mística chama essa predisposição de "a joia maravilhosa". Quem a possui, quem dirige sua vida nessa base e segue a bússola das duas características já mencionadas, é capaz de reagir pura e diretamente aos estímulos vindos da supranatureza,
119 do campo de vida original.

118. Rijckenborgh, J. van. *O mistério da vida e da morte.* 3 ed. Jarinu: Rosacruz, 2006, p. 54. Ver também Catharose de Petri, Palavras de Abertura. In: *De Topsteen* (Pedra do cume), dezembro de 1970-janeiro de 1971, p. 14–15.

119. Rijckenborgh, J. van; Petri, C. de. *A veste-de-luz do novo homem.* Jarinu: Lectorium Rosicrucianum, 2009. Série Apocalipse da Nova Era (Conferência de Aquário em Lage Vuursche, Renova, em agosto de 1963).

Retorno ao cristianismo original: o novo sistema de iniciação

A grande guerra de 1939-1945 transformou completamente tanto as condições sociais como as do campo esotérico de vida. Os anos de guerra também foram muito importantes para a consciência de Jan Leene. Durante essa fase ele utilizou seu novo pseudônimo pela primeira vez. Imediatamente após a libertação do país, em 5 de maio de 1945, Jan Leene descreve o ponto de partida do trabalho que ele empreenderá com a nova organização – "a Escola Espiritual" – registrada oficialmente como *Lectorium Rosicrucianum*, no dia 25 de novembro de 1946. No dia 16 de agosto de 1945, ele escreve como J. van Rijckenborgh:

"O novo princípio fundamental é: 'renascer segundo a natureza'. Essa é a tarefa que o terceiro sistema mágico nos transmite através do cristianismo. Portanto, trata-se do nascimento de uma nova personalidade (celeste), enquanto ainda vivemos na antiga. A construção dessa nova personalidade está vinculada a leis completamente diferentes das leis naturais, e o candidato precisa estudá-las e aplicá-las. A gênese do novo ser é realizada de cima para baixo: primeiro vem a faculdade do pensamento e somente depois vem o corpo astral ou de desejos; em seguida, vem o corpo etérico, que é a matriz para o novo corpo físico. Para a concepção do novo ser faz-se necessária, antes de tudo, uma mudança fundamental, ou seja: negar fundamentalmente o velho eu, desligar-se de toda a magia antiga que reforça esse velho eu. Além disso, deve ficar claro que isso não significa absolutamente negligenciar a personalidade e a vida dialética indispensável. No entanto é preciso colocar ênfase na escolha de uma atitude de vida que favoreça o verdadeiro objetivo do renascimento". 120

Talvez essas poucas linhas mereçam esclarecimento. Durante os anos de guerra, J. van Rijckenborgh aprofundou-se no estudo do modo

120. Rijckenborgh, J. van. Alocução de 16 de agosto de 1945.

pelo qual as pessoas se esforçam para adquirir uma consciência mais elevada. Ele concluiu que, apesar dos incontáveis métodos utilizados pelos grupos ou mestres, basicamente não havia mais do que três sistemas, que datavam de diferentes períodos do passado remoto e que foram variando de um ou outro modo. Alguns grupos citavam abertamente sua fonte. Outros estavam cientes dela, mas mantinham silêncio a respeito. E havia os que não tinham conhecimento disso. O antigo sistema indiano foi o princípio revivificado pela Sociedade Teosófica. Nesse sistema, o ser humano é visto como uma personalidade, cuja essência verdadeira se expressa no eu astral e no corpo mental (abstrato). O ocultista procurava dissociar a consciência do corpo material e da parte inferior do corpo vital. Assim, ela ficava livre e podia viajar pelos domínios invisíveis, onde, guiada por iniciados ou mestres, adquiria um conhecimento visionário de seu próprio desenvolvimento e do mundo. Grandes são os perigos de se obter consciência desse modo. Na época em que esse método foi desenvolvido, há milhares de anos, o ponto de concentração da consciência não era o mesmo dos dias de hoje.

Nessa época, as pessoas viviam numa ligação muito mais forte com a família, a tribo, a classe e a casta. Era isso o que determinava sua vida, suas possibilidades e também suas limitações. Esse ponto de concentração não era a vida exterior. Era uma vida estreitamente ligada aos antepassados, aos devas (deuses) e outros princípios (imateriais) de controle, que sentiam ao seu redor e determinavam suas ações. Esse ponto de concentração da consciência encontrava-se acima da cabeça e era controlado pelas emoções e pelo sangue. Nessa época, as condições de vida ainda eram razoavelmente simples e puras. As pessoas que demonstravam possuir qualidades de consciência mais elevada, no sentido da libertação, eram guiadas para essa nobre meta pelas forças corretas – era impossível ocorrer algum engano.

A situação do homem contemporâneo é bem diferente. A estrutura de sua personalidade é muito mais complexa. O ponto de concentração de sua consciência e de todos os seus corpos imateriais é uma unidade ancorada em sua figura física. Assim, no método descrito, é preciso haver uma divisão dessa unidade para ingressar nos reinos invisíveis. Isso jamais poderá ser verdadeiramente libertador, porque esse método nega o papel importante da vida na matéria.

É exatamente por isso que o fundamento da matéria ocupou um lugar de destaque com a figura sensível e brilhante de Rudolf Steiner. Apesar de suas palestras encontrarem apelo sobretudo nas camadas mais sensíveis da população germânica (ao passo que a Teosofia atingia principalmente a alma anglo-saxônica), Steiner enxergou o homem como um ser único na manifestação universal. Em sua opinião, todas as forças das potestades imateriais e auxiliadoras do universo se expressam no ser humano: e por essa razão o homem é chamado de microcosmo. Anjos, arcanjos e principados e mesmo as hierarquias superiores, potestades, domínios, tronos, querubins e serafins, todos cooperam com a gênese humana, como se ela fosse a última obra divina que deve ser aperfeiçoada. Cada uma dessas elevadas formas de vida expressa particularmente uma qualidade específica do divino – e todas elas estão representadas no ser humano. É por isso que ele é a única criatura sobre a qual se pode dizer que foi criada "à imagem e semelhança de Deus".

O ser humano alcança a consciência superior desenvolvendo todas as faculdades e forças ainda adormecidas dentro dele. Nesse contexto, Cristo é o auxílio e a força mais importante que o assiste. A "transformação da Terra" pela força de Cristo deificará, enfim, tanto a Terra quanto o ser humano. Em princípio, uma ideia magnífica e gloriosa. No pensamento de J. van Rijckenborgh, esse sistema, que na sua opinião repousava no antigo método greco-latino (pois se baseava em certo cultivo do ser humano e da personalidade), em última análise não seria de consolo algum. Ele explica a seus alunos: "Como

a velha ordem está em declínio, a força atuante nos sistemas ocultistas antigos também diminuirá e, na nova era, já não será efetiva." A principal razão para isso é que o ponto de partida, a personalidade do ser humano tal como ela é agora, não possui pureza suficiente nem uma consciência suficientemente impessoal e altruísta. Essa personalidade é impura porque é o resultado das forças da natureza e essas forças não podem servir de base a um ser humano divino, no qual o espírito seja consciente e a alma expresse o divino. É por isso que ele disse: "Voltar a nascer segundo a natureza – essa é a tarefa que o terceiro sistema mágico nos transmite mediante o cristianismo." Em uma palestra posterior, Catharose de Petri apontaria enfaticamente para o perigo da imitação, da qual os seres humanos são bem capazes e que sempre ameaçou os sistemas antigos.
"Portanto as mudanças e processos atmosféricos em andamento constituem um assunto da maior urgência para a humanidade. Nesse contexto, nenhum mortal terá proveito em empenhar-se para cultivar sua personalidade quádrupla ou provocar sua divisão, na expectativa de assim alcançar a unificação com o Altíssimo. Nos processos atmosféricos atuais e futuros, toda e qualquer imitação será desmascarada."

Durante os onze anos entre 1946 e 1957, J. van Rijckenborgh explicou a nova base de vida para a mudança de personalidade em centenas de alocuções. Foi um período que poderia ser caracterizado como a fase da "religião racional" (sobre uma base hermético-cristã). Durante esse tempo, ele elaborou suas ideias com base em uma inspiração nova e mais ampla do que aquela recebida da Ordem da Rosa-Cruz. O lema que havia garantido o sucesso dos dois períodos anteriores fora "lealdade inabalável e devoção". Os três amigos sempre continuaram subordinados a essa divisa, com a totalidade de seu coração, de sua mente e de suas ações. H. Stok-Huizer, que esteve intimamente associada a eles desde 1930, também era absolutamente fiel a esse lema. Então o trabalho atingira novamente um ponto no qual se fazia necessária uma reversão de polaridade, porque uma nova camada, uma nova profundidade, revelara-se nas fontes da Gnosis. Enquanto estava em busca do princípio puro, o visionário J. van Rijckenborgh percebeu, no horizonte de sua consciência, uma fonte de origem hermético-cristã. No século XVII os rosa-cruzes clássicos, assim como muitos outros grupos fidedignos na história mundial, haviam trabalhado com base nessa fonte.

O TERCEIRO SISTEMA

As duas figuras principais do novo período foram Jan Leene e H. Stok-Huizer. Unidos em pensamento, com o coração humilde e confiante, suplicaram a seu tribunal interno – que antes, em 1935, os ajudara a reconhecer a Ordem da Rosa-Cruz – que lhes fosse permitido dedicar-se ao novo impulso, porque os tempos estavam maduros e a *Hora est* havia ressoado. Desde o fim da guerra mundial, um fluxo cósmico misericordioso de amor puro e espiritual envolveu a terra a fim de evitar que a humanidade perecesse no ódio por conta do sofrimento passado. Esse fluxo cósmico estimulou-os a continuar buscando a fonte de sabedoria e amor que constitui o cerne, o coração, de toda e qualquer libertação.

Durante o último ano de guerra Jan Leene dedicou-se aos ensinamentos espirituais dos albigenses que, 700 anos antes, haviam espalhado a religião do amor no sul da França. Em meio às mais terríveis circunstâncias, esses *hæretici perfecti*, (hereges perfeitos), como a igreja os chamava, esses "bons cristãos", sustentavam que todas as almas humanas são impregnadas de amor e que a criação consiste na luz: na luz do amor. A alma humana está em cada célula do corpo. Toda célula participa da luz divina que é, ao mesmo tempo, seu centro. Seus adversários achavam que o tesouro dos albigenses, dos cátaros, consistia em ouro e joias. No entanto, ele é um tesouro diferente, que todo ser humano possui! É a luz espiritual presente em cada célula. Os bons cristãos, os *bonhommes,* recebiam-na e transmitiam-na, tendo aprendido a usá-la como uma luz sanadora.

Essa inspiração dos cátaros provavelmente contribuiu para que eles tivessem uma visão ainda mais profunda da mudança de rumo que marcou o início do novo período. Jan Leene e H. Stok-Huizer pareciam ter concluído a fase do esoterismo científico-cristão, que era mais mental e racional. Dedicaram-se à vivificação e à reconstrução dessa comunidade de luz espiritual que outrora curara e salvara tantas pessoas. Nem todos estavam preparados para segui-los. No início do período pós-guerra, essa atitude causou, com certeza, grande comoção. No entanto, totalmente preenchidos pelo novo princípio que J. van Rijckenborgh fora capaz de desenvolver durante a guerra, eles sempre descreveram e explicaram a força dos sete raios e a ativaram no grupo. Jan Leene e H. Stok-Huizer começaram a procurar a ligação com a Fraternidade Universal original, que preservara os elementos do cristianismo primevo ao longo do tempo – e encontraram-na em Albi.

Durante a viagem que fizeram ao sul da França, em 1946, eles tinham apenas ouvido falar da cidade de Albi, nada além disso. A viagem tinha um objetivo secreto, ou seja, retomar o fio da fraternidade precedente, "a fraternidade transfigurística precedente, que era conhecida pelo nome de *albigenses*". Por essa razão eles viajaram a Albi, embora uma investigação mais acurada provavelmente tivesse indicado outros locais do sul da França mais qualificados.

Foi ali que começaram a se delinear as linhas de sua atuação futura, que seguiria padrões completamente diferentes. O novo trabalho já não poderia continuar a se desenvolver tendo como base a natureza conhecida, com todos os seus aspectos visíveis, invisíveis, esotéricos e ocultos. Ambos perceberam que sua tarefa era fundar uma nova escola de mistérios. Eles sabiam que todo o seu trabalho no período anterior não havia sido em vão, mas também sabiam que as novas atividades e o novo tempo exigiam com um ponto de partida bem diferente. Devemos ver esse ponto de partida no toque dos sete raios do Espírito. É esse toque, tão intimamente ligado à atividade do espírito de Cristo e que corresponde, em escala menor, ao centro espiritual no coração do homem – ou melhor, no microcosmo – que se torna o ponto de partida da nova abordagem. O Lectorium Rosicrucianum e o trabalho da Rosa-Cruz moderna foram seus primeiros passos.

Um dos desafios mais importantes que se apresentaram nessa nova forma de trabalhar foi: como convencer o ser humano intelectual da segunda metade do século XX de que há dois princípios de vida diferentes? Como dizer que há uma personalidade autoconsciente e uma latente, ainda oculta, um ser humano espiritual que não é da Terra, mas que pertence ao macrocosmo solar, ao campo interplanetário do sistema solar? Quando esses dois campos de vida – este mundo e o campo original – entram em contato um com o outro no interior do ser humano, começa um desenvolvimento que ocorre de maneira gradual em sete raios, em sete fases. No entanto, para o ser humano racional do século XX e também do século XXI ainda resta um ponto crucial, uma contradição: como é possível que algo, sobre o qual nada podemos saber com o pensamento, faça parte de uma realidade objetiva?
Um dos méritos dos "mensageiros da sabedoria original", como consideramos Catharose de Petri e J. van Rijckenborgh, é que eles tornaram compreensível o fato de que o desenvolvimento da alma é um processo gradual. Ao longo da história mundial, foi demonstrado que apenas em raríssimos casos um ser humano torna-se uma alma iluminada de um momento para o outro – e, nesse caso, tratava-se de almas predestinadas, almas que

haviam iniciado um trabalho especial tomando como base uma onda portadora de grande impulso espiritual. De modo geral são necessários alguns passos antes que o desenvolvimento de uma alma possa começar: certa angústia na vida ou na consciência, acompanhada por profundo desejo de libertação; uma escolha positiva e verdadeiramente autônoma para encontrar uma solução; a confiança de que cada vida conhece, e mais, leva em si sua própria "solução da luz".

Assim como todas as pessoas passam pela experiência de crescer desde o embrião até o estado adulto independente, há um processo de desenvolvimento semelhante para a libertação do puro princípio espiritual, também chamado de alma de luz. Esse processo começa com a "vontade de aprender", porque a pessoa quer obter compreensão a respeito do como e do porquê de sua existência. Não há como disfarçar o fato de que não se trata de um caminho fácil:

"Podemos decidir viver nosso discipulado, dar testemunho de sua essência, e nos empenharmos com seriedade. Porém, perceberemos como isso é custoso, extremamente difícil, porque nossa personalidade está completamente sintonizada com o estado de consciência e o nível de forças - as condições - em que ela existe. Portanto, qualquer pessoa que se aproxime da senda – e não poderia ser de outro modo – precisa atacar seu próprio estado desde os
121 alicerces e fazer as mudanças necessárias."

Na primeira parte do *Apocalipse da Nova Era*, Catharose de Petri chama J. van Rijckenborgh de enviado, de predisposto, de predestinado: uma qualificação que se aplicava igualmente a ela. Ela afirma que todos os predestinados possuem "determinado estado de consciência" ou do "fogo serpentino". E "portadores da joia maravilhosa" realmente são capazes de auxiliar, pois têm a alma receptiva. Os

121. Ver página 197.

que dispõem do fogo serpentino liberto vivem de acordo com ele e entregam totalmente a própria vida a seu serviço. 122

Afinal, toda a linha de desenvolvimento espiritual, ou o plano (cósmico) depende das pessoas – e de hierarquias e entidades de uma ordem superior – que, durante sua evolução, elevaram outros seres humanos mostrando a senda do crescimento. Essas pessoas, por sua vez, crescem e auxiliam outras em uma infinita corrente de seres celestiais e humanos, de mestres e discípulos, velhos e jovens. A radiação, o calor e a compaixão dessa joia trazem libertação. À medida que ela cintila com mais intensidade, vivencia-se a inexprimível felicidade da vida original, que é chamada de nirvana pelos budistas. No "caminho secreto do serviço", o eterno peregrino desiste do nirvana para tornar-se uma força permanente do bem no mundo. Ele segue as leis da divina compaixão: "inclina agora a tua fronte e escuta bem, ó Bodisatva – a compaixão fala e diz: 'Pode haver felicidade quando tudo quanto vive tem de sofrer? Quererás salvar-te ouvindo todo o mundo chorar?'" Assim termina essa citação de *A voz do silêncio*. 123

E isso não soa de forma diferente em linguagem cristã. Todas as pessoas que, tendo imitado o mestre, Cristo, encontraram a rosa da vida interior, seguirão seus passos. E, ao mesmo tempo em que o ajudam a "carregar a cruz", oferecem sua força de alma aos companheiros, seres humanos como ele, porque a joia vai cintilar e brilhar quando for utilizada a serviço do próximo.

Assim como a alma segue um desenvolvimento em seu crescimento, podemos também reconhecer um claro desenvolvimento e

122. Alocução de Catharose de Petri em 17 de julho de 1970. In: *De Topsteen* (Pedra do Cume), agosto–setembro de 1970, p. 16.
123. Blavatsky, H.P. *A voz do silêncio*, Fragmento III, Os sete portais. São Paulo: Pensamento, 1997. p. 90.

crescimento da atividade de Catharose de Petri e J. van Rijckenborgh. Nesse contexto, encontramos uma atividade tríplice, na verdade, uma expansão dos dois pontos de partida mencionados antes: a linha espiritual, o conhecimento da estrutura do trabalho de libertação e a linha ao longo da qual esse trabalho tem início e se desenvolve. Isso é a Gnosis: o conhecimento do desenvolvimento interior – e a ajuda ao próximo. Cada fase de sua obra demonstrou que trabalharam com base na certeza desse conhecimento. Sempre foi possível reconhecer uma estrutura dupla e uma meta clara e igualmente dupla. Essas duas correntes atuam e se desenvolvem juntas e nem sempre podem ser distinguidas facilmente uma da outra.

Por um lado diríamos que vemos a tarefa prática e filosófica de um líder espiritual como a de ensinar essa estrutura e esse sistema às pessoas que, como alunos, confiam nele e em seu trabalho; e, ao mesmo tempo, a tarefa de preparar-lhes um caminho interior que os conduza ao ponto em que possam tomar em mãos o próprio desenvolvimento espiritual. Em sua literatura, muitas vezes ele se referiu a esse processo de desenvolvimento, utilizando a palavra "libertação". Muitas figuras espirituais comprometeram-se com essa tarefa, com diferentes resultados. O aspecto impressionante dos obreiros da primeira Rosa-Cruz e da abordagem de J. van Rijckenborgh, era que, durante sua vida, nunca trabalharam exclusivamente para o grupo a seu redor. Eles sempre quiseram formar um organismo vivo que funcionasse de forma absolutamente orgânica e fosse capaz de continuar depois que um dos líderes tivesse deixado a vida na matéria.

Por outro lado vemos a formação de um trabalho mundial: uma fraternidade mundial, um grupo de almas em desenvolvimento que colabora, com consciência e sabedoria, na grande obra de Cristo. Essa Fraternidade Mundial Sétupla – da qual os líderes espirituais nos dão um apanhado geral em 1935, no período de 1951-1952 e também nos anos 1963-1967 – trabalhou em conjunto em vários níveis e formou um campo de luz irradiante. Nesse campo, cada ser humano poderia ser alcançado e, em seu próprio momento psicológico adequado, seria capaz de encontrar o caminho que conduz à vida original. Isso significa “um mundo totalmente outro, cujos aspectos não podem, de forma alguma, ser comparados aos deste mundo nem são o resultado de um desenvolvimento evolutivo dele. Os dois mundos de que falamos e testemunhamos são diametralmente opostos, embora estejam contidos em um cosmo, em um globo. [...] A crença nesse mundo novo, nessa *Caphar Salama,* nesse reino da paz, não podemos dá-la a ninguém; não podemos persuadir quem quer que seja [...] O ensinamento sobre as duas ordens de natureza penetrou outra vez o mundo como um toque de trombeta, porque um número suficiente de pessoas está novamente maduro para recebê-lo”. 124

Durante quarenta e quatro anos esses dois polos determinaram a vida ativa de J. van Rijckenborgh e ele sempre enfatizou não ser isso um trabalho seu, nem mérito seu tudo o que fora alcançado. Não, todos trabalharam e ainda trabalham sob um glorioso impulso espiritual, uma mudança cósmica de vibração que desencadeou inúmeras mudanças na atmosfera de vida. As forças de energia espiritual que envolveram a humanidade inteira com seus diferentes níveis de vibração conduziram cada pessoa, cada uma no seu próprio nível, para que se comportasse de forma responsável na vida, no trabalho, em sua atitude e em seu amor. J. van Rijckenborgh e Catharose de Petri sempre se referem às forças e energias que promoveram esses impulsos espirituais como a “Fraternidade da Vida”, que também orientou seu trabalho. Trata-se de um grupo vitorioso de libertos, um verdadeiro *Corpus Christi* na existência original da humanidade: é uma fraternidade sem nome, formada por todos os que podem dispor da “joia maravilhosa”.

124. Rijckenborgh, J. van. *O mistério das bem-aventuranças*. Jarinu: Rosacruz, 2007.

No entanto, quando alguém decide colocar sua vida a serviço de uma missão percebida interiormente, isso não quer dizer que haja clareza nesse momento quanto à missão. Retrospectivamente, essa missão pode ser descrita como: dedicar todos os esforços para estabelecer uma nova fraternidade da Gnosis, a escola de mistérios do Ocidente. Do campo original irradia determinada forma ideal luminosa e áurea. Ela irradia serenamente em qualquer trabalho interior e o preenche de forças vitais, ideias e possibilidades, desde que o aspecto exterior esteja sempre preparado para entrar em sintonia com ela. Em certo sentido ela pode ser considerada como o plano, a matriz. No entanto, a ação é estimulada pela própria autonomia e o próprio impulso do núcleo espiritual. Foi o que também aconteceu com J. Leene e H. Stok-Huizer: eles não trabalhavam para si mesmos. Eles reagiam à angústia, às perguntas e à imensa nostalgia, tão incompreendida, que encontravam por toda parte. Isso os levou a cumprir sua missão e trabalhar para construir seu ideal.

O que realmente é uma escola de mistérios? Em 1946 Cor Damme explicou de maneira adequada: “Em resumo, uma escola de mistérios é um grupo unido de servidores espirituais da humanidade, de pessoas que já compreenderam internamente muitas leis divinas originais ou que estão ocupadas em compreendê-las. São pessoas que desceram ao inferno – ao inferno de sua própria vida de desejos – que analisaram o inferno de seu eu biológico e conhecem, até os mínimos detalhes, o inferno de sua enganosa consciência-eu. Elas aprenderam a conhecer tanto seu eu espiritual quanto seu eu natural e levam em conta essa divisão do eu em tudo o que fazem. Elas transformam as vivências feitas com os dois aspectos do eu em lições de vida para a alma, o espírito, o corpo e a personalidade. É necessário que elas trabalhem de acordo com essas regras da arte de viver, e não apenas expliquem as abstrações de Deus em imagens, mas também o Deus manifesto, baseadas em sua própria consciência de experiências, ou seja, também segundo a matéria." 125

O objetivo de uma escola de mistérios é a transfiguração, que, na realidade, é um processo tríplice. A transfiguração começa no momento em que um ser humano compreende que o homem-luz original está ligado a ele. O que importa, a seguir, é vivificar esse ser humano espiritual e torná-lo consciente no interior do ser humano natural. Somente em sua luz poderá ser vivenciada a *endura*, a diminuição contínua do ser humano natural e terreno, que então compreenderá a necessidade desse processo. Então, em terceiro lugar, a corrente de luz liberada por esse grupo de pessoas esforçadas irradia amplamente sobre o mundo através da alma amadurecida.

Como a alma amadurece? Já vimos que a consciência e a alma se desenvolvem de duas maneiras inseparáveis uma da outra. Em primeiro lugar, a alma amadurece por meio de lições e indicações de uma verdadeira escola espiritual, de uma escola de mistérios. Aí a alma tem à disposição uma força que possibilita as mudanças importantes e necessárias no interior do ser humano. É o que também podemos encontrar na sabedoria de Hermes, e que Catharose de Petri soube expressar de uma forma muito bonita, em 1962, em *A voz do coração solar:*

"O ser humano torna-se consciente em um lugar sereno, onde há éteres puros. Somente em um campo etérico puro podemos vivenciar conscientemente o outro-em-nós. Então respiramos nas forças dele, que fluem através do nosso ser-alma. O outro-em-nós envolve-nos

125. Alocução realizada por C.L.J. Damme durante a escola de verão em Elckerlyc (em 9 de julho de 1946). Citada em: Frans Smit, *Kroniek in goud. De hedendaagse Geesteschool van het Rosenkruis* (Crônica de ouro. A atual Escola Espiritual da Rosacruz), Chroniqueur, 2005.

com sua luz áurea, como um vórtice que circula ao nosso redor. Então podemos assimilá-lo com nossa consciência. À medida que nos aproximamos dele, aproximamo-nos do fogo."

E ela acompanha essas palavras com o conselho: é preciso deixar para trás as percepções sensoriais do corpo e do ânimo. "Então o outro-em-nós, em sua nova morada, vai ensinar-nos como operam as forças da nova alma, pois nos aproximamos dele despojados do conhecimento do campo da ilusão, do que é perecível. Quando nos aproximamos do outro-em-nós dessa maneira, sem os adornos artificiais do ser transitório, somos bem-vindos à morada das almas. Então, o 'outro' nos acolhe na vida original, que é amor." Essa é uma maneira muito simples e clara de descrever a orientação interior e a necessidade de quietude e introspecção. Entendida de forma correta, a sabedoria hermética do antigo Egito revela-se totalmente de acordo com os ensinamentos modernos, conferindo-lhes, muitas vezes, grande força e profundidade.

A outra maneira pela qual a alma aprende é mediante a prestatividade, fazendo algo para os outros de forma inteligente, porque, ao fazê-lo, o ser humano começa a conhecer a si mesmo, às suas forças e limitações. É por isso que a frase já citada foi aplicada ao trabalho desde seu início: "O serviço ao próximo em autoesquecimento é o caminho mais curto, mais seguro e mais alegre para Deus". Krishna, a força do outro-em-nós, disse o mesmo no Bhagavad Gita: "Somente mediante o serviço amoroso entenderão o quanto sou grande e quem realmente eu sou, e quem realmente me conhece como sou ingressará imediatamente em mim".

Amando dessa forma, compartilhando verdadeiramente e assim servindo, a pessoa encontrará a essência do que é verdadeiramente "religião". Desse modo, a alma se desenvolverá muito rápido. É uma lei válida para todos: os seres humanos são capazes de colocá-la em prática e essa é uma tremenda ajuda para superar as limitações de seu pequeno eu.

O NOVO SINAL – A BASE HERMÉTICA DA VIDA

Esse novo impulso também incluiu uma importante mudança no método de trabalho e nos cursos que a Escola oferecia. Antes da guerra, a Fraternidade Rosacruz tinha traduzido e publicado grande número de livros de Max Heindel sobre assuntos astrológicos, que foram estudados com grande entusiasmo. Palestras noturnas sobre astrologia e astrosofia constituíam uma parte substancial dos cursos oferecidos durante esse período. Simultaneamente com o abandono dos antigos sistemas ocultistas, sempre associados com o desenvolvimento da personalidade, também foi necessário abandonar o estudo ativo dos astros e sua influência sobre a vida da personalidade.

Mais uma vez a Escola passou por um choque: todos os ensinamentos e aulas sobre astrologia aplicada foram categoricamente rejeitados. A razão disso, segundo a direção, era o fato de ela estar completamente relacionada com a velha personalidade dialética e com o eu superior dessa personalidade, e não com o núcleo espiritual do microcosmo. O velho homem não se transformará no novo homem. O novo homem nasce da mônada, do princípio espiritual latente em todo o ser humano, localizado no coração e que, no entanto, é de uma ordem totalmente diferente: uma esfera onde as estrelas visíveis não têm nenhuma influência. E o trabalho desenvolvido depois de 1945 voltou-se principalmente para essa nova esfera espiritual de vida. Além disso, de acordo com J. van Rijckenborgh, já não era possível considerar a astrologia uma ciência intelectual. Isso porque as circunstâncias e condições na qual ela se baseava provinham da época da antiga Babilônia (isto é, do período pérsico-caldaico, como era conhecido entre os esotéricos). Já não se tratava de olhar para o próprio desenvolvimento pessoal. Para o inteiro ser do aluno começava uma nova jornada: o princípio de vida da nova era tornara-se ativo no sangue. Essa vida já não poderia ser prevista pelas antigas estrelas:

intuição e confiança começaram a representar um papel cada vez mais importante. O autor Gustav Meyrink, muito apreciado por J. van Rijckenborgh, escreveu:

"O ocultista leigo de hoje, ao invés de confiar em sua intuição e sensibilidade interiores para escolher o caminho certo, uma vez que o intelecto comum não é adequado para isso, reforçando ao mesmo tempo sua intuição, como um ímã que se torna mais poderoso ao ser carregado com maior intensidade, prefere optar por consultar tabelas astrológicas e verificar se essa ou aquela hora é favorável ou desfavorável para empreender algo.

Ora, as forças não utilizadas se enfraquecem. Por que consultaríamos tabelas – que por sinal sempre contêm erros – ao invés de consultar a própria alma? Por que nos aconselharíamos com alguém,
126 se nós mesmos nos conhecemos muito melhor?"

Nada disso impede que se continue usando conceitos da cosmologia de Max Heindel no intercâmbio de ideias e em alocuções. Quando se fala de temas cosmológicos, as classificações das grandes eras feitas por Max Heindel continuam sendo utilizadas. Até mesmo as qualidades atribuídas pela astrologia aos planetas constituem parte natural do conjunto de conceitos do Lectorium Rosicrucianum. Elas são as pedras de construção da astrosofia. Já não se trata do conhecimento das estrelas, mas de sua sabedoria, que seria delineada definitivamente nas Conferências de *Aquarius*.

A astrologia, como uma pesquisa de previsões favoráveis a partir da posição dos astros, utilizada a fim de servir de base para a ação, esconde o fato de que as pessoas já não se atreviam a confiar nas qualidades e nas forças do próprio ser interior. No entanto, isso não

126. Meyrink,G. *An der Grenze des Jenseits* (Nas fronteiras do Além). Leipzig, Dürr & Weber m.b.H., 1923.

alterou a importância de pesquisar e, sempre que possível, ativar a "sabedoria das estrelas".

De 1940 a 1945, J. van Rijckenborgh procurou aprofundar-se no primeiro livro de Jacob Boehme, *A aurora*, e, segundo suas próprias palavras, entrou em contato pela primeira vez com o *Corpus Hermeticum*. Estudou os escritos dos maniqueus e em 1944 foi tocado pela história dos cátaros. Desde antes da guerra, ele já havia reconhecido um grande número de ideias originárias dessas religiões sobretudo nos ensinamentos herméticos, que tinham como ponto de partida libertar a alma do mundo da matéria, ou "da veste do adversário", como dizia a linguagem velada e simbólica dos manifestos rosa-cruzes. Então tornou-se claro para ele como os rosa-cruzes clássicos foram inspirados por uma figura importante do século XVI: o médico pioneiro Teofrasto Paracelso. Este, por sua vez, assimilara o pensamento hermético da Renascença Italiana, introduzindo-o no norte da Europa. Van Rijckenborg reconheceu que Paracelso não apenas curava com base em sua própria pesquisa, mas estudara a composição múltipla do ser humano, aplicando a sabedoria alquímica de acordo com a compreensão intuitiva dos textos herméticos. Paracelso procurava a causa profunda das doenças para entender o que causava o estado atual e, se possível, melhorá-lo. É inquestionável que Paracelso conhecia o único remédio de que o ser humano realmente necessita, isto é, encontrar a quintessência da existência: Cristo!

Paracelso afirma: "No entanto o *ens* (princípio) superior, com o qual encerramos nossa obra, é o cristão. A concepção pagã dos quatro *entia* (os princípios material, elemental, astral e espiritual) que descrevemos não constitui obstáculo para nossa fé, pois serve para aguçar a mente. Por isso, pareceu-me ser bom descrever não apenas o homem natural, mas também o homem eterno e, ainda com mais alegria, o homem celeste em seu novo nascimento. Assim, o velho homem veria o que é e pode ser um

homem, poderia contar com ele para ajustar-se e saberia o que um homem renascido é capaz de realizar aqui na terra e após
127 esta vida, na vida eterna."

Aqui transparece o espírito da primeira Rosa-Cruz, onde o pensamento dos rosa-cruzes teve origem. Na *Fama*, os irmãos podem ter dito que Paracelso não foi um membro da sua Ordem. No entanto não se pode imaginar a Ordem sem Paracelso. J. van Rijckenborgh reconhece em Paracelso esse espírito especial da primeira Rosa-Cruz e vice-versa. O cristão gnóstico Jacob Boehme disse haver estudado a obra de Paracelso, mas deixou-a de lado por considerá-la não totalmente satisfatória. Apesar disso Jacob Boehme encontrou sua inspiração, em grande parte, nesse mestre da Renascença da região norte. Não é de se admirar que Paracelso fosse profundamente respeitado pelos irmãos da Rosa-Cruz clássica.

J. van Rijckenborgh estava convencido de que os autores dos manifestos dispunham do *Corpus Hermeticum* e que suas bibliotecas deveriam conter ainda muita literatura esotérica, alquímica e, possivelmente, também hermética. Isso foi totalmente confirmado pelas pesquisas científicas modernas. Todos esses textos expuseram, de forma velada, o caminho interior, a senda dos mistérios. Para o iniciado, cujo olho interior já se abriu, nada está oculto: esse caminho irradia em sua direção como uma clara luz interior. Nessas obras ele vê o caminho como um livro aberto diante de si. E ele sabe que sua tarefa é fazer essa luz hermético-cristã tornar-se novamente visível aos outros seres humanos buscadores. É por isso que J. van Rijckenborgh estava preparado para afirmar, em uma alocução proferida em 1949:

"Para tornar mais claro a todos que chegou o tempo de considerar mais detalhadamente *As núpcias alquímicas de Christian Rosenkreuz*, apontamos para a evidência de que esse testamento da Fraternidade

127. Huijs, P; Bode, C. *Rozenkruisers* (Rosa-cruzes). Kampen: Kok, 2007. p. 13.

foi impresso pela primeira vez no Ocidente no ano de 1616. Desde então, passaram-se exatamente 333 anos. Além disso, o ano de 1949 tem a mesma chave mágica do ano de 1616." (O número 5, o número do pentagrama, refere-se ao novo Mercúrio, ao novo pensamento ou a nova alma). "Quem está familiarizado, de algum modo, com a magia dos números entenderá que chegou o momento certo para que ressoe, sobre toda a terra, um novo toque de trombeta."

E ele prosseguiu:

"Menciona-se como autor da obra o famoso pregador daquele tempo, Johannes Valentinus Andreæ. Mas também se diz que Andreæ escreveu essa narrativa com a idade de dezesseis anos. Isso, obviamente, é uma mistificação, pois o conteúdo de *As núpcias químicas* é universal e contém um conhecimento tão antigo quanto a própria humanidade. Apesar de Andreæ nunca ter negado explicitamente a autoria nem a tenra idade, sabemos que ele sempre falou sobre isso com um senso de humor sutil. [...]

Essas núpcias alquímicas do simbólico Cristão Rosa-Cruz sempre acompanhado a humanidade como um trecho sublime da doutrina universal que Deus concedeu a Adão após sua queda, como diz a *Fama Fraternitatis.* Andreæ nada fez senão publicar à sua maneira essa verdade eterna, 'no dia que lhe foi indicado', com base no desenvolvimento do trabalho da Fraternidade Universal. Vamos dedicar-nos a essa publicação para propagar a mesma verdade na Escola Espiritual moderna."

Com esses parágrafos mapeamos, mais ou menos, como o campo de trabalho se encontrava quando nasceu a nova escola de mistérios. Todos os elementos estavam presentes em grande profusão nessa "sopa primordial" esotérica e universal.

TERCEIRA PARTE

O LECTORIUM ROSICRUCIANUM
A CONSTRUÇÃO DA ESCOLA ESPIRITUAL

DECLARAÇÃO DE PRINCÍPIOS DO LECTORIUM ROSICRUCIANUM

O Lectorium Rosicrucianum tomou seu nome da designação clássica Rosa-Cruz ou Cristão Rosa-Cruz.

O Lectorium Rosicrucianum sustenta o ponto de vista de que esse nome não pertenceu a ninguém que realmente tenha existido, mas refere-se a determinada orientação espiritual.

Denominamo-nos "rosa-cruzes" para indicar que desejamos fazer de Jesus Cristo um fator vivo em nossa vida e percorrer seu caminho na prática.

Por essa razão utilizamos o prenome "Cristão".

A senda de Cristo é uma *via dolorosa:* é um caminho, um método, uma atitude de vida, uma disposição religiosa voltada para realizar o trabalho da rosa.

A rosa é o princípio latente adormecido em cada ser humano. É com base nela que a filiação divina pode realizar-se. Esse princípio encontra-se no *coração* do ser humano.

O trabalho da rosa, na força e na graça de Cristo, segundo as indicações da sabedoria clássica, a Doutrina Universal, capacita qualquer pessoa que assim o queira a realizar o grande objetivo para o qual todo o ser humano nasceu, tal como lemos no Prólogo do Evangelho de João: "A todos os que o receberam ele deu o poder de se tornarem filhos de Deus". Todo esse esforço está contido no nome Cristão Rosa-Cruz.

O objetivo da comunidade religiosa do Lectorium Rosicrucianum é a restauração e a revivificação do templo tríplice de Deus. Esse

templo existia no passado primordial, manifestando-se a toda a humanidade e colocando-se a seu serviço.
Esse templo tríplice trouxe à humanidade a religião real e sacerdotal original, a ciência original e a arte de construção original.
Ao longo da História, muitos têm tentado construir, vivificar e manter essa ligação tríplice entre a natureza da morte e a natureza divina original. A última vez foi há cerca de 700 anos. No entanto, repetidamente essas atividades foram frustradas e com frequência banhadas em sangue por diversos adversários da restauração definitiva da humanidade.
No entanto, no fim de um dia de manifestação, sempre se desenvolve uma mudança nítida e evidente nessa luta constante entre a luz e as trevas, mediante o estabelecimento definitivo e a restauração inabalável do templo universal, que se manifestará com força e provará ser invencível.
O Lectorium Rosicrucianum é o começo dessa festa da vitória.
Em primeiro lugar, porque ele traz para a humanidade uma comunidade de almas que busca orientar-se pelos ensinamentos originais da Doutrina Universal. Essa comunidade está sempre protegida e cercada por um poderoso e penetrante campo de força. Assim, a luz, a vida e o futuro da senda da libertação podem ser percebidos claramente por todos os que pertencem a essa comunidade.
Em segundo lugar, porque, por trás dessa comunidade do átrio, há a Escola de Mistérios do Lectorium Rosicrucianum, da qual

participam todos os que realmente decidiram percorrer a senda para libertar-se das amarras que os prendem à roda do nascimento e da morte. O mesmo campo de radiação ou corpo-vivo apoia plenamente todos os alunos sérios e esforçados que percorrem a senda. Desse modo, nenhum aluno realmente decidido falhará.

Em terceiro lugar, porque, por trás da Escola de Mistérios, existe a Comunidade dos Graus Interiores, a corrente universal de todas as fraternidades gnósticas precedentes, que acolhe todos os peregrinos a caminho da vida libertadora e lhes dá as boas-vindas no reino da imortalidade e da ressurreição!

Com essa declaração, o Lectorium Rosicrucianum tem a intenção de afirmar sua missão de forma muito clara, e despertar em todos os interessados que buscam a realização da vida a decisão de realmente trilhar a senda da elevação da alma.

21 de dezembro de 1960

J. van Rijckenborgh e Catharose de Petri

14. A nova abordagem

1946-1957. Terceira fase. A gnosis hermética cristã. Fundação do novo reino gnóstico

Enquanto na Holanda a Sociedade Rosacruz se prepara para poder recomeçar imediatamente após a guerra, vemos no sul da França um homem solitário que, em um fim de semana aos pés de Montségur, viu-se animado por uma grande ideia: a revivificação da religião da Occitânia, do antigo catarismo dos Pireneus. Era 16 de março de 1944 e fazia exatamente 700 anos que 205 cátaros haviam sido queimados em uma imensa fogueira, aos pés do *Pog*, como era chamada a montanha na linguagem local. Geralmente ele se dedicava a manter a moral de sua pequena cidade, Ussat, que era completamente isolada do mundo exterior. Era preciso esforçar-se bastante para organizar o acolhimento aos refugiados poloneses que lá se encontravam durante aqueles anos: para aliviar-lhes a solidão, ele até tocava acordeão para eles!

Mas voltemos à data especial de 16 de março de 1944. Lá estava Antonin Gadal, para deixar registrado na matéria que a profecia se tornara realidade: "o loureiro florescerá sobre as cinzas dos mártires", cantava o trovador naquele nefasto 16 de março de 1244. Também poderíamos dizer: com base em sua ligação com a história da luz, Gadal quis dar o primeiro impulso ao grande trabalho mundial que sabia estar prestes a acontecer.

Na aurora ainda incerta de uma manhã de inverno, sete homens caminhavam lentamente até o local sagrado. Dia após dia, sete séculos haviam se passado desde que a primeira aurora do dia 16 de março de 1244 derramou sua luz sobre a longa fila de cátaros destinados à fogueira, disposta aos pés do castelo, cujo contorno ainda hoje pode ser vislumbrado vagamente. Apesar das dificuldades, afinal estavam no meio de uma guerra e fazia muito frio nessa época do ano, apesar da caminhada quase impossível para chegar até lá, esses sete homens, todos occitanos, deram clara prova da imortalidade de sua amada pátria aquitana e seus mistérios. Entre eles estavam Antonin Gadal e Alain Hubert-Bonnal. Sua presença marcava a importância do tributo que desejavam prestar e a ligação que queriam restaurar e manter. Joseph Delteil, o espeleólogo, evoca com emoção a subida silenciosa: "Éramos sete aquela manhã. Coincidência? Eu não creio, pois lembro bem de que o senhor Gadal pediu-me para juntar-me ao grupo a fim de alcançar precisamente o número simbólico. Assim, nós nos encontramos no castelo de Montségur com a intenção de nos recolher no último local do sacrifício. [...] Nesse local, na alvorada do dia 16 de março de 1944, Gadal plantou alguns ramos de loureiro que havia trazido da gruta de Belém, a gruta de iniciação de Ussat, como símbolo daquilo que 12 anos mais tarde se tornaria uma realidade muito maior.

Delteil termina seu relato dizendo: "Foi por isso que mantivemos nosso sonho vivo e de vez em quando paramos para refletir sobre a importância do nome desse local, um nome que era tão predes-
128 tinado e que diz tanto."

Qual é a razão de incluir neste livro esse episódio tão excepcional? Voltaremos a ele mais tarde, depois de termos lançado um olhar a um acontecimento aparentemente menos relevante. Com essa finalidade, vamos ao Egito. Poucos anos depois da caminhada de

128. Huijs, P. *Als een bovenaardse rivier. (Stromen van Licht)*. (Como um rio supraterrestre – Torrentes de luz). Haarlem, Rozekruis Pers, 2001. p. 285. Também In: *De Triomf van de Universele Gnosis* (O triunfo da Gnosis Universal), Amsterdã: In de Pelikaan, 2004, p. 38. O Triunfo da Gnosis Universal, Jarinu: Pentagrama Publicações, 2016.

Gadal até o topo da montanha, em uma pequena vila do Alto Egito, a menos de 100 km ao norte da antiga capital, Tebas, (hoje Luxor), alguns pastores encontraram um jarro em uma caverna. Enterrado na areia, esse jarro revelou conter treze livros ou códices, onze dos quais encadernados em couro. Esses códices continham 52 textos num total de 1014 páginas parcialmente esfareladas. A língua era o copta dos primeiros séculos da era cristã, uma língua egípcia escrita no alfabeto grego. O consenso é de que essas traduções coptas foram feitas com base em textos originais gregos do período que vai de 350 a 400 d.C., mas também é o único ponto sobre o qual os estudiosos concordam. Os textos originais são anteriores a esse período; e seu conteúdo representou uma verdadeira bomba-relógio para as ideias religiosas estabelecidas.
Um desses manuscritos recebeu o nome de *Codex Jung*. Em 1951, com o apoio financeiro de G. Page, esse manuscrito chegou às mãos do professor Gilles Quispel que, com alguns amigos eruditos, foi o primeiro a traduzir um desses tratados. Era um manuscrito gnóstico composto por 5 textos originários da escola de Valentino e geralmente é citado como Codex I da Biblioteca de Nag Hammadi. Gilles Quispel colaborou em sua tradução. No mesmo jarro foram encontrados o *Evangelho de Tomé* e o *Evangelho de Felipe:* puros textos gnósticos, comparáveis aos mais antigos textos cristãos de que se tem notícia, no que diz respeito à autenticidade e antiguidade. Atualmente, todos os manuscritos se encontram no Museu Copta do Cairo. Em 1977 a Biblioteca de Nag Hammadi foi publicada pela primeira vez.

Para nós, esses dois acontecimentos ilustram o seguinte: de 1940 a 1945, quando a guerra mais terrível que a humanidade conhecera até então devastava o Antigo Continente, uma onda de amor já havia sido irradiada para neutralizar as nuvens de trevas que se acumulavam sobre a Europa. Um impulso totalmente novo foi preparado,

simultaneamente, em vários lugares. Gadal e seus companheiros subiram a montanha para cumprir a promessa do trovador que setecentos anos antes estivera presente próximo à fogueira ao pé do *Pog*, a montanha onde se localiza o castelo de Montségur. Desse modo, com sua natureza sensível, Gadal quis renovar a ligação com a Fraternidade Universal, a Fraternidade de Cristo. Afinal, fora essa Fraternidade Universal que inspirara o impulso do Graal – a Gnosis pós-cristã – assim como o do catarismo e o da Ordem da Rosa-Cruz.
Todos eles foram impulsos de libertação, e, nesse sentido, o catarismo e – retrocedendo no tempo – mesmo a Fraternidade do Graal certamente desempenharam um papel na gênese do impulso da Rosa-Cruz. Gadal indica mais de uma vez que, durante a Idade Média, as comunidades dos cátaros, dos rosa-cruzes e dos templários tinham contato umas com as outras na região protegida ao sul de Toulouse. Gadal buscou a confirmação para o novo impulso, pois sua intuição lhe dizia que este chegaria e que ele mesmo deveria buscar o elo perdido. Tratava-se, em primeira linha, da ligação com as fraternidades conhecidas, que se integraram à grande obra universal de Cristo, das quais ele era um dos guardiães.

A descoberta de Nag Hammadi proporcionou uma evidência material a essa magnífica e libertadora atividade do Espírito que impulsiona os seres humanos a pensar livremente e a elevar-se acima dos limites da matéria. Foi um momento em que algo dessa atmosfera especial e das poderosas forças espirituais que alavancam o trabalho da Rosa-Cruz se tornou visível. Elas criaram e prepararam, de várias maneiras, as novas condições que continuariam a operar por muito tempo em sentido positivo.

Há ainda outro evento que ilustra uma grande mudança atmosférica: um fato que veio completar esses dois lados – o Egito de Hermes e

a Occitânia da Igreja do Amor – formando um verdadeiro triângulo da Gnosis, que abrangeu toda a Europa. Durante a guerra, essa atmosfera especial também era perceptível em Haarlem, e sob sua influência J. van Rijckenborgh escreveu seu livro *O mistério iniciático cristão – Dei Gloria Intacta*. Com base nessa obra, em cuja introdução há um trecho da clássica *Fama Fraternitatis* de 1614, o trabalho da Escola Espiritual moderna pôde começar, de fato, após a guerra. J. van Rijckenborgh percebeu conscientemente "a nova atmosfera, que já há alguns anos envolvia a humanidade", e usou-a como tema central de muitas exposições. Mas também explicou de forma prática, nova, como os antigos ensinamentos sobre a transfiguração poderiam ser reativados. *O mistério iniciático cristão* descreve um caminho iniciático moderno gnóstico-cristão. Seu aspecto universal fornece a base racional, enquanto o texto é permeado por uma "força evangelizadora mágica", como disse um crítico na época.
Durante os difíceis anos da guerra, J. van Rijckenborgh aguçou ainda mais sua percepção. Nele amadurecia a ideia de que a libertação promovida pelos métodos dos antigos sistemas esotéricos jamais voltaria a dar bons resultados, porque no modo como transmitiam o conhecimento universal se ocultava uma armadilha.
O novo homem espiritual não poderia ser construído tomando-se como base o velho homem, a velha consciência-eu, totalmente focada na autoafirmação. Consequentemente, o resultado nunca seria capaz de ultrapassar o nível que caracterizou os movimentos esotéricos do século XIX: discórdia, presunção, comportamento exaltado e crítica. A pureza e a radiação do núcleo divino, da centelha do Espírito, seriam contaminadas de imediato, o que não seria facilmente reversível. Por isso, a nova atuação no pós-guerra deveria estar sob um novo sinal. Esse "novo sinal" somente poderia ser o centro da nova alma, um pensar e uma percepção totalmente novos "no espaço atrás do osso frontal", desenvolvido a partir do núcleo espiritual intacto no coração humano.

Um dos principais pilares do trabalho da Escola Espiritual da Rosacruz Áurea – como ela foi chamada depois da guerra – é a compreensão intuitiva de que o próprio ser humano é capaz de libertar e fortalecer esse princípio espiritual interno com base na força de irradiação dos sete raios do Espírito. Com esse trabalho a Escola desejava estar a serviço do ser humano de forma sistemática e bem estruturada, porque esse conceito era o primeiro passo para escapar das amarras das forças gêmeas em nossa existência. Isso implica a rejeição do princípio dos opostos, que é a base de vida do "eu". Então desenvolvem-se o autoconhecimento e a compreensão intuitiva e, por conseguinte a modéstia. Ao mesmo tempo, o ser humano buscador entenderá que é necessário uma atitude de vida sutil e alerta para proteger o ser interior. O início da nova vida da alma é tão suave, que dificilmente é notado. Lançar as violentas forças do ego sobre esse delicado novo começo significaria sua morte imediata. Não há lugar em uma escola espiritual, tal como pensava J. van Rijckenborgh, para quem coloca seu "eu" ou sua personalidade em primeiro plano. Um sincero desejo de libertação, de desenvolvimento da alma, levará à diminuição dos maiores impedimentos que são causados sobretudo pelos aspectos inferiores do ego da personalidade. Essa é a essência da primeira das três tarefas da nova Escola Espiritual: a endura.

J. van Rijckenborgh esperava que essa compreensão intuitiva logo pudesse ser aceita por todos no período pós-guerra. Esse salto da consciência atrairia novas forças espirituais e poderosos impulsos cósmicos de amor. Forças auxiliadoras iriam impelir todos os interessados a seguir adiante em seu processo de desenvolvimento. Ele pensou que um período preparatório de três anos seria suficiente. Então, com esses pioneiros recém-treinados, ele poderia trabalhar em seu segundo ideal: a criação de uma obra mundial a serviço de milhares de pessoas.

No entanto, ao longo de sua vida ele comprovou que no íntimo de muitos buscadores, o velho homem, como uma raposa, ainda estava firmemente ancorado no caráter e no sangue. Não era tão fácil "ir ao encontro do sol nascente com o coração aberto, a cabeça descoberta e os pés descalços", como dizia a *Confessio Fraternitatis* em 1615. Logo ficou claro que, no momento, ele nada poderia fazer senão concentrar sua energia no progresso dos alunos que estavam na Escola Espiritual. Em seguida, percebeu que sua ideia fundamental, introduzida nas escolas de verão de 1939 e 1940 em *De Haere* e que havia amadurecido durante os anos da guerra, não seria possível sem uma base sólida do grupo. Mais tarde, ele aperfeiçoou-a em seu livro *Dei Gloria Intacta* como o ensinamento da mudança de personalidade.

O subtítulo do livro, publicado em 1946 era: *O mistério iniciático cristão da Rosa-Cruz para a nova era.* É uma das poucas publicações 146
de J. van Rijckenborgh editada como livro (depois da guerra): todas as outras obras se originaram de exposições proferidas em conferências ou em ciclos de conferências. Esse livro explica o caminho interior, minuciosamente, como uma senda sétupla. Ele enfatiza que esse caminho sempre se inicia com um ardente desejo por um modo de vida mais elevado e mais puro, por um esforço para auxiliar o próximo em sua vida, geralmente caracterizada por sofrimentos incompreensíveis. Já não se trata de uma iniciação imposta ou apresentada por outra pessoa, chamada de "iniciado". Nesse livro, o caminho da autoiniciação é descrito como um caminho gnóstico. Por meio de um sistema de aumento de vibração, o ser humano preparar-se-á, pouco a pouco, para aproximar-se da realidade da "nova vida" por meio de sua própria vivência da força de Cristo. A Gnosis caracteriza-se por ser "o conhecimento do coração", e, como

129. Rijckenborgh, J. van. *O mistério iniciático cristão – Dei Gloria Intacta*. Jarinu: Rosacruz, 2003.

tal, mostra que ninguém se interpõe entre o ser humano e Deus, Cristo ou a supranatureza.

É um caminho prático que conduz a uma magnífica renovação de vida, que torna o ser humano mais sensível a grandes influxos de amor cósmico, universal e altruísta, semelhante à energia de amor que emana de Cristo. É uma renovação da vida que é a própria essência da transfiguração. Um duplo autoconhecimento aguarda o verdadeiro buscador: não só o autoconhecimento relativo ao homem inferior, mas também o conhecimento do "Deus-em-nós", do outro celeste. Então ele conseguirá entender as palavras que os gnósticos e herméticos de todos os tempos proclamaram: "Quem conhece a si mesmo conhece o universo". Essa é uma declaração que corresponde totalmente à frase grega: "Homem, conhece-te a ti mesmo". Em Delfos, todos sabiam que havia uma segunda parte desse lema, escrito acima da gruta da pitonisa, que a moderna psicologia muitas vezes se esquece de citar em sua autoanálise: "Homem, conhece-te a ti mesmo, e conhecerás a Deus e o universo."

15. Elckerlyc – Renova

O trabalho em grupo. H.Th.Wijdeveld em Elckerlyc. Um centro de conferências no coração da Holanda. A nova colaboração dos dirigentes espirituais

O trabalho de J. van Rijckenborgh e Catharose de Petri não dava prioridade à publicação de livros e outros textos. Por mais que os fundadores enfatizassem a importância do departamento de publicações ou da editora, que com certeza consideravam importantes, não os tratavam como uma meta em si mesma. Ambos consideravam que sua missão, sua meta, era estabelecer uma "arca viva", um corpo-vivo, uma organização que pudesse proteger e auxiliar um grande grupo de pessoas dedicadas e determinadas, por meio de um "campo" concentrado de grande pureza. Esse foi o trabalho que se iniciou em 1946. Eles queriam criar um campo e uma atmosfera onde tanto os ensinamentos originais de Hermes quanto a Gnosis pudessem reverberar com simplicidade. A poderosa visão de "Deus-cosmo-ser humano" poderia novamente tornar-se realidade na sociedade da nova era, desde que o novo grupo estivesse preparado para crescer com autonomia. Acima de tudo, eles desejavam acender no coração da sociedade um novo foco da antiga religião de Hermes, uma religião que une, ao mesmo tempo, a Gnosis, a cosmologia e a libertação. Na Antiguidade, Hermes era chamado de "o príncipe da luz" e os iniciados reconheciam nele uma força semelhante à de Cristo, o "filho da luz". Afinal, os dois ensinaram à humanidade a religião original da "re-ligação". Os fundadores da obra desejavam – e esse era o ponto de partida de seu trabalho – que buscadores e pessoas interessadas fossem capazes de reencontrar a relação original entre o mundo e a humanidade por meio de uma

Elckerlyc, Lage Vuursche, em 1946

organização, de uma escola iniciática ou espiritual, inspirada pela Rosa-Cruz.

De acordo com os dois líderes espirituais, a força espiritual da Escola reside em sua simplicidade, sua pureza e sua relação direta com o campo de luz, onde acontece um processo de desenvolvimento sétuplo. Quando alguém dá um passo rumo à Escola Espiritual, é capaz de trilhar seu próprio caminho de libertação com certa serenidade, por mais que a época em que viva fique cada vez mais complexa. Esta Escola Espiritual é, na verdade, um sistema sétuplo, é um todo que se amplia continuamente, mas que, em seu interior, permanece inalterável quanto à sua estrutura e hierarquia. A condição é que o grupo de pessoas nela acolhido, em princípio, tenha deixado para trás o aspecto voltado para o eu e disponha da "força da nova alma". Trabalhando juntos nessa nova organização que é chamada de "Escola Espiritual" ou "corpo-vivo" todos podem fazer a ponte entre o mundo e o campo original de vida, que é o verdadeiro lugar do ser humano, do qual ele se afastou há muito tempo. Qualquer ser humano que dela participa recebe novas influências cósmicas, tenta compreender "a vontade divina" e abre-se totalmente à pura energia espiritual da mônada. Quando o processo de desenvolvimento espiritual ainda não avançou o suficiente, a ajuda estimulante do campo de radiação da Escola Espiritual remove todas as deficiências ainda existentes.
É compreensível que um campo dessa qualidade deva satisfazer vários requisitos. Somente assim as energias de luz originais poderão ligar-se a ele, para benefício dos alunos. Essas exigências dizem respeito à pureza moral, direcionamento concentrado e espírito de sacrifício. Também é de grande importância sentir profundo interesse pelo próximo. Além disso existem as demandas de natureza organizacional. Uma das exigências mais marcantes está no

trabalho de grupo durante as conferências. Essa ainda é a atividade mais importante na Escola, pois, durante as conferências de mais de um dia, é possível criar uma atmosfera na qual os buscadores podem ser "elevados acima de si mesmos" durante algum tempo. É uma atmosfera em que ele ou ela se desliga relativamente dos laços sociais e obrigações, de tal modo que o coração, a alma e a mente são capazes de respirar em paz na pura energia do campo templário que se derrama sobre o grupo. Assim, o buscador é capaz de dedicar-se, de forma concentrada, por algumas horas ou dias, aos processos superiores do verdadeiro estado de ser humano. Nesse sentido, a unidade de grupo é uma das condições mais importantes para o crescimento da alma.

Renova

Para alcançar mais facilmente esse objetivo, a nova organização em franca expansão, na época liderada por C. Damme, J. Leene, E. Roland-Retera e H. Stok-Huizer, comprou a antiga escola de arquitetura Elckerlyc, em Lage Vuursche, na província de Utrecht. Era um belo edifício moderno, projetado e construído por volta de 1935 pelo arquiteto H.Th. Wijdeveld (1885-1987). Ao longo da vida, Wijdeveld foi um idealista e um adepto da nova arquitetura que fazia sucesso na Holanda no período anterior à guerra. De seus projetos sempre transpareciam seus elevados ideais. Ele sempre escreveu e falou sobre o que chamava de "nova ordem" ou "nova era", que mudaria radicalmente a vida humana. E eles, os arquitetos do novo tempo, seriam seus precursores. Em tudo o que realizou e com que se comprometeu ele tinha em mente o ideal da "nova realidade". Por utilizar frequentemente as expressões "novo homem" e "nova raça", foi atacado muitas vezes depois da guerra.
Ele também escreveu: "O subconsciente sempre precede o espírito, e os seres humanos continuarão tentando definir uma nova meta de vida. Os que herdaram a antiga busca da humanidade

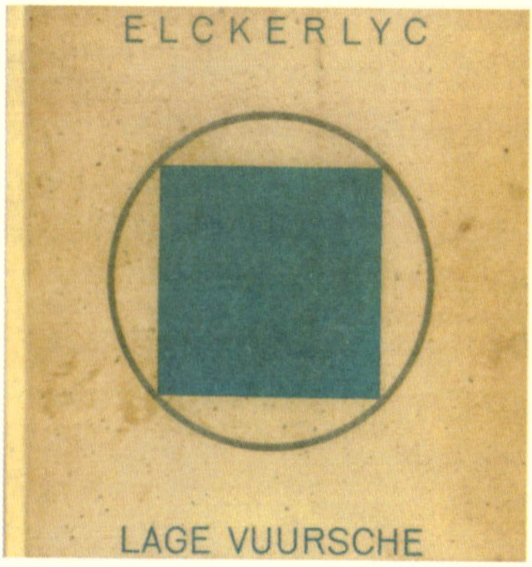

Wijdeveld utilizou o símbolo do círculo e do quadrado. Quando viu o símbolo da Escola Espiritual, que também contém um triângulo, ele disse: "Agora sei o que esqueci: as três forças do triângulo!"

entregam-se com tanta devoção a essa missão que, por meio de sua certeza tão verdadeira, a esperança se acenderá novamente em todos. Essa é a força que quer manifestar-se novamente nestes tempos difíceis, e já pressentimos a chegada da nova unidade..."

Um dos planos de Wijdeveld dizia respeito ao estabelecimento de uma nova comunidade de trabalho e de vida, como uma preparação para a "nova ordem". Isso estava previsto para começar em Loosdrecht, mas não deu certo. No entanto, posteriormente, a comunidade foi construída na França. Era um projeto no qual ele investiu muito, mas que foi totalmente destruído durante um incêndio florestal. Finalmente, foi realizado em Lage Vuursche, com o nome de Elckerlyc. O ideal de Wijdeveld de viver e trabalhar em Elckerlyc (o nome significa: todo o mundo) é expresso de forma impressionante por seu símbolo, que consiste em um quadrado no interior de um círculo:

– o círculo como símbolo da eternidade, do imperecível;
– o quadrado como símbolo do movimento, do espaço.

A combinação de ambos representava o ideal que Wijdeveld pretendia realizar quanto à vida e ao trabalho em Elckerlyc.
O símbolo e o esforço de Wijdeveld demonstraram impressionante paralelismo com algumas das importantes ideias divulgadas por Jan Leene e seus companheiros. Posteriormente, depois que Elckerlyc recebeu o novo nome de Renova, um dia, quando ele visitou o centro de conferências e viu o tapete com o círculo, o triângulo e o quadrado no templo de Renova, exclamou: "Agora estou vendo! Era isso que eu tinha esquecido: o triângulo!" Então ele percebeu a falta que sempre sentiu das três forças cósmicas: "conhecimento, amor, ação". Para o Lectorium Rosicrucianum, esse triângulo tem sido a base desde o início: a energia harmoniosa, impessoal da força de Cristo, indicada pela sentença: "Sem mim, nada podeis fazer!" 130

A compra, que se tornou possível com a venda de grande parte dos terrenos de *De Haere*, foi um evento significativo. No entanto, foi anunciado de modo muito sóbrio na NRO (Nova Orientação Religiosa) durante a primavera de 1946.
"Lectorium Rosicrucianum Elckerlyc. Elckerlyc é a nova propriedade do Lectorium Rosicrucianum, localizada em Lage Vuursche, em meio aos belos bosques dessa tão conhecida e idílica região holandesa. Esse belo edifício moderno será exclusivamente consagrado aos encontros e retiros espirituais em conferências dedicadas a alunos e cursistas da Rosa-Cruz. Em julho e agosto acontecerão as primeiras conferências e todos os sinais indicam uma campanha de verão muito proveitosa."
Durante a primeira alocução no novo centro de conferências, ouviram-se as palavras que traduziam a base dessa nova abordagem:

130. Huijs, P.; Teunis, P. *Het nieuwe bouwen en de Renovatempel. Wijdeveld en de bouw van de Renova tempel* (O novo prédio do Templo de Renova. Wijdeveld e a construção do Templo de Renova). Texto datilografado, 1986.

"De que servirão as filosofias chinesa, indiana, grega, egípcia e cristã ao ser humano, se ele for incapaz de perder-se a si mesmo na lei da vida? Todos os fundadores de religiões ou sistemas filosóficos somente tinham consciência de si através do 'amor', das pulsações da vida. E dessa fonte sua sabedoria jorrou como água
131 viva!" Os primeiros anos do pós-guerra, de 1946 a 1951, exigiram um enorme esforço do novo grupo. Havia o impulso interior de explorar e difundir as ideias absolutamente novas sobre o ensinamento da transfiguração. Além disso era preciso estabelecer a organização da nova escola de acordo com as novas estruturas preparadas durante a guerra. Esse trabalho foi empreendido na sede em Haarlem – mas ficou patente que a situação no pós-guerra era bem diferente do que as pessoas tinham imaginado durante a guerra.

Hendrikje Stok-Huizer era uma mulher que exigia clareza. Muitos que a conheceram diziam que um encontro com ela tinha um efeito catalisador: as pessoas viam-se obrigadas a olhar para si mesmas com muita objetividade. Ela introduziu as mesmas linhas claras na organização do trabalho. O modelo desenvolvido durante a guerra mostrara-se insatisfatório. Constatou-se que alguns amigos de confiança não conseguiam captar o novo espírito. Nessa época, Cor Damme viajou pela Escola Espiritual ao Brasil para ali, a pedido da *Rosicrucian Fellowship*, insuflar vida nova no antigo trabalho ou então estabelecer um novo trabalho.
Ao mesmo tempo, não havia unidade suficiente entre os dirigentes. Por mais que todos reconhecessem claramente que J. van Rijckenborgh era o centro do trabalho, havia um número crescente de pessoas que gostariam de ser seu braço direito. Finalmente, H. Stok-Huizer explicou que teriam de seguir um novo modo

131. Nova Orientação Religiosa, ano 6, n. 5, 1946. p. 145 e ss.

inequívoco de realizar o trabalho. Assim surgiu uma nova estrutura que levou o grupo a concentrar-se na pureza de propósitos e ações. A partir de 1946, ela e J. van Rijckenborgh assumiram a liderança espiritual do Lectorium Rosicrucianum tornando-se seus dirigentes mandatários. O resultado foi que, em 1949, eles implementaram alterações drásticas. Cursos e serviços templários locais foram suspensos, e apenas alunos da Escola eram admitidos nos serviços realizados no templo principal. Durante os primeiros meses de 1949, apenas J. Leene e H. Stok-Huizer realizavam as palestras e conferências nos núcleos e as conferências em Elckerlyc. O novo espírito que se derramaria com força poderosa sobre o grupo exigia que a atividade dos sete raios do Espírito fosse, para todos, a base irrefutável. Tão somente essa energia gnóstica nova e pura deveria vibrar em toda a obra. E assim eles realizaram o trabalho seguindo um padrão totalmente novo: "A Escola da Rosacruz não quer ser um passatempo ou uma organização para satisfazer as ambições de pessoas que, apenas de vez em quando, dirigem-se ao templo sem mais nem menos".

Os dois líderes espirituais desenvolveram todos os aspectos e respectivas consequências dessa nova linha de pensamento durante as conferências e alocuções, posteriormente incluídas nos dois primeiros livros da Série Renova: *O advento do novo homem* e *A Gnosis em sua atual manifestação.* O primeiro livro trata das consequências dos sete raios na vida do ser humano e do microcosmo; o segundo descreve como, graças à atividade do Espírito Sétuplo, foi possível desenvolver a própria Escola Espiritual e todo um trabalho mundial. Voltaremos a tratar do conteúdo dessas duas publicações a seguir. Agora vejamos o que aconteceu concretamente, pois a década de 1950 apresentou-se sob o signo da construção. O trabalho na casa espiritual refletiu-se em um período de atividades exteriores de construção. Apesar da grande escassez de meios, pois nessa época o material de construção ainda era racionado, essas atividades foram levadas adiante com grande energia. Podemos ler no Boletim Informativo de fevereiro de 1949: "Como primeiro projeto deste ano, decidimos iniciar a construção de um templo no bosque. A instalação de uma tenda-templo durante o verão não passa de um longínquo ideal. Devido às 100 pessoas que vêm por um dia, está cada vez mais incômodo nos sentarmos espremidos no refeitório."

No entanto, devido a uma série de circunstâncias, dentre elas drásticas alterações no projeto, a construção demorou para começar. Finalmente, em 27 de maio de 1951, foi lançada a pedra fundamental do templo. Nessa primeira pedra foi esculpida a fórmula mágica da alquimia rosa-cruz: *Ignis Flamma Materia Mater.* De forma um tanto abstrata explicou-se que *Ignis* é o fogo primordial do qual toda a criação se origina, a flama que sustenta o Espírito Santo na matéria. É desse princípio ígneo que jorra a água viva. *Mater* representa o campo universal da Fraternidade, a matriz, a mãe, a mulher vestida de sol, tendo a lua sob os pés, e que se manifesta novamente no mundo da matéria. Dessa matriz se originam o trabalho sétuplo mundial e a Escola Espiritual.

Nessa ocasião J. van Rijckenborgh falou a respeito do alicerce sobre o qual o templo seria construído, "sobre o círculo e 49 colunas-mestras". Em outras palavras, ele explicou como a eternidade manifesta-se no tempo por meio de quarenta e nove raios magnéticos. Os quarenta e nove (sete vezes sete) raios magnéticos fundamentais ou campos magnéticos formam a manifestação do campo cósmico original da vida, ou reino imutável. Os sete campos magnéticos formam uma unidade que pode ser chamada de "sol divino completo". Esse sol divide-se também em sete escadas de sete raios e cada uma dessas sete escadas forma, por sua vez, um novo e pleno campo de radiação. "[...] A linguagem dos mistérios fala a respeito de sete círculos de ouro, ou de sete sóis que iluminam o universo. Na elevada religião de Akhenaton, o

Elckerlyc, em 1946

grande egípcio, esse sol universal era adorado mediante trabalho, ação e devoção total." 132

Duzentos e sete dias depois, a construção do moderníssimo templo estava concluída. E 25 de dezembro de 1951 foi o dia escolhido para realizar a sua consagração. Naquele dia, seu nome passou de Elckerlyc para Renova, "renovação", e desde então o templo foi chamado de Templo de Renova. Mil alunos assistiram à consagração desse santuário.

Durante a abertura J. van Rijckenborgh explicou, em uma alocução memorável, que não apenas um, mas sete templos estavam ativos no Templo de Renova.

"Aqui, nesta noite, todo o passado se faz presente, assim como o presente é, ao mesmo tempo, o futuro. O templo de Akhenaton foi novamente erigido entre nós. Os sete campos de radiação receberam de novo um foco. Os sete círculos de ouro foram novamente

132. Renova. Lectorium Rosicrucianum, ano 1, n. 2, fevereiro de 1952. p. 14.

traçados e revivificados. É por isso que todas as fraternidades – as que serviram ou que hoje servem à Luz universal, desde o passado de trevas até este exato momento, estão aqui reunidas para concretizar esse fato. Elas estão conosco, com vocês e conosco. [...] Existe uma lenda maçônica muito antiga sobre esse grande momento na história do mundo que é comemorado de tempos em tempos: trata-se da lenda dos sete templos, que fala de um momento glorioso por acontecer em um futuro muito distante. Quando essa hora chegar, existirão sete templos, sete oficinas herméticas. Há um ritual que pertence a certo grau em uma das antigas cerimônias maçônicas, no qual um irmão fala com outro irmão: 'Que os seis outros templos cheguem logo, irmão!' E o outro responde: 'Eles virão!'. Essas palavras têm sua origem na reminiscência dos mistérios que sempre retornam, em cada fase da humanidade.
Ontem à tarde, quando estávamos nos despedindo de nossos hóspedes oficiais, um maçom, que aparentemente conhecia essa lenda, disse: 'Então, senhor Leene, ainda seis templos?', e respondi: 'Eles virão!'. E imediatamente pensei: 'Amanhã mesmo, se você quer saber'."

A construção do Templo de Renova custou cem mil florins: uma fortuna na época. J. van Rijckenborgh, que sempre esteve rodeado por pessoas muito capazes, tinha uma maneira típica de trabalhar: o que ele recebia como missão devia ser realizado e era feito, independentemente das consequências. Assim, com plena confiança, iniciou-se a construção na primavera. Na inauguração, ele disse: "Como quase todos os alunos da Escola estão presentes agora, com certeza vocês terão a sensação de que o Templo de Renova é muito pequeno. Bem, quanto a isso, não vamos olhar para um futuro muito longínquo: vamos deixar esse assunto para a Fraternidade Universal".

Trinta e oito anos mais tarde, o templo foi renovado e ampliado. Durante a reabertura, em 22 de novembro de 1989, o prefeito do município de De Bilt, o barão A. van Harinxma thoe Slooten,

O Templo de Renova reformado, 1989

proferiu algumas palavras no templo. E concluiu dizendo: "No início, pensei na frase: 'um povo que vive, constrói seu futuro'. Vossa Fraternidade cresce e floresce, construindo o futuro. Isso aconteceu agora na prática, sob a forma deste templo. Mas, muito mais importante é a construção que se baseia no ser humano, na sua renovação pessoal, moral e espiritual. Que este templo possa continuar a serviço do ser humano e que todos recebam aqui novas forças, para transformarem-se em mensageiros da luz, como João, e assim permaneçam ligados em espírito a Cristão Rosa-Cruz." 133

133. Harinxma thoe Slooten. Um templo a serviço do ser humano. In: Pentagrama, ano 12, n. 3, 1990. p. 28.

16. Uma nova *Fama* ou um novo Chamado da Fraternidade R.C.

A Fraternidade Mundial Sétupla. Os seis volumes da Série Pedra Angular. As conferências sobre o advento do novo homem e os aspectos e consequências do novo período da humanidade

A partir de 1951, as alocuções e artigos de J. van Rijckenborgh são publicados na primeira série de livros da Rozekruis Pers depois da guerra. Esses livros constituíram os títulos da Série Pedra Angular: *A Fraternidade de Shamballa, O caminho universal, A grande revolução, A Gnosis Universal, Filosofia Elementar* e *O novo sinal*. O livro *Wegen van Transfiguratie* (Caminhos da transfiguração), a ser publicado em breve, contém vários artigos ainda inéditos desse período que serão resgatados do esquecimento.
Embora o trabalho fosse realizado com grande serenidade interior e determinação, não havia tempo para descanso durante esse período de construção. J. van Rijckenborgh era um homem de iniciativa. Nos dias 3 e 4 de setembro de 1952 viajou para Wiesbaden, na Alemanha, com uma imagem clara de seu segundo objetivo: edificar "a Fraternidade Mundial da Rosa-Cruz". Na sua opinião, nesse momento do ponto de reversão do século XX, era muito importante irradiar desse clássico local europeu um novo chamado da Fraternidade Mundial Sétupla da Rosa-Cruz. Lemos no boletim de Renova, volume 1, número 10:
"Em setembro, sentimos o impulso de anunciar uma nova *Fama Fraternitatis*, aproximadamente no mesmo lugar onde, há 350 anos, Valentin Andreæ e seus amigos viram-se diante da mesma tarefa. Viajamos para aquele local e não proclamamos essa

J. van Rijckenborgh e Catharose de Petri, em Renova, por volta de 1953

mensagem no Templo de Renova ou no Templo de Haarlem porque era importante seguir ou traçar uma estrutura de linhas de força semelhante, conforme a lei que diz: 'a luz sempre retorna para onde surgiu ou nasceu'."

Por volta de novembro de 1952, todos os que tivessem interesse poderiam adquirir, pelo preço de 1,50 florins, a nova *Fama* de J. van Rijckenborgh, que trazia o longo título: *Um novo chamado da Fraternidade Mundial Sétupla da Rosacruz Áurea, proclamado no ponto de reversão do século XX em Wiesbaden, nos dias 3 e 4 de setembro de 1952*.

Quem estudou a obra desse líder espiritual diz que o manifesto tem a mesma clareza e formulação precisa com que descreveu sua missão. Para ele, era de fato muito importante que os três temas recorrentes em todas as suas obras não somente fossem explicados claramente, mas que também fossem proclamados com grande vigor. O primeiro tema era a Fraternidade da Vida, que opera com a força cósmica de Cristo. O segundo era a grande transformação cósmica iminente ou já iniciada e dizia respeito a toda a humanidade; e o terceiro tema tratava do caminho da transfiguração: uma forma moderna da antiga alquimia.

"A alquimia transfigurística", explicava ele, "a alquimia que propomos, a transformação alquímica que colocamos diante dos alunos da Rosa-Cruz moderna, começa pelo eu. [...] Ela começa atacando o eu. No livro *As núpcias alquímicas*, Cristão Rosa-Cruz faz o mesmo: os cavaleiros da pedra áurea renunciam a seu eu e o entregam à força de Cristo. Assim, supera-se a unilateralidade da autodissolução mística do eu praticada da Idade Média. Portanto, não é pela fuga do mundo nem pela prática do ascetismo que o eu se torna um instrumento neutro, uma alavanca para um desenvolvimento maior, porém mediante a prática de Cristão Rosa-Cruz. É por isso que Cristo diz: 'Quem perde a vida por minha causa acha-la-á'."

Explicada do ponto de vista do transfigurismo, essa frase significa: "Quem pratica a autorrendição necessária ao exercício dessa alquimia perceberá que seu antigo eu se dissolve no novo ser. A velha alma diminui. Ao mesmo tempo, o vazio que ameaçava formar-se é completamente preenchido pelo novo ânimo, que cresce gradualmente em força e glória". 134

Nesse contexto, seria bom citar uma ideia que Catharose de Petri expressou durante um discurso por ocasião do 70° aniversário de J. van Rijckenborgh: "Podemos consultar seus livros novos ou antigos. Não importa: todos eles foram escritos a partir da única base cristocêntrica que engloba a tudo e a todos. É por isso que todos os seus alunos são colocados diante dessa consequência única." 135

Até meados do século XX, cristianismo e alquimia foram tidos como opostos. O cristianismo, com seu polo místico, buscava e ainda busca a realização da vida pela via do coração, na vida devota das igrejas e por meio da obediência. Olhava com desconfiança os magos e ocultistas, que queriam tomar o céu de assalto, ou pelo menos por meio do pensamento. A alquimia é a ciência por excelência que queria saber, entender e sondar as coisas ocultas, sublimes e divinas. Por isso, rejeitou a abordagem mística da igreja na qual "Deus oferece tudo isso aos seus durante o sono".

O antagonismo decorre de interpretações errôneas, impressões vagas e lembranças antigas. Na consciência humana convivem dois tipos de fragmentos de memória. Por um lado, há a reminiscência de uma ligação direta com Deus e de uma absoluta obediência a ele, "de estar em segurança no coração do Pai". Por outro lado, há a lembrança do grande poder e da grande glória do ser humano original, que sente "a força da criação" pulsando nele. Os rosa-cruzes

134. Rijckenborgh, J. van. *Een nieuwe roep der zevenvoudige weldbroederschap van het Gouden Rozekruis op het keerpunt van de twintigste eeuw uitgebracht te Wiesbaden op 3 and 4 september 1952* (Um novo chamado da Fraternidade Mundial Sétupla da Rosacruz Áurea, na virada do século XX, proclamado nos dias 3 e 4 de setembro de 1952 em Wiesbaden). p. 21 e ss. Haarlem: Rozekruis Pers, 1952.
135. Notícias de Aquarius. Sem local: novembro de 1966. p. 2.

clássicos, em especial, sempre procuraram superar essa oposição que, no fundo, é irreal. Se compreendermos tudo isso de maneira correta, veremos que o espírito da Rosa-Cruz clássica, a ciência original da alquimia e uma vida cristã prática não podem deixar de coexistir.

Hermes e Jesus, que traz o Cristo, são forças de fraternidade, unidade e desenvolvimento espiritual. Os pensadores da Academia Platônica de Ficino estavam cientes disso. Assim ensinara Paracelso. Esse era o credo dos amigos de Tübingen, que publicaram a *Fama* e a *Confessio*. Quem quiser compreender algo sobre isso em nossa época precisa considerar Hermes e Jesus como protótipos. Essas figuras mostram um modo de vida que pode servir de exemplo para o nosso próprio desenvolvimento e poderá, talvez em um futuro distante, oferecer uma matriz para toda a humanidade.

Os rosa-cruzes modernos também tentam transmitir essas mesmas ideias novamente, como fica claro no livro *Confessio Fraternitatis:*

"Nós, alunos da Escola Espiritual, que entramos no templo do Espírito, compreendemos a glória do pensamento abstrato. Nós, servidores do fogo, sondamos profundamente as fontes da capacidade humana. Nós sabemos a que o homem é chamado desde o princípio. Nós, colhedores de rosas no jardim de Fohat, vemos, como em um arrebatamento dos sentidos, a senda do desenvolvimento precipitar-se, de horizonte a horizonte, como um relâmpago.

Nós, que aumentamos assim nossa ciência, ampliamos nosso horizonte, expandimos nossa consciência, carregamos nossas forças com energia dinâmica, vamos da surpresa à admiração, e do assombro profundo à adoração balbuciante, à humildade, à religião. Nós, de quem disseram que consideramos a razão fria como o mais elevado, sabemos que nosso saber culmina em convicção profundamente religiosa. Nós nos curvamos diante da majestade de Deus, porque, após investigação profunda, a intervenção de Deus se comprova em todos os reinos; porque experimentamos a

força que impulsiona todas as coisas, a força sublime que impele nosso planeta através do espaço, a Luz do Mundo: Cristo.” 136
Neste contexto, podemos ver Fohat como o elo entre o espírito e a matéria, a energia vital do universo, o princípio animador que desperta cada átomo para a vida. Fohat também diz respeito ao poder de transformar o subjetivo em objetivo, de transformar em realidade a imagem ideal do ser humano, latente no interior de todos nós. 137

136. *De nieuwe taal der magie* (A nova linguagem da magia). Confessio Fraternitatis R. C. 1939. Rozekruis-serie, ano 12, n. 23, p. 7 e ss. Mais tarde, em uma forma levemente modificada, em: Rijckenborgh, J. van. De Belijdenis der Rozenkruisers Broederschap (Confessio da Fraternidade da Rosa-Cruz). Haarlem: Rozekruis Pers, 1966, p. 35 e ss. O Confessio da Fraternidade da Rosacruz, São Paulo, Lectorium Rosicrucianum, 1987, p. 63.
137. Blavatsky, H.P. *A Doutrina Secreta*, parte I, Estância 5. Fohat: the child of the septenary hierarchies (Fohat: o filho das hierarquias setenárias).

17. Uma oficina livre – a Escola como organização autônoma

A viagem à França. As conferências na primeira metade da década de 1950. A Série Renova

Uma escola espiritual significa muito mais do que reuniões e conferências para alunos, subdivididos em seus discipulados: preparatório, probatório e professo. Enquanto pensavam que forma dar à Escola, no futuro, os grão-mestres – ou, como eram chamados naquela época: os "mandatários" – também estavam buscando uma ligação com a fraternidade que até então apenas conheciam como "os albigenses".

J. van Rijckenborgh estudou a fundo a vida e as circunstâncias em que esses cristãos haviam sido oprimidos e perseguidos no sul da França. A tradução holandesa de 1938 do livro de Maurice Magre *La clé des choses cachées* (A chave das coisas ocultas), de 1935, colocou-o nesse caminho. Com os albigenses, ele descobriu antigas estruturas de uma fraternidade verdadeiramente libertadora que em nada diferia da fraternidade essênia ou da fraternidade de Mani. Assim, ele chegou à seguinte conclusão: "Se essas três fraternidades tivessem conseguido desenvolver-se sem nenhuma interrupção, grande parte da humanidade já teria sido liberta da roda da vida e da morte durante todos esses séculos passados. No entanto, sua luta era diametralmente oposta à dos que desejavam estabelecer um reino terrestre de poder e, sob o disfarce do cristianismo, manter
138 o homem na condição de escravo tanto na vida como no trabalho."

138. *Nova Orientação Religiosa*, v. 1, n. 3, p. 96 e ss.

Jardins do Palácio de La Berbie, em Albi, França (Jardim das Rosas).

Sempre voltado para seu ser interior, J. van Rijckenborgh, "o calado", "o impassível", como muitas vezes foi chamado, era muito sensível às condições atmosféricas. No livro *Dei Gloria intacta*, ele já havia descrito como isso o afetara durante os anos da Segunda Guerra. Como Gadal, ele vivenciou durante esses anos o consolo do novo impulso que se derramava sobre a terra como grande eflúvio do amor universal de Cristo, o coração solar de nosso cosmo.

Durante o segundo semestre de 1945, sentiu-se compelido a estabelecer contato com o que, naquele tempo, eles apenas conheciam como o trabalho dos albigenses. Em quatro longas alocuções, ele compartilhou esses *insights* com os alunos e deu uma explicação breve, porém detalhada, da estrutura, dos ritos, dos sacramentos e da atividade libertadora de uma fraternidade em Cristo, que também determinariam a estrutura da Escola Espiritual Moderna. Assim, J. van Rijckenborgh e Catharose de Petri visualizaram as bases para o futuro desenvolvimento da Escola Espiritual. No entanto, a estrutura do trabalho interior ainda não estava clara. Eles sentiram-se compelidos a viajar ao sul da França para receber novas inspirações na atmosfera da antiga fraternidade.

Por isso, os líderes espirituais viajaram para Albi em 1946. O Jardim das Rosas ao lado do palácio episcopal, maravilhosamente desenhado e bem cuidado, foi um importante ponto de partida e inspiração para seu caminho subsequente. Em carta a um grupo de jovens que viajaria ao sul da França, J. van Rijckenborgh escreveu: "Assim que lá chegamos, de trem, tivemos a sensação de estar em terreno conhecido e fomos diretamente para nosso objetivo: um edifício bem antigo, situado à direita da grande catedral, ao longo da margem do Tarn. Era um antigo casarão, convertido agora em museu municipal com um jardim de rosas. Já fora um palácio episcopal e, antes disso, local de reunião dos cátaros."

De modo muito especial, ali se sentiram em casa. Sem nunca terem estado lá, já sabiam o caminho, o que para eles foi uma revelação.

"No interior, sentimo-nos em casa, e imediatamente nos dirigimos a uma pérgula, construída numa galeria pavimentada e elevada, que dominava o jardim. E lá onde o terraço se alargava, perto de um pequeno pavilhão, sentamo-nos sobre um pequeno muro. Estávamos sentados ali há algum tempo, quando a quietude, a paz e a graça desses tempos antigos desceram sobre nós. E ambos vimos, pela janela aberta da alma, com todos os seus detalhes, o caminho que se estendia diante de nós." 139

De lá, eles viajaram para Foix, para o velho castelo de Raymond VI. Ficaram na cidade por seis semanas e foi ali que esboçaram as linhas de um novo passo essencial da Escola Espiritual: a criação e o desenvolvimento da Escola de Consciência Superior. Foi lá, no tranquilo silêncio e na atmosfera ainda intocada do Vale do Ariège, que o conhecimento e a inspiração dos ensinamentos universais de libertação puderam influenciar livremente sua consciência. Perante seu olho interior, desdobrava-se o panorama da Escola de Mistérios dentro da nova Escola Espiritual. Como primeiro passo nessa direção, eles se prepararam para apresentar o jubiloso ensinamento de libertação, tão antigo quanto os ensinamentos de Hermes, mas de modo moderno, mediante lições mensais práticas. "Transfiguração" era o conceito-chave. Iniciando com a força pura do Altíssimo, isto é, do puro núcleo espiritual no ser humano, a compreensão inteligente da "endura" poderia penetrar a figura física. A endura, o declinar do ser material, era o primeiro passo. No entanto, ele apenas pode ser dado se a alma renasceu do novo princípio, a rosa branca – o segundo passo. Segue-se então a transfiguração, a gênese, no microcosmo, de um ser humano de luz inteiramente novo – o terceiro passo.

Esses ensinamentos, completamente unos com a vida de Cristo, estavam plenos da Gnosis, do hermetismo que avançara até os

139. Gadal, A. *O triunfo da Gnosis Universal*. Jarinu: Pentagrama Publicações, 2016.

Pirineus, assim como do maniqueísmo moderado que lá florescera. Tais ensinamentos foram transmitidos à população pela última vez há setecentos anos pela religião cátara e sua fraternidade. Eles fomentaram a cultura do amor cortês abnegado e da beleza. J. van Rijckenborgh refletiu profundamente sobre esse movimento – sua essência, sua manifestação e seu significado para o desenvolvimento espiritual da humanidade – e forneceu pistas, com incomparável compreensão intuitiva da coerência da linha espiritual, sobre a qual discorremos nesse livro.

Por que o método gnóstico-maniqueísta dos cátaros desapareceu? Ele escreveu sobre isso em um artigo intitulado *A marcha triunfal periódica da Gnosis através do mundo da dialética:*

"O catarismo desapareceu, certamente, pelas mãos do clássico inimigo da Gnosis, depois de incontáveis banhos de sangue, tão imensos e terríveis que dificilmente podemos imaginar. No entanto, notemos que o fogo gnóstico provou ser inextinguível. Quando a ardente tocha da nova luz era esmagada em um lugar, no mesmo momento ela era acesa em outro, de modo que, após alguns anos, podia cintilar novamente no antigo lugar. Portanto, certamente não devemos sustentar o ponto de vista de que o derramamento de sangue sofrido pelos cátaros, a mando do papa Inocêncio III e suas hordas, interrompeu o trabalho da Gnosis. Pelas mais diversas razões, o trabalho gnóstico precisava fazer uma pausa. Porque era fato que todos os éons magnéticos da natureza dialética estavam preparados para levar a humanidade a um novo nadir: o nadir da individualização exacerbada, da intensa densificação do corpo
140 racial, da idolatria pelo materialismo elevado ao máximo."

Como consequência disso, tanto na metade invisível do mundo como na esfera material, a Gnosis teve de interromper sua

140. Rijckenborgh, J. van. *De periodieke zegetocht van de Gnosis door de wereld van de dialektiek. De Topsteen*, ano 8, n. 6, fevereiro de 1976. p. 7 e ss.

atividade porque não poderia descer mais fundo ainda do que já havia descido. "Ela foi obrigada a esperar um tempo mais adequado, que sem dúvida estava por vir." No final da Idade Média esse tempo realmente chegou. Uma das primeiras consequências da tragédia cátara foi que um grande número de irmãos e irmãs se dispersou por toda a Europa. Não havia país ou região na qual não pudessem ser encontrados naquela época. Eles abandonaram completamente seu antigo método de trabalho com todas as práticas gnósticas conhecidas e usuais e, seguindo sua vocação, recomeçaram com métodos totalmente novos. Após muita ponderação, cada irmão ou irmã escolheu um discípulo. Quando ele provasse estar pronto, sua tarefa era também escolher outro discípulo. Desse modo, sob o maior sigilo, foi forjada uma corrente que envolveu a Europa inteira, sob o manto do trabalho profano, convencional. Há muita fantasia a respeito dessa fraternidade, contudo, quem não pertencesse a ela nada sabia a seu respeito. E os que sabiam calavam-se. O único registro autêntico, público, que temos a respeito desse primeiro círculo está na *Fama Fraternitatis*.

Com base nesse impulso, surgiram inúmeras sociedades secretas "para todos os gostos" e como "um teste para sondar o terreno". J. van Rijckenborgh explicou que esses movimentos "sondavam as novas possibilidades para o público buscador sob as novas condições raciais. Depois de algum tempo, a já mencionada corrente de fraternidades abandonou esses movimentos. Alguns dissolveram-se rapidamente; outros permaneceram; e outros ainda, tiveram seu envoltório vazio tomado pelos inimigos da Gnosis". O resultado desse exame mostrou que a "Loja do Pai" inicia – quando os processos históricos materialistas alcançam um ponto ainda mais baixo – três grandes impulsos de natureza diferente, embora todos tenham o mesmo objetivo: levar um grupo de pessoas o mais depressa possível a um amadurecimento, e, com base nele, desenvolver uma escola de mistérios. Os três impulsos eram, de maneira ampla, a francomaçonaria, a teosofia e a antroposofia. “Esses três movimentos se basearam na sabedoria oriental que, contudo, recebeu novas etiquetas. Estas eram, por exemplo, a Bíblia, os ensinamentos de Buda, o parsismo, o hinduísmo, enquanto no fundo, de uma maneira muito oculta, a antiga clareza da Gnosis resplandecia para quem podia ‘ver’.” No contexto desse direcionamento universal, os três movimentos influenciaram os ideais do homem ocidental nas áreas do humanismo, da cultura, da filosofia, do ocultismo e do misticismo. Desse modo, ele deveria esgotar-se no seu idealismo voltado para esta natureza e preservar apenas um núcleo: o aspecto universal. Com base nessa vivência e, apesar da cristalização do corpo racial, haveria sementes em abundância para formar um novo reino gnóstico na Europa. Então, a separação, tão anunciada pela doutrina universal, podia ser encarada com calma. De um lado, haveria um grupo conduzido pelas ciências, que adotaria um modo de vida ainda mais materialista, caminhando rumo a um final semelhante ao da Atlântida. Por outro lado, haveria um grupo de pessoas que manifestariam uma sensibilidade às irradiações da luz da humanidade original. Sob essa influência, ele alcançaria uma reversão poderosa: a transfiguração.

Nessa separação, na cisão entre a existência e a consciência, a vida não consegue realizar um verdadeiro processo de desenvolvimento. Somente a cooperação entre a cabeça e o coração, bem como a consciência de que tudo o que é espiritual forma uma unidade, abre grandes perspectivas de desenvolvimento.

A nova etapa da Escola Espiritual, às vezes mencionada como “o terceiro campo de trabalho”, foi inicialmente chamada de *Ecclesia*, como a primeira fase de libertação do homem-luz interior. Quando a Escola desenvolveu-se mais, utilizou-se o nome *Ecclesia Secunda* para indicar o quarto campo de trabalho, ao passo que a terceira fase passou a ser conhecida como "Escola de Consciência Superior". Desde essa época, a Escola Espiritual deixou de ser uma "Nova Orientação Religiosa" e uma "evangelização para seres humanos pensantes", tornando-se uma escola de mistérios, rumo à qual já havia sido dado o primeiro passo. O trabalho já não estava sob égide exclusiva da Ordem da Rosa-Cruz. Novas asas, maiores e mais amplas, abriram-se sobre ela: a proteção da corrente universal de todas as fraternidades de Cristo. Podemos considerar esse momento como o início da Escola Interna e o fim da etapa anterior. Veremos que isso teve consequências importantes na direção da Escola, nos ensinamentos e na posição em relação ao mundo e à sociedade.

As conferências na primeira metade da década de 1950

Por volta de 1950, J. van Rijckenborgh e seus alunos continuaram elaborando as diretrizes expostas no livro *Dei Gloria Intacta*. Com eles discutiu que o autoconhecimento é a condição para a nova gênese humana e apontou as armadilhas colocadas pela moral e o idealismo antigos. Ele explicou o novo princípio espiritual tríplice que emana da Gnosis. E discutiu com eles a necessidade de se chegar à "imagem mental mais pura possível do ser humano imortal", que cada um deveria trazer consigo antes de poder dar um novo passo. Sempre que possível, isso se deu à base dos ensinamentos do cristianismo original ainda imaculados e não adulterados. Nessas fontes, os mesmos temas eram transmitidos praticamente em cada página. Ele explicou que Cristo é uma poderosa energia espiritual e uma irradiação libertadora onipresente, e algo dela se reflete no princípio espiritual do coração humano: o átomo de Cristo.

Com base na Segunda Epístola de Pedro, ele discorreu amplamente sobre a senda sétupla da nova gênese humana e sobre o modo de vida que ela exige: a atitude de um espírito "quebrantado" segundo a matéria. Mediante essa atitude fundamental se desenvolvem as faculdades descritas na epístola de Pedro: virtude, conhecimento, autodomínio, perseverança, devoção, amor ao próximo, amor.

J. van Rijckenborgh explicou os efeitos diretos no corpo humano, cujos órgãos são importantes nesse processo, e como eles reagem ao fluxo das vibrações superiores que os perpassam.

Por fim, durante esse primeiro período da década de 1950, ele explicou a nova gênese humana. Nela salientou três fases: em primeiro lugar, como condição preliminar, o autoconhecimento; na fase seguinte, uma visão geral da senda sétupla da nova gênese humana; finalmente, um forte aprofundamento das características, dos "dons" e faculdades do novo homem, o homem espiritual. Ele descreveu de que modo o ser humano, de posse dessas características e faculdades, pode manifestar-se livremente – sem que o lado negativo da sociedade e do mundo seja capaz de aprisioná-lo – engajando-se positivamente, sempre que possível, pelo próximo e pela sociedade. Com alegria, ele verificou que, mediante o esforço conjunto, o grupo foi capaz de erigir de um modo inteiramente novo uma coluna espiritual tríplice na matéria.

"O grupo daqueles que compartilham esse novo processo de gênese e já deram os primeiros passos nesse caminho rumo à casa paterna denominamos de "círculo apostólico" e "fraternidade apostólica". Por "fraternidade apostólica" entendemos a reunião de todos aqueles renovados que se estão libertando em todo o globo terrestre, e por "Círculo Apostólico", aqueles que, entre eles, já despertaram no campo de força da Escola Espiritual da Rosacruz Áurea. O Círculo Apostólico veio à luz em uma sexta-feira, 15 de junho de 1951, e ele inaugurou destarte o Terceiro Templo, mediante o qual o grande campo de trabalho da Escola Espiritual atingiu seu alvo preestabelecido depois de 36 anos de trabalho. O trabalho começou a 17 de dezembro de 1915, e na sexta-feira, 15 de junho de 1951, a incumbência estava realizada.

Com o Primeiro Templo indicamos a Escola da Rosacruz, que é mister ver como o grande átrio em que todos os buscadores são recebidos e têm a oportunidade de examinar o objetivo e a atividade da Escola e experimentar sua força atuante. Com o Segundo Templo indicamos a Escola de Consciência Superior, em que são admitidos alunos que já se aprontam para o advento do novo estado de vida. O Terceiro Templo é o local de trabalho do Círculo Apostólico, de que fazem parte os que já compartilham esse novo estado de vida. Destarte, nossas considerações a respeito do advento do novo homem obtêm significação altamente atual, pois o resultado das atividades dos três templos, a realização do novo homem, se demonstrará aqui. [...] o caminho foi aberto para um trabalho que, em futuro próximo, será gravado com letras indestrutíveis na história da humanidade. Um dia, a Fraternidade dos três templos já não será encontrada no campo dialético. Terá sido arrebatada às nuvens do céu, caminhando ao encontro do Senhor!”. 141

De fato, esse foi um marco, uma lembrança que nos faz olhar para trás com alegria. No entanto, essa construção, que J. van Rijckenborgh recordou com tanta gratidão, só provou ser o prelúdio para uma estrutura ainda mais forte que seria construída na década de 1950. Antes de tudo isso ser publicado em forma de livro, em 1952, (intitulado *O advento do novo homem,* o primeiro livro da Série Renova), esse instrutor já estava ocupado iluminando os mesmos temas de outra maneira. Dessa vez, os “aspectos e as consequências do novo período da humanidade” foram o ponto de partida. Ele previa que a Escola Espiritual evoluiria de uma estrutura tríplice para uma quíntupla, e depois – se assim lhe fosse concedido – para uma estrutura sétupla. Dessa forma, uma nova coluna de luz, uma nova ligação entre o campo da vida original e o nosso tempo, seria erigida.

141. Rijckenborgh, J. van. *O advento do novo homem*. São Paulo: Lectorium Rosicrucianum, 1988. 2. ed. p. 186–187.

Chegara a hora de oferecer a esse grupo um nova visão, baseada em um ponto de vista cósmico. Ele anunciou que um novo período havia chegado para toda a humanidade e, ao mesmo tempo, mostrou o que um grupo decidido de pioneiros poderia realizar.

Explicou que cada ser humano, devido aos pontos magnéticos de seu sistema de vida, está sujeito às influências de um campo magnético que permeia todo o cosmo e o alcança mediante doze correntes. Ele afirmou que duas leis opostas operam no ser humano: a da natureza e a do outro campo de vida. Em última instância, isso gera inúmeras tensões. Esse desequilíbrio é eliminado mediante um modo de vida de contemplação e serenidade, de compaixão baseada em um amor radiante, e uma atitude muito neutra com relação à matéria. Então, esse ser humano poderá trabalhar e viver em crescente harmonia com as novas influências cósmicas.

Esses *insights* foram registrados no livro *A Gnose em sua atual manifestação*. A formação do corpo-vivo da Escola Espiritual, tema que tratara com seus alunos, J. van Rijckenborgh incluiu na parte III desse livro, onde lemos:

"Na Escola Espiritual levamos trinta anos para construir semelhante corpo magnético que, no presente, está em condição de manter perfeito contato vivo com a Gnose. Nele encontramos uma oficina livre de todos os elementos para erigir a obra libertadora e fazer a
142 planta do versátil edifício da libertação."

Essa oficina livre foi construída sob a influência dos sete raios, as sete forças que se derramaram como energia, na qual luz, calor, som, coesão, vida e movimento estão contidos. Em muitos trechos do livro, J. van Rijckenborgh cita a data de 20 de agosto de 1953, momento em que o "corpo magnético tornou-se autocriador e autorrevelador". A partir desse dia – data crucial na

142. Rijckenborgh, J. van. *A Gnose em sua atual manifestação*. Jarinu: Rosacruz, 2007. p. 160.

cronologia da pirâmide de Gizé – a Escola Espiritual Moderna assumiu, de maneira independente e autônoma, um novo trabalho de libertação.

A direção da Escola deu ênfase a datas especiais, significativas. Datas de cura eram conhecidas, as efemérides lunares, transmitidas mensalmente aos membros antes da guerra. Max Heindel considerava importante a lua nova. Posteriormente, eram outras datas na Sociedade Rosacruz holandesa. Para J. van Rijckenborgh, algumas datas pessoais eram importantes.

Uma das primeiras foi a experiência de 1915, quando os dois irmãos declararam um ao outro que haveriam de dedicar a vida a "curar os doentes e a pregar o evangelho", e que o homem é o seu próprio ponto de reversão. Isso coincidiu com a época em que a Sra. E. van Warendorp criou o ramo holandês da Fraternidade Rosacruz. Os relatos sempre citam duas datas em 1924: 24 de agosto e 9 de setembro. Para J. van Rijckenborgh, elas indicavam os momentos em que os irmãos se tornaram conscientes da finalidade e da missão da Rosa-Cruz universal: "O trabalho holandês data de 9 de setembro de 1924. Naquele dia, a lua entrou no signo de Aquário", escreveu Jan Leene, em 1936.

Seu ser interior, que estava intimamente ligado com o impulso da fraternidade clássica da Rosa-Cruz de 1614, mais uma vez disse "sim" a um evangelho de "cristianismo oculto-científico", que eles queriam propagar sem nenhum ganho pessoal. A partir de 1933, seguiram-se outras datas mais "oficiais": a criação da Fundação Max Heindel, em 1933, para a qual foram transferidos os novos bens da fraternidade. Em 23 de março de 1935, seguiu-se o estabelecimento da Sociedade Rosacruz holandesa, com a criação de sua própria entidade jurídica na Holanda. O Lectorium Rosicrucianum foi estabelecido como "Fundação Lectorium Rosicrucianum" em 25 de novembro de 1946. Em 20 de agosto de 1953 – afirmava-se na época que esse momento, de acordo com a pirâmide de Gizé, significava uma elevação ou uma queda para a humanidade – J. van Rijckenborgh declarou sua Escola uma organização autônoma e autocriadora. Absolutamente livre das condições e dos métodos de trabalho de antes da guerra, agora ela estava preparada para trabalhar de forma autônoma sob uma radiação sétupla totalmente diferente. Em 20 de julho de 1960, o nome Lectorium Rosicrucianum foi registrado oficialmente como uma sociedade religiosa na Holanda.

Jardim das Rosas, em Albi. Gravura de G. van Leeuwen

18. Selados na corrente da Fraternidade

O encontro com A. Gadal. A Tríplice Aliança da Luz. Um período de intensa atividade. O primeiro centro de conferências do Lectorium Rosicrucianum no estrangeiro. O Brasil e o trabalho de Cor Damme

Durante o verão de 1951, um jovem amigo de J. van Rijckenborgh, Chris Karres, ligado à Escola da Rosa-Cruz desde tenra idade, viajou para os Pireneus do sul da França. Inspirado por tudo o que tinha ouvido sobre os antigos cátaros, ele primeiro visitou Albi, onde passou uma tarde no mesmo Jardim das Rosas de que falamos antes. Depois, visitou Montségur, e, em seguida, viajou para Ussat-les-Bains. Lá ele encontrou algumas senhoras que estavam em busca do "tesouro dos cátaros". Elas disseram-lhe que, no dia seguinte, tinham um encontro marcado com "o último dos cátaros, um certo Antonin Gadal". Em 4 de agosto, Gadal recebeu-os muito cordialmente e disse-lhes que o trabalho de sua vida consistia em proteger o patrimônio dos cátaros. Transmitiu-lhes sua preocupação sobre quem assumiria esse trabalho, quando ele já não estivesse ali. Para C. Karres, esse parecia ser o momento certo para contar sobre sua ligação com a Rosacruz Áurea, sobre o trabalho espiritual de seus dois líderes, que o haviam enviado nessa missão.

De volta à Holanda, ele relatou seu encontro a J. van Rijckenborgh e H. Stok-Huizer, que, em seguida, começaram a corresponder-se com o distante guardião da antiga Fraternidade. No dia 1º de setembro de 1954, aconteceu o primeiro contato entre essas três
143 pessoas tão especiais.

143. Gadal, A. *O triunfo da Gnosis Universal*. Jarinu: Pentagrama Publicações, 2016.

Gadal (à esquerda) no Vale do Ariège, em 1958

Catharose de Petri sempre disse que, antes dessa época, ela e J. van Rijckenborgh conversaram muitas vezes sobre a necessidade de entrar em contato com um ser humano vivo na matéria, que seria o elo de contato com o trabalho da corrente universal de fraternidades. Eles sentiam "a falta do contato direto e concreto com um amigo que também seria um irmão mais velho, mais maduro e com mais experiência de vida do que nós", com quem poderiam discutir a profundidade da Gnosis, já que o trabalho e sua expansão magnética tinham aumentado. No entanto, eles também tinham a certeza de que o momento adequado para isso iria se apresentar, se eles soubessem esperar.

Durante uma conferência especial em Renova, em novembro de 1955, Antonin Gadal celebrou um ritual cátaro clássico. Nessa ocasião, ele declarou aos alunos da Escola Espiritual: "Que imensa alegria ter encontrado o senhor Leene, que é incontestavelmente o mestre da antiga civilização, dos antigos mistérios. Com efeito, aquilo em que estamos mergulhados aqui são os antigos mistérios, os mistérios celtas, os mistérios egípcios da Gnosis. Podemos resumi-los todos em uma única frase: 'Deus é amor'.

Por isso, sinto hoje que os antigos cátaros voltaram. Ou devo dizê-lo de outro modo: *Catha-Rose!* Pois a palavra *katharos* não é propriedade de uma categoria qualquer de homens. Tornar-se 'puro', 'perfeito', é possível para cada ser humano. O mundo inteiro deve tornar-se perfeito! Contudo, para isso devemos ter coragem de percorrer a senda da perfeição, a inexorável senda da Gnosis, a Gnosis que faz que nos encontremos hoje neste Templo de Renova. E é como se eu visse diante de mim: a Catedral, *le cimetière*, a glorificação...! Estamos todos aqui diante dos dois ramos da Gnosis que hoje se tornaram um. E é com justiça que denomino esse ramo, esse ramo único,
144 de ramo do Espírito, o ramo do Deus de amor e do reino do amor".

144. Gadal, A. *O triunfo da Gnosis Universal*. Jarinu: Pentagrama Publicações, 2016.

No dia 5 de maio de 1957, J. van Rijckenborgh e Catharose de Petri consagraram um singelo monumento em Ussat-les-Bains. Gadal coroou esse monumento com uma pedra da gruta de Belém, sobre a qual, na época dos cátaros, todos os *parfaits* recém-iniciados comemoravam seu primeiro serviço templário. Assim, os três líderes espirituais confirmaram, na presença de aproximadamente 300 alunos, uma nova aliança: "a Tríplice Aliança da Luz" – Rosa-Cruz, Cátaros e Graal. "A primeira 'para o conhecimento justo', a segunda 'para uma vida justa e pura', e a terceira 'para desenvolver e aplicar a força mágica justa'", como J. van Rijckenborgh explicou em uma carta a seu amigo Cor Damme, enquanto este dava forma ao trabalho no Brasil e em Los Angeles. Sobre esse assunto, J. van Rijckenborgh disse: "Os atributos (externos e internos) do grão-mestrado dessas três fraternidades nos foram transmitidos para podermos sustentar o trabalho na prática e garantir à Escola a autoridade necessária". Ele também fala de sua expectativa de "ver, em futuro próximo, um trabalho de unificação do anseio e da busca no mundo inteiro. Grupos dispersos e experimentais unir-se-ão sob a orientação da jovem Gnosis, e como resultado o novo reino gnóstico poderá ser firmemente estabelecido." 145

O monumento destaca-se como um reconhecimento e uma confirmação: com ele, a Escola Espiritual homenageia a corrente universal, que também protege seu trabalho. Ele é a prova de que a jovem Fraternidade gnóstica tornara-se totalmente autônoma e, naquele momento, "fora encarregada de todo o trabalho mundial", como os grão-mestres afirmaram. Com esse monumento, a Escola, como Fraternidade da jovem Gnosis, ligou-se definitivamente à corrente áurea da luz, da qual fazem parte todas as fraternidades

145. Carta de J. Leene e H. Stok-Huizer para Cor Damme, 25 de abril de 1956, arquivo C. Damme, BPH.

A. Gadal nas proximidades do antigo *Museu Gadal*, em Ussat-les-Bains

em Cristo, conhecidas e desconhecidas. Nessa data memorável, 22 de novembro de 1955, quando A. Gadal confirmou a admissão da Escola Espiritual na corrente das fraternidades e conferiu o grão-mestrado como mandato espiritual a J. van Rijckenborgh, iniciou-se uma fase marcada por uma força extraordinária. Era a fase do "novo reino gnóstico", em cujo contexto os líderes espirituais, daí em diante, somente seriam conhecidos como J. van Rijckenborgh e Catharose de Petri.

Em uma carta datada de 20 de dezembro de 1955, ao seu "irmão muito amado em Cristo, nosso Senhor, o amigo sr. Gadal", J. van Rijckenborgh expressa sua grande alegria sobre "as boas-vindas faladas e cantadas de todos os precursores". Ele também agradece a Antonin Gadal todos os registros encaminhados: os documentos, artigos e conferências que o inspirado autor passara para a recém-fundada jovem Fraternidade gnóstica. Na mesma carta, J. van Rijckenborgh refere-se ao fato de que "toda a boa vontade das forças gnósticas foi colocada à disposição para a futura expansão do reino gnóstico". Por isso, com a admissão e o selamento da jovem Fraternidade gnóstica na corrente gnóstica, não haverá tempo para descanso, pois muitos acontecimentos se sucederão muito rápida e dinamicamente. "É nossa tarefa realizar uma colheita tão grande quanto possível e levá-la para a sexta região cósmica, o reino dos céus." Para tanto, ele prevê:

"1. A ampliação do alojamento de Renova; 2. a construção e ampliação do templo existente em Haarlem; 3. a criação de um novo centro de conferências e um novo templo no norte da Alemanha, ou seja, em Goslar, no Harz; 4. o estabelecimento de um novo centro de conferências e de um templo no sul da Alemanha, ou seja, em Calw, na Floresta Negra; 5. o estabelecimento de um novo centro de conferências e de um templo no sul da França, em Ussat-les-Bains, nos Pirineus, no país dos cátaros, onde os antigos santuários clássicos das fraternidades precedentes já haviam sido transferidos para a jovem Fraternidade; 6. o estabelecimento de um museu gnóstico internacional em Ussat-les-Bains, gerenciado pelo sr. Gadal; 7. o estabelecimento de uma segunda sede na Suíça, como sucursal da sede holandesa." 146

Vinte anos antes, em 1935, quando estavam em Londres, os três amigos – Jan e Wim Leene e Cor Damme – receberam o "selo de sangue de Cristão Rosa-Cruz": o sinal da Ordem da Rosa-Cruz. Em 1955, dessa vez das mãos de A. Gadal, J. van Rijckenborgh recebeu o selo "de grão-mestrado de Nicetas": sete pentagramas em um círculo, que em épocas anteriores haviam representado "as sete igrejas na Ásia". Para Catharose de Petri, A. Gadal conferiu o sinal da "Igreja do Espírito": um círculo que continha uma esfera, onde uma cruz havia sido implantada. Como seu próprio selo, Gadal utilizou um círculo com o monograma de Cristo e o alfa e o ômega. Por mais que J. van Rijckenborgh tivesse a intenção de analisar os artigos e palestras de A. Gadal, não conseguiu fazer isso em vida,

146. Carta de J. van Rijckenborgh a A. Gadal de 20 de dezembro de 1955.

o que, em parte, pode ter sido causado pela barreira da língua. No entanto, esse fato também está relacionado a um momento menos afortunado da atuação do grão-mestre. Gadal esperava que o trabalho no sul da França fosse um novo toque de trombeta, chamando para um renascimento da antiga religião dos cátaros na Europa. Esse trabalho era liderado pelo filho de J. van Rijckenborgh, Henk Leene, que se mostrou incapaz de cooperar com Gadal e o ignorou. Assim, a relação entre Gadal, "o guardião dos santuários cátaros", e J. van Rijckenborgh tornou-se difícil, especialmente porque J. van Rijckenborgh dependia de uma comunicação indireta, realizada por seu filho. Apesar de Catharose de Petri ter-lhe avisado que isso era inadequado, e dele ter sido informado por outros da difícil situação em Ussat-les-Bains e no sul da França, ele não interferiu. Foram necessários quarenta e nove anos para que esse arquivo interessante e tão especial ficasse disponível no livro *O triunfo da Gnosis universal*.

OS CENTROS DE CONFERÊNCIAS DO LECTORIUM ROSICRUCIANUM

A segunda metade da década de 1950 realmente caracterizou um período muito dinâmico para a Escola e seus líderes. No início de 1956, J. van Rijckenborgh explicou para um público surpreso – havia apenas um pequeno número de alunos – que seriam construídos outros seis importantes centros nos próximos sete anos. "Pensamos que ele havia enlouquecido", disse um deles, "com um grupo tão pequeno, esse era um programa muito ambicioso!" Foi realmente um momento muito desconcertante, de grande espanto: um momento como poucos que o grupo havia conhecido até então. Dessa vez, a convicção geral era de que o grão-mestre não estava sendo realista e impunha uma tarefa que ultrapassava a força de todos eles, como grupo. No entanto, os seis novos centros vieram. Em 1955, um novo foco da Escola Espiritual foi criado em Santpoort: *De Rozenhof* (O Jardim das Rosas). Era a sede da *Ecclesia Secunda*, um templo para o quarto aspecto ou o quarto campo de trabalho dentro da Escola

Colocação da pedra fundamental do Templo de Noverosa, em 1957. J. van Rijckenborgh, A. Hamelink, Catharose de Petri

Espiritual. Desde então, o terceiro campo de trabalho passou a ser chamado de Escola de Consciência Superior.

As informações a seguir nos darão uma ideia das atividades que ocorreram durante esse período: no dia 30 de março de 1957, foi lançada a pedra fundamental do novo templo principal de Haarlem, concluído no mesmo ano. Uma semana depois (!), no dia 7 de abril, seguiu-se o lançamento da pedra fundamental do novo centro de conferências em Calw, Alemanha, que abriu suas portas 11 meses depois, no dia 7 de março de 1958. No dia 3 de novembro de 1957, na presença do Sr. Van Rijckenborgh e de sua filha, E.T. Hamelink-Leene, foi lançada a pedra fundamental do novo Templo de Noverosa, que finalmente substituiu a tenda templo, utilizada por mais de vinte anos. Em 28 de junho de 1958 esse templo foi consagrado, estabelecendo assim um centro de conferências próprio para os jovens do Trabalho da Mocidade. Em 11 de outubro de 1958, foi inaugurado o novíssimo centro de conferências no sul da França, em Ussat-les-Bains, construído em um lote de propriedade da *Association Cultuelle* "Lectorium Rosicrucianum". Essa associação foi fundada em 25 de julho de 1957, com o

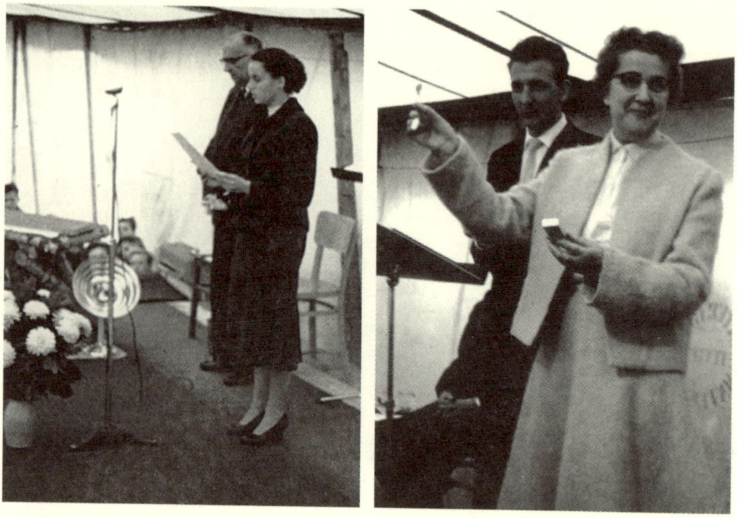

Instalando a pedra fundamental do Templo de Noverosa, em 1957

seguinte objetivo: *l'exercice du culte de la religion universelle originelle telle qu'elle se continue dans le christianisme* (o exercício do culto da religião universal original, tal como ela se perpetua no cristianismo). Essa associação constitui, ao mesmo tempo, o início oficial do Lectorium Rosicrucianum na França. Era presidida por A. Gadal com um *presi-*
147 *dium* composto por alguns membros holandeses.

O Brasil e o trabalho de Cor Damme

Em 1964, Ton Ritman e Bert Stratman viajaram a São Paulo para consagrar o primeiro templo de fogo no continente sul-americano: o Templo de Aquarius. Lá eles realizaram a mesma conferência proferida durante o grande encontro de verão em Renova, chamada de "primeira conferência de Aquarius" (ver capítulo 20). As atividades no Brasil tiveram uma longa história de ligação com o

147. Jornal oficial da República Francesa. Leis e decretos, ano 89, n. 179, sábado, 3 de agosto de 1957.

trabalho holandês. Antes da guerra, já existiam contatos: em 1934-1935, Carolina Sandvoss e seu marido começaram o trabalho da América do Sul em São Paulo, onde a guerra mundial também os obrigou a interromper as atividades por longo tempo. Em 1946, Cor Damme recebeu a tarefa de reorganizar o trabalho no Brasil, por solicitação escrita da liderança brasileira da *Rosicrucian Fellowship*. Assim, Cor Damme encerrou seu mandato na Holanda. Mediante contatos com Damme, Antônio Lázaro, um libanês que havia emigrado para Brasil, e Hermann Zion, dois membros proeminentes da *Rosicrucian Fellowship* do Rio de Janeiro, reconheceram o Lectorium Rosicrucianum como "a Rosa-Cruz autêntica", segundo palavras de Antônio Lázaro. Isso culminou com uma visita dos dois à Holanda para uma reunião com os grão-mestres no centro recém-inaugurado *De Rozenhof*. Durante uma conversa com o autor deste livro em 1996, A. Lázaro relacionou todos os detalhes de seu encontro com os *grandmasters* (como se referia a eles). Como membros do ramo agonizante da *Rosicrucian Fellowship* no Rio de Janeiro, sua viagem à Holanda também teve como objetivo, evidentemente, examinar o trabalho do Lectorium Rosicrucianum. Lázaro também perguntou tudo sobre Max Heindel a J. van Rijckenborgh. "Ainda me lembro de que, em certo momento, telefonei para o Brasil para fazer meu relatório. Em meu entusiasmo por esse encontro com um *autêntico* irmão da Rosa-Cruz, indagara-lhe de coração sobre Heindel. E contei o que J. van Rijckenborgh me havia declarado: 'Heindel, em si, libertou-se. Contudo, o trabalho continuará, graças à Tríplice Aliança da Luz. E é desse trabalho que participaremos!'"

Por ocasião da primeira visita de Antônio Lázaro à Holanda, Catharose de Petri e J. van Rijckenborgh pediram-lhe para dirigir o trabalho brasileiro, assistido por Zion. Em 1952, o casal Sandvoss iniciou a construção de um novo núcleo, dessa vez no Rio de Janeiro. Durante cinco anos difíceis, esses obreiros da primeira hora trabalharam com alguns poucos amigos, até que, em 1957, Antônio Lázaro, apoiado

H. Zion (à esquerda) e A. Lázaro (centro) em Noverosa, em 1957

por Geraldo Ferreira e Hermann Zion, assumiu a direção. Em seguida, o trabalho na América do Sul ganhou velocidade: juntos, eles imprimiram grande prosperidade à Obra. Em 1967, os dois grão-mestres viajaram para o Brasil, onde realizaram sua última Conferência de *Aquarius*, a mesma que haviam proferido no meio do ano em Toulouse. Atualmente, existem sete grandes centros regionais no Brasil. Antônio Lázaro manteve sua palavra e participou ativamente. Durante quarenta anos, ele viajou por todo o Brasil inspirando as pessoas e construindo um grande círculo em torno dos grão-mestres, até finalmente instalar-se, já em idade avançada, em Jarinu, nos arredores de São Paulo. Como as acomodações na capital haviam ficado demasiado pequenas, a organização comprou um terreno em Jarinu, próximo a uma reserva ambiental, num vale com atmosfera tranquila, onde espécies raras de plantas crescem e a flora é excepcionalmente rica e variada. Em 1985, foi inaugurado um templo de trabalho temporário em um edifício já existente. O coroamento da obra de Lázaro lá está: um grande e esplêndido templo foi inaugurado no ano 2000, nesse belo vale de Jarinu. O templo *Pedra Angular,* tal como um farol, tornou-se o centro espiritual do trabalho sul-americano da jovem Fraternidade gnóstica. Durante a inauguração, Lázaro disse às 1200 pessoas presentes: "Talvez vocês pensem que este templo foi construído para vocês, para seguirem seu caminho, sua senda. Mas não se trata disso. Este templo é um presente para a Fraternidade, para que sua Obra possa seguir adiante".

Agora, apenas algumas observações sobre Cornelis Damme, "o iniciado" que, cheio de coragem e bom humor, combinou sua nova profissão de antiquário especialista em arte asiática com sua vocação espiritual, percorrendo as Américas do Norte e do Sul. Sempre ligado a Haarlem, mas atuando de forma independente, ele iniciou o trabalho na América do Norte por iniciativa própria; ao mesmo tempo, continuava apoiando os amigos no Rio de Janeiro e em São Paulo com conselhos e ações. Na carta mencionada anteriormente, de 25 de abril de 1956, os dirigentes da Escola saudavam-no e faziam um resumo entusiasmado da evolução da Escola Espiritual. Assinaram a carta com "Henny e Jan", respectivamente. O tom da carta era cordial, condizente com uma correspondência entre velhos amigos. "Caro Cor," foram suas palavras iniciais, "já é tempo de você receber sinais de vida de nossa parte para informá-lo sobre tudo o que acontece e acontecerá por aqui." Então, eles o informaram sobre sua mais recente publicação, *A Gnosis em sua atual manifestação* ("E Cor, supomos que você já recebeu a sequência do livro *O advento do novo homem*! É a última grande publicação da Rozekruis Pers!") Eles também informaram sobre o trabalho no Brasil e sobre o recém-construído *Rozenhof*, em Santpoort. Contaram-lhe que se afastaram da direção da Escola Externa. "Em primeiro lugar, você precisa saber que no mês passado (março 1956) Henny e eu pedimos demissão da direção da Escola. Transferimos a liderança, toda a direção da Sociedade Rosacruz e do Lectorium Rosicrucianum para um conselho diretivo, composto pelos senhores Van der Kuyp,

Buys, Stratman e Ritman. Em setembro, também nos afastaremos da direção da Escola de Consciência Superior, ou seja, o terceiro aspecto do corpo-vivo da jovem Gnosis. Vamos manter somente a direção espiritual. Com a pressão esmagadora de todo o trabalho, já não estávamos conseguindo arcar com o peso da direção como
145 um todo."

Um tom amigável e caloroso permeava essa carta. Em nenhum lugar, tanto na carta como nos arquivos, fomos capazes de encontrar qualquer motivo ou causa para o fato de, dois anos mais tarde, Cor Damme ter sido removido da lista de alunos da Escola. Pelo contrário: nessa carta, os grão-mestres sugeriam a evolução que ainda estava por vir naquele momento, e sobre a qual ninguém sabia nada – como, por exemplo, a fundação da Comunidade da Cabeça Áurea. Talvez essa remoção deva ser atribuída à saída dos dirigentes espirituais do Conselho Diretivo da Escola Externa. As pessoas mais chegadas a Cor Damme testemunham que esse foi um golpe do qual ele nunca se recuperou totalmente.

Foi um episódio angustiante, resultado de uma decisão burocrática que alguns, a serviço da referida nova administração ou do conselho diretivo, acharam que deveria ser tomada. De qualquer forma, permanece aberta uma chaga dolorosa em uma amizade especial que durou mais de vinte e cinco anos.

Depois disso, Cor Damme iniciou um novo trabalho, no oeste dos Estados Unidos: em San Diego, em Oceanside e posteriormente em Las Vegas. Esse trabalho baseava-se somente na autorresponsabilidade e na própria autoridade, para atingir a verdadeira vida e a consciência espiritual. Reiteradas vezes, Cor Damme apontou para o perigo da ilusão e de uma estrutura do trabalho espiritual que utilizasse muitos títulos e conceitos. Assim, fundou sua própria escola: a Escola da Doutrina Vertical, elaborou alguns cursos e prosseguiu o trabalho com um pequeno número de alunos. Um estudo dos textos preservados dessa organização talvez seja publicado em futuro próximo. Pouco antes de sua morte, Cor Damme, esse amigo tão especial da primeira hora, visitou Santpoort uma última vez.

Voltemos agora para as intensas atividades que os dois líderes espirituais viam aproximar-se na Europa. No domingo, 16 agosto de 1964, durante a Segunda Conferência de *Aquarius,* foi consagrado o templo *Christian Rosenkreuz,* em Calw, no sul da Alemanha. Esse evento teve a participação de 2200 alunos, que vieram de muitos países europeus, bem como da Califórnia e do Brasil. Assim foi na conferência anterior e nas demais Conferências de Aquarius. Em 1965, a nova organização construiu um centro de conferências em Bad Münder, no norte da Alemanha, que recebeu o nome de *Jan van Rijckenborgh-Heim*. O sétimo templo de fogo foi o templo *Catharose de Petri,* em Caux, na Suíça.

Em 1978, a organização adquiriu um prédio na pequena cidade de Caux, perto de Montreux. Ele havia sido construído em 1893 como "Grand Hôtel de Caux", a uma altitude de 1050 metros. Devido à localização imponente e aspecto luxuoso, por longo tempo o hotel tinha atraído os ricos e famosos no fim do século. Sissi, a imperatriz Elisabeth do império austro-húngaro (1837-1898), também se hospedou nesse Grand Hôtel de Caux, cujo nome, mais tarde, seria "Hotel Regina".

O centro de conferências de Caux ocupa um lugar de destaque em toda a linha espiritual que tentamos descrever neste livro. Desde o início do trabalho do Lectorium Rosicrucianum, os líderes espirituais estavam buscando um ancoradouro no sul da Europa. Nesse contexto, a Suíça também desempenhou um importante papel. Mais que isso, um importante papel histórico. Com um foco ativo nessas regiões, os líderes podiam demonstrar qual era a ligação entre o trabalho autônomo da Escola, a jovem Fraternidade gnóstica, e os patarenes, os valdenses, os

O monumento *Galaad,* em Ussat-les--Bains

albigenses e os cátaros de outrora, que, em sua época, frequentemente encontraram na Suíça um refúgio seguro. Em sentido espiritual, sentiram que eram seus descendentes e com eles tinham forte ligação.

Nas alturas de Caux, quem tem a oportunidade de absorver a paisagem ficará profundamente impressionado com a pureza da atmosfera, a imensidão do lago de Genebra abaixo, os poderosos e protetores picos das montanhas ao redor. Também está presente uma vibração espiritual além da experiência pessoal e que conecta com um antigo campo, livre das esferas atuais do tumulto humano. Memórias de outras paisagens, nos Pireneus, em Montségur e nos outros castelos de "Joana", a "Igreja do Espírito" cátara, ressoam como harmônicos nessa magnífica paisagem. Da varanda desse edifício, enquanto a magnífica paisagem preenche profundamente a atmosfera, a alma sensível vivenciará essa ligação. E, com a construção do templo de fogo, em 1987, ligeiramente afastado do antigo prédio, reconhecemos a cruz cátara, tão importante para a Escola Espiritual, no traçado do edifício e do templo. A mesma cruz também adorna o vitral do *Rozenhof*. É um testemunho verdadeiro e significativo, pois ali a luz foi reacesa e permanece plenamente ativa.

Cinquenta anos após a primeira consagração em Haarlem, os sete fogos do Espírito novamente ardem pelo mundo todo, com os seis templos principais na Europa e o sétimo na América do Sul. Durante os anos que se seguiram, muitos outros templos principais foram construídos. O primeiro templo de fogo foi inaugurado em Haarlem em 1937. Os outros templos de fogo foram: na Holanda, o Templo de *Renova,* em 1951, e o Templo de *Noverosa,* em Doornspijk, em 1958; no Brasil, o Templo de *Aquarius*, em São Paulo, em 1964; na Alemanha, o Templo de *Christian Rosenkreuz,* em Calw, em 1964, e o Templo *J. van Rijckenborgh,* em Bad Münder, em 1965; e, finalmente, na Suíça, o Templo *Catharose de Petri*, em Caux, em 1987. Os grão-mestres falaram de cada um desses púlpitos em cada lugar de serviço, exceto na abertura do templo de Caux, pois o Sr. J. van Rijckenborgh já havia falecido. No entanto, durante as cinco primeiras etapas de sua visão sobre a criação de um trabalho mundial, muitos alunos viajaram com ele para os lugares onde eram abertos novos núcleos e centros de conferências. Eles assim fizeram para apoiar seu trabalho – e certamente também para trabalhar em seu próprio desenvolvimento espiritual. Nos quarenta anos que se seguiram, outro grande número de centros de conferências com templos dedicados ao fogo foram criados sob a inspiração da Direção Espiritual Internacional; eles constituem o que às vezes é chamado de "reino gnóstico na Europa".

Durante o mesmo período, o desenvolvimento interno da Escola Espiritual da Rosacruz também recebeu um impulso novo e importante: em 17 de novembro de 1957, os grão-mestres instituíram o quinto aspecto do trabalho e, próximo ao solstício de inverno de 1957, puderam instalar a Comunidade da Cabeça Áurea, o quinto aspecto da jovem Fraternidade gnóstica. É um grupo especial, um campo de trabalho no qual seus alunos recebem a oportunidade de compreender em profundidade a Escola Espiritual, em todas as suas facetas, e de guiá-la em seu desenvolvimento. Dessa forma, foi dado o passo mais importante rumo à autonomia e à autogestão da organização, permitindo aos grão-mestres devotarem-se inteiramente aos assuntos exclusivamente espirituais do futuro próximo.

O pentágono na gruta de Belém, em Ussat-les-Bains

19. A câmara do tesouro da Fraternidade Universal

1957-1968. Quarta fase. A Casa Sancti Spiritus no presente. Hermes é a fonte primordial: a Gnosis original egípcia. Explicações dos manifestos rosa-cruzes. A sabedoria da senda é universal. Comentários sobre o Tao Te King. Novamente o Egito: Valentino e a Pistis Sophia – os livros do Salvador

Com a expansão internacional do trabalho, iniciou-se também uma fase de nova orientação. Desde 1953, J. van Rijckenborgh já citava o *Evangelho da Verdade,* de Valentino, descoberto alguns anos antes e publicado por Henri-Charles Puech, Gilles Quispel, Jan Zandee e outros. Em uma alocução de 1954, que levava o mesmo título, ele explicou minuciosamente a diferença entre uma abordagem científica, determinística, sobre a descoberta de Nag Hammadi e "o privilégio de poder aprofundar-nos nesses textos juntos, em orientação única, graças à força de radiação que toca a todos nós". Ele fala sobre a forma como o Pai chama, pelo nome, o ser humano "espiritual", o tipo *pneumático.* Lemos: "É porque 'aquele que sabe' é um ser que vem do alto. Quando é chamado, ele escuta! Ele responde, volta-se para aquele que o está chamando e retorna para ele. E compreende o modo como está sendo chamado. Possuindo a Gnosis, ele cumpre a vontade daquele que o chamou e anseia por fazer o que lhe agrada. E assim... recebe a paz!
[...] Assim, o gnóstico desperta de sua letargia, de seu estado de ignorância e de inconsciência, no qual estava mergulhado como um bêbado em sua embriaguez; gradualmente ele recobra a consciência e a verdade; ele descobre a insignificância de seu estado anterior. [...] E repetimos: quem possui esse conhecimento sabe de onde vem e

para onde vai – ele compreende, como alguém que se distancia e desperta da embriaguez em que vivia. Assim, para esse gnóstico, a Doutrina Universal, o cristianismo gnóstico, é a manifestação de
148 Deus por meio de Cristo, a passagem do nada para o tudo."

Em meados da década de 1950, J. van Rijckenborgh e Catharose de Petri abriram outra porta para "a câmara do tesouro da sabedoria hermética". Esse tesouro consistia em dezoito livros do *Corpus Hermeticum* e na *Tabula Smaragdina* – os textos de Hermes Trismegisto. Esse trabalho, dividido em quatro partes, com textos explicativos e intitulado *A Gnosis original egípcia e seu chamado no eterno presente,* revela que J. van Rijckenborgh também estudou o *Corpus Hermeticum* linha por linha.

Seu amigo e colaborador mais próximo, C.G. Stratman, indicou-lhe os livros de G.R.S. Mead (ver capítulo 3), até então praticamente desconhecido na Holanda. Conforme Stratman traduzia parágrafo por parágrafo, apontando-lhe vários detalhes, J. van Rijckenborgh retomava o fio da meada, cujo início ele tecera cinquenta anos antes. A tradução inglesa de Mead do *Corpus Hermeticum,* apresentada em seu impressionante livro *Thrice-Greatest Hermes* (Hermes, o três vezes grande), foi a base do texto holandês, publicado em quatro partes.

J. van Rijckenborgh explicou que Hermes considerava a Gnosis Original como o conhecimento original, a sabedoria eterna e também a força libertadora que se manteve fundamentalmente a mesma através do tempo, ou melhor: que sempre procurou transmitir a mesma mensagem. Utilizando o cenário de seu tempo, ele mostrou que esse chamado ainda é, de fato, atual. Como nenhum outro, ele foi capaz de mostrar a linha universal, portadora sempre do mesmo princípio. Essa é a razão para acrescentar um subtítulo à obra: "e seu chamado no eterno presente".

148. Rijckenborgh, J. van. *Het Evangelie van de Waarheid* (O Evangelho da Verdade). In: *Renova*. Nova Série, número 9, outubro de 1954. p. 220.

Ele confrontou seu público (e mais tarde seus leitores) com profundos *insights* da sabedoria do antigo Egito na ligação entre Deus, o mundo e o ser humano. Além de ser visível no cristianismo original, esse caminho é válido para todos os tempos. Em cada página de seus livros e em suas palestras, ele procurou afastar-se dos pontos de vista distorcidos do ser humano mundano. Seu objetivo era oferecer ao grupo formado uma imagem clara do caminho positivo da vida, que sempre existiu – a senda que ainda existe e levará à libertação da alma. Com relação a esse assunto, ele considerou de suma importância a advertência de Hermes de que "as pessoas que virão depois de nós" poderão ser induzidas ao erro pela astúcia dos especialistas, afastando-se da filosofia verdadeira, pura e sagrada. Isso porque a verdadeira filosofia, não maculada pela imprópria curiosidade Intelectual, consiste em venerar a Deus com simplicidade de mente e alma, em sintonizar as ações com ele e ser grato à sua vontade, que é pura bondade.

A visão espiritual, a plenitude de vida e o reconhecimento de que o *Corpus Hermeticum* e a *Tabula Smaragdina* (Tábua Esmeraldina) expressam a pura verdade foram reunidos no que J. van Rijckenborgh chamou de "Gnosis original egípcia". Apesar de terem sido registrados no início da era cristã helenística, esses textos tiveram sua origem na sabedoria egípcia, muito mais antiga. Isso foi confirmado por pesquisas modernas. Como foi mutilada e vulgarizada, fica difícil encontrar traços dessa sabedoria original nos hieróglifos e pirâmides, nos túmulos reais e nos papiros, embora ainda aí ressoem como a única e eterna doutrina da libertação para os que podem ver. Esse é um ponto de vista totalmente compartilhado por Erik Hornung. Em seu livro *A sabedoria oculta do antigo Egito,* esse autor e cientista confirma que a figura de Hermes Trismegisto, uma combinação da divindade egípcia Thot e do Hermes grego, foi considerada com razão o símbolo da sabedoria oculta. Hornung chamou esse conhecimento de *Egiptosofia* e ousou empreender uma luta com a

Egitosofia oficial, que até hoje ignora esse fenômeno. Finalmente, houve alguém que comprovou cientificamente a influência do Egito esotérico em dois mil anos de história europeia. De acordo com Hornung, "já no Egito antigo, as experiências com uma verdade imutável foram registradas de tal modo que determinaram a maneira pela qual,
149 muitos séculos adiante, os europeus se aproximariam do Espírito!"
Cinquenta anos antes que Hornung, e com um estilo fascinante, J. van Rijckenborgh trouxe à luz o esplendor da Gnosis original egípcia sobre as grandes questões filosóficas que sempre ocuparam a Europa desde sua origem. Qual é a relação entre Espírito e natureza, e entre alma e matéria? O ser humano consegue conhecer Deus? Como ele poderia fazer isso? O que é o bem e o que é o mal? O ser humano pode libertar-se e tornar-se imortal? Como? Essas são as questões tratadas nos diálogos do *Corpus Hermeticum,* entre Pimandro e Hermes, Hermes e Tat, e Hermes e Asclépio. E mais uma vez, os nomes são metáforas para as forças espirituais e anímicas no ser humano.

No tomo I da série, J. van Rijckenborgh descreve o estado do ser humano aprisionado no tempo, embora seu destino seja a eternidade. O tomo II explica amplamente como podemos libertar-nos desse estado. Ele parte da ideia de que o ser humano, em sua existência atual, não conhece Deus. "Afastem-se", diz o autor, "renunciem aos laços que os prendem às forças da natureza. Assim, suprimirão as causas da morte, do 'contramovimento', e alcançarão a imortalidade, na unificação com a verdade imortal."

No tomo III, o autor descreve as dificuldades que o ser humano anelante encontra nesse processo. Essas dificuldades surgem, entre outras coisas, pela confusão dos conceitos de bem e mal, pela atividade do intelecto, e, finalmente, na tendência humana para

149. Hornung, E. *The Secret Lore of Egypt: Its Impact on the West.* Ithaca N.Y.: Cornell University Press, 2001.

utilizar-se de tudo em benefício do próprio eu. Desse modo, colocamo-nos em posição diametralmente oposta ao Espírito, ao *pneuma* (Espírito vital, sopro vital), que é universal, que é para todos e está em todos. Com essas três tendências, surgem os problemas existenciais no mundo da matéria.

O autor alcança o ápice no tomo IV, onde ele se aprofunda sobre a purificação do coração e do pensamento por meio da verdade e sua vibração purificadora. O resultado do ato de admitir a verdade em nós mesmos é uma purificação da consciência. O encadeamento do destino, ou carma, perde sua influência irresistível. Surgem uma nova consciência e um novo pensamento. Com eles, aprendemos a ver a verdade cada vez melhor: dentro, fora e acima de nós mesmos, mas, principalmente, em nosso ser interior. Já não criamos imagens da verdade, mas vivemos de acordo com sua estrutura.

Em suas explicações, J. van Rijckenborgh utiliza elementos do pensamento hermético e gnóstico, mas também ideias de Mani (210-276), o fundador de uma religião gnóstica, que ficou conhecida como *maniqueísmo.*

Ele ressaltou que o hermetismo, em seu conhecimento absolutamente positivo e seguro da unidade indissolúvel entre Deus, cosmo e ser humano, não difere basicamente da visão de Mani, que reconhecia a "maldade" presente em nosso campo de vida. Para Mani, o mundo e a consciência ora se unem, ora são lacerados pelas forças contrárias do bem e do mal. Liricamente, Mani propõe ao ser humano que abrace a Gnosis de forma absoluta e com todo o seu coração, e dê um adeus consciente à natureza inferior. Sua Gnosis é Cristo, o princípio espiritual salvador no cosmo e no ser humano. Hermes pede ao ser humano que supere o mundo dos sentidos, para ocupar-se com "as coisas essenciais" e elevar seu ânimo de tal modo que Pimandro possa libertar-se dentro dele. J. van Rijckenborgh diz: "Pimandro não é uma entidade separada, mas sim o fogo ardente de uma realidade viva que participa inteiramente do campo do Espírito".

Os quatro volumes de *A Gnosis original egípcia* constituem uma importante coluna-mestra do trabalho do Lectorium Rosicrucianum. Quando um ser humano vivencia interiormente o primeiro raio da luz, sente imensa alegria; J. van Rijckenborgh nada fez senão confirmar e explicar essa alegria: "Deus é luz!" – um discípulo de Hermes é o primeiro a endossar esse estado como verdade. Ele explica que, quando todos os alunos estiverem preparados conscientemente para levar adiante essa obra nos núcleos da Escola da Rosacruz, um novo tipo humano surgirá depois de algum tempo, e então se poderá falar de uma "grande e nova atividade mundial da Fraternidade".

Os manifestos da Fraternidade da Rosa-Cruz

J. van Rijckenborgh apresentou seu livro *O novo chamado* em 1952, em Calw e em Wiesbaden – e não nos principais templos da jovem Gnosis, em Haarlem ou em Renova (Bilthoven). Esse fato deve-se a uma razão especial: ele sentiu um impulso interior para retornar à região onde os rosa-cruzes clássicos iniciaram seu trabalho em circunstâncias incrivelmente difíceis. Ele escreveu: "É uma lei gnóstica que a luz sempre retorne ao lugar onde um dia resplandeceu. É por isso que a nossa moderna *Fama Fraternitatis* foi apresentada lá". Nesse contexto, ele viu claramente que a missão dos rosa-cruzes clássicos – a de erigir, no mundo, um "edifício espiritual" que fosse capaz de receber todos os que estavam em busca da luz – não pôde ser realizada no século XVII. A razão foi que, apesar de esse edifício invisível resplandecer no éter como "a Casa *Sancti Spiritus*", a eclosão da Guerra dos Trinta Anos (1618-1648) frustrou bastante o esforço dos irmãos da

150. *Renova*. Lectorium Rosicrucianum, ano 1, n. 10, novembro de 1952. p. 11.

Rosa-Cruz. No entanto, durante a segunda metade do século XX, um raio de luz abriu uma fenda nos imponentes portões do tempo e da matéria. Os grão-mestres reconheceram, então, que, apesar das circunstâncias não serem suficientemente favoráveis, esse edifício previsto e aguardado por tantos, agora poderia ser erigido.

Como já relatamos, os três manifestos rosa-cruzes do século XVII foram publicados como *O Testamento Espiritual da Ordem da Rosa-Cruz*, no ano de 1937. Somente vinte e seis anos depois, o grão-mestre concretizou seu plano de publicar os comentários esotéricos, anunciados na época como *Os segredos da Fraternidade da Rosa-Cruz*. Em 1965, de fato foram publicados praticamente com o mesmo título previsto em 1937: *Os segredos da Fraternidade da Rosa-Cruz. Análise esotérica do testamento espiritual da Ordem da Rosa-Cruz*. A primeira parte é uma edição ampliada da de 1939. O segundo volume provém, em grande parte, de alguns enérgicos capítulos, escritos antes da guerra, a respeito de temas que não haviam sido abordados na *Confessio Fraternitatis* de 1615. Esses comentários são os que surgiram separadamente no decorrer da década de 1930 na revista *Het Rozekruis*. O terceiro volume contém seus comentários sobre *As núpcias químicas de Christianus Rosencreutz*, obra escrita por Johann Valentin Andreæ por volta de 1604 (segundo declaração do autor, quando tinha dezoito anos), mas que somente foi publicada em 1616.

Essas obras, nas quais J. van Rijckenborgh expôs seus pontos de vista sobre os textos fundamentais da Rosa-Cruz, são muito importantes para o buscador que deseja abordar seu significado oculto. São comentários que, acima de tudo, oferecem um auxílio essencial em nossa vida pessoal. Eles proporcionam uma compreensão intuitiva sobre a razão das muitas imperfeições da vida. O texto e os comentários colaboram para restaurar o equilíbrio interior de quem os lê. Ninguém que reconheça algo dessa força espiritual em seu íntimo é capaz de ficar impassível diante da visão e do estilo que o autor desenvolve com base em um ponto de vista esotérico-cristão.

A primeira parte das explicações do livro *As núpcias alquímicas de Christian Rosenkreuz* é relativamente simples e pode ser seguida facilmente. Nesses comentários encontramos uma série de temas que geralmente atraem os jovens. Entretanto, a segunda parte é bastante diferente. Nela, percebemos que as explicações têm um significado que nos toca profundamente no íntimo. J.V. Andreæ deixou-nos um enigma em forma de livro, um "romance com chave", que permite aproximar-se do verdadeiro significado da alquimia. Os comentários de J. van Rijckenborgh são como uma espécie de "testamento espiritual" porque foi uma de suas últimas obras. Nessa segunda parte de suas explicações, os acontecimentos são descritos no plano da alma, ou melhor, como processos relacionados à gênese da alma-espírito no ser humano, e não à personalidade. Nesse contexto, H.P. Blavatsky escreve: "Na Grande Obra, não devem ser usadas personalidades (leia-se: egos)". O próprio J. van Rijckenborgh expressou a importância desse texto de 1616 com as seguintes palavras:

"[...] nas *Núpcias químicas* são descritas, minuciosa, precisa e claramente, todas as iniciações de C.R.C., tão claramente que melhor não é possível. Todos os esclarecimentos são dados, sem que um sequer seja descuidado. Quem foi, ou melhor, quem é Christian Rosenkreuz? Ele é o protótipo do verdadeiro homem original, do homem que realmente é Cristo, em quem o Cristo foi libertado por ele ter percorrido a senda da cruz na força da rosa. [...] Uma cruz surge mediante duas linhas de força que se interceptam perpendicularmente. Isso significa uma mudança total, uma transformação de forças, uma transformação alquímica. A rosa em nós tem de ser ligada a seu verdadeiro campo de vida, o campo da imortalidade. A rosa tem de ser libertada mediante a via-crúcis da transfiguração. Eis por que falamos de Rosa-Cruz. Esse trabalho tem de acontecer na força de Cristo, na força eletromagnética da vida universal." 151

Aqui, a rosa é o símbolo da centelha de luz, a centelha divina apontada pelos gnósticos, que J. van Rijckenborgh chama de "átomo-centelha-do-Espírito" ou "núcleo do Espírito", o núcleo vital divino no ser humano. E ele continua:

"Quando esse núcleo espiritual se torna ativo, e essa centelha de luz cintila no coração da cruz, o conhecimento interior nasce: o conhecimento do coração, a Gnosis. Ele manifesta-se do átomo divino primordial, a semente do Espírito em potencial oculta no ser humano. Quando fertiliza a alma humana, a semente dessa rosa torna-se imortal e transfigura o corpo, a personalidade. O conhecimento do todo-bem é um *insight* espiritual. Isso é Gnosis: é a chave para o conhecimento interior do ser humano, de seu destino divino e de Deus, que está dentro dele." 152

A história de vida de J. van Rijckenborgh demonstra seu único objetivo, que trespassou, como um fio dourado, todas suas obras: estimular o leitor interessado, o ser humano buscador, a alcançar o autoconhecimento. A verdadeira origem humana é o microcosmo, no qual está oculto o mistério da vida. Como está escrito no livro *Fama Fraternitatis*, que ele gostava de citar: "Eis sua nobreza própria. Ele pertence à metade desconhecida do mundo". J. van Rijckenborgh abordou, em detalhe, o caminho que leva ao renascimento da alma, o renascimento da água e do Espírito, sobre o qual Jesus falou a Nicodemos. Nisso reconhecemos o encorajamento para a ação, que levou-o a encontrar o caminho na juventude. Ao contrário

151. Rijckenborgh, J. van. *As núpcias alquímicas de Christian Rosenkreuz. Análise esotérica das Núpcias químicas de Christianus Rosencreutz ano 1459*, t. I. São Paulo: Lectorium Rosicrucianum, 1993. p. 5 e 6.

152. Brul, A.H. van den. J. van Rijckenborgh, um rosa-cruz moderno e gnóstico hermético. In: *Pentagrama*, ano 17, n. 2, 1995. p. 33 e ss.

da linguagem confusa e rebuscada dos textos da *New Age* ou dos comentários secos e intelectualizados da teologia, a necessidade de um renascimento, sobre a qual ele havia escutado o professor De Hartog falar, não foi expressa em linguagem velada em um sentido exotérico. J. van Rijckenborgh falou sobre a vida interior no caminho, uma vida iluminada pelo ser interior, que não se manifesta necessariamente por meras aparências nem por aventuras heróicas ou ações espetaculares. Trata-se de uma iluminação interior pela flama da vida espiritual, que ele sabia estar próxima.

Há uma fase em que o ser humano auxilia no desenvolvimento da alma e se submete a um autoexame dinâmico. E há a fase de estar consciente da nova alma: é uma fase de gloriosa compreensão e de experiência da nova vida. Em termos evangélicos, há uma fase de consciência-João e há uma fase durante a qual podemos falar do "homem-Jesus", do homem-alma renascido.

Esse é o caminho de Cristão Rosa-Cruz. Renascer "do ser humano animal para o ser humano espiritual", como De Hartog costumava dizer, não era uma simples filosofia para ele, mas sim uma realidade e uma necessidade. Dessa forma, o ser humano nascido da natureza é capaz de ir ao encontro do Espírito. Somente assim, o Espírito original, a nova alma e um novo corpo podem fundir-se em verdadeira unidade. Eles correspondem a Bythos, Noûs e Aletheia dos antigos gnósticos, as profundezas do Espírito divino, de onde a verdade se revela. Na Bíblia eles se transformaram nos princípios divinos Espírito, água e sangue. Para Hermes, são os componentes Espírito, alma e corpo; e a alquimia da Rosa-Cruz clássica refere-se a eles como mercúrio, enxofre e sal. Esse é o caminho que vai da transmutação para a transfiguração, que é representado simbolicamente, de maneira velada, pelos sete dias
153 das núpcias alquímicas.

153. Ver nota 152

Hermes fala sobre "o mal da ignorância". A ignorância de tudo isso é realmente o maior drama humano. O ser humano chamado à transfiguração deve acabar com a ignorância, senão correrá o risco de permanecer preso a seu estado natural. Essa é a ideia fundamental que permeia toda a obra J. van Rijckenborgh. As palavras de Hermes confirmam-no: "Quando ilumina a consciência inteira, a Gnosis faz que a alma inflame novamente e se eleve, apartando-se do corpo (nascido da natureza). Assim, o ser humano é totalmente transformado na sua verdadeira natureza".

Um outro trecho do livro *As núpcias alquímicas de Christian Rosenkreuz* também confirma que os ensinamentos de Hermes estão por trás dos ensinamentos da Rosa-Cruz: "Após tantos danos terem sido infligidos ao gênero humano, com auxílio da Arte e por determinação divina, aqui fluo como remédio de salvação. Quem o puder beba de mim. Quem o quiser purifique-se em mim. Quem o ousar mergulhe em minhas profundezas. Bebei, Irmãos, e vivei!" 154

A SABEDORIA DA SENDA É UNIVERSAL

J. van Rijckenborgh restabeleceu uma ponte entre os objetivos dos irmãos da Rosa-Cruz e a fonte original de Hermes. Em seus comentários sobre *As núpcias químicas de Christian Rosenkreuz* ele escreve: "Quem foi, ou melhor, quem é Hermes? Hermes é o próprio Espírito manifestado, a fonte primordial, que quer refrigerar todo o ser humano. [...] Daí compreendereis [...] por que testemunhamos dessa fonte primordial [...] por que estudamos constantemente os antigos livros herméticos". Nesse sentido, Hermes é igualmente 155
uma figura mítica, ou melhor, uma figura simbólica, a ser considerada como alegoria da fonte primordial. Contudo, ao mesmo

154. Rijckenborgh, J. van. *As núpcias alquímicas de Christian Rosenkreuz*, t. II. São Paulo: Lectorium Rosicrucianum, 1996. p. XIV.
155. Idem, ibidem, p. 8.

tempo, ele representa uma sabedoria universal, que nunca perdeu sua força de radiação através dos tempos.

Por isso não é de estranhar o fato de J. van Rijckenborgh também ter reconhecido essa força da sabedoria universal em outro texto famoso, dessa vez originário do outro lado do globo, da China. A mesma força e a mesma profundidade que caracterizam a sabedoria de Hermes ressoaram na obra do sábio chinês que ficou conhecido como "velho mestre" e também como "criança velha", Lao Tsé. Muitas histórias fabulosas foram contadas a respeito desse sábio, como aconteceu com outras grandes figuras. Lao Tsé considerava "Tao" o caminho, e "Te" a virtude. Consta que ele não se colocou em primeiro plano e nunca escreveu ou transmitiu seus ensinamentos. "Se o Tao pudesse ser definido, ele não seria o eterno Tao": essa é a primeira regra das pequenas pérolas da Doutrina Universal contida no *Tao Te King*, cujos fragmentos foram transmitidos oralmente através dos séculos.

Lao Tsé era tido como "um homem silencioso no país", isto é, alguém que se manteve deliberadamente em segundo plano. Esse filósofo compreendeu profundamente a essência das coisas e mostrou pouco interesse pelas velhas e respeitadas formas. Viu a mudança perpétua dos fenômenos projetada contra o cenário da realidade espiritual, que sempre se mantém inalterável, acima das mudanças, e supera todas as limitações. Isso está expresso no livro *A Gnosis Chinesa*. Nele, podemos ler inúmeros comentários e temas de conferências propostos aos alunos por J. van Rijckenborgh e Catharose de Petri: as ideias de Lao Tsé sobre o eterno fluir, o eterno dissolver (nascer, brilhar e desaparecer); e sobre a necessidade de ingressar na verdadeira vida. Certamente eles devem ter sentido o chamado, o humor e a ironia sutil na natureza paradoxal das sentenças formuladas por Lao Tsé.

Em julho e agosto de 1952 eles iniciaram seus comentários sobre o Tao Te King, trabalho que retomavam periodicamente por um longo período. Eles escreveram: "o pesquisador só vê o caminho, só vê o Tao, quando descobre, conforme diz Lao Tsé, que 'sofre dor no ego', quando descobre que nada nem ninguém pode curá-lo dessa dor, que ninguém pode extinguir esse fogo até que ele mesmo diga adeus ao ser-eu". E, ao abordar o tema da "virtude misteriosa", acrescentaram: 156 157

"E agora um milagre se realiza: a corrente do novo estado de alma, que surgiu a partir de vossa total autorrendição, prossegue seu caminho na casa que abandonastes. Esse caminho de vida revela novas tônicas, novos fatos, para a multidão perplexa que vos conhece tão bem: 'Como é possível?', dizem. Virtude misteriosa!

O ser que éreis anteriormente ri e se cala; ele trabalha na sua empresa pelo tempo que for necessário, preenche uma fatura, vende sua mercadoria, conversa amenidades com seu cliente ou faz qualquer outra atividade. Mas, ao mesmo tempo, o Outro gera em vós as coisas e as alimenta.

Como isso é possível? É possível porque, pela grande oferenda de vós mesmos, vosso eu animal, vosso eu biológico, tornou-se uma parcela, uma fagulha, um pequeno raio do grande princípio do coração, ao qual tudo está ligado. E nasce uma sensação, o sentimento de que o antigo eu, impelido para um canto e mantido à distância, observa essa nova evolução e dela participa como simples interessado, sem exercer nenhuma influência. É como se o Outro em vós vos falasse, vez por outra, como um parente sublime: 'Olha, irmão, irmã, é assim que deve ser', e curvais a cabeça, cheios de devoção."

O livro *A Gnosis Chinesa*, de Catharose de Petri e J. van Rijckenborgh, é bastante popular, não apenas porque seu estilo tem grande aceitação entre os jovens, mas também porque a impressionante

156. Rijckenborgh, J. van. *A Gnosis Chinesa*. Jarinu: Lectorium Rosicrucianum, 2010. p. 21.
157. Idem, p. 116.

beleza poética do texto original de Lao Tsé ainda reverbera, inalterada, 2600 anos após o dia em que provavelmente foi escrito pela primeira vez. Conforme escreveu K. Shipper, no diário holandês *Trouw*, "Essa obra ainda é tratada com respeito na China moderna, e também é o texto primordial do taoísmo, o livro do caminho e de sua força, pequeno em tamanho, misterioso quanto ao seu conteúdo, e ainda ilimitadamente popular desde o século 3 antes da era cristã."
158 Na Holanda, cerca de 40 (!) traduções já foram publicadas.

Em nossa época, a sabedoria contida nesse livro é, talvez, até mesmo mais atual do que no tempo de Lao Tsé. Lemos, por exemplo, no capítulo 31: "As melhores armas são instrumentos de calamidade [...] Quem possui o Tao não faz uso delas". Ou no capítulo 33, o último que os autores comentaram: "Quem vence outros homens é forte, mas quem vence a si mesmo é onipotente. [...] Tornar-se onipotente significa penetrar a essência fundamental da Divindade e dela fazer parte". Podemos considerar essas palavras como compêndio da grandiosa tarefa que Catharose de Petri e J. van Rijckenborgh propõem ao leitor, mostrando-lhe também a maneira como realizá-la.

Quem se liberta das aparências
encontra o caminho para o ser interior.
Quem alcança o não fazer
159 *é admitido na Corrente.*

Mais uma vez o Egito

Os textos herméticos que J. van Rijckenborgh discutiu durante a década de 1950 não eram os únicos textos egípcios pelos quais

158. Schipper, K. *Het Taoisme houdt van lachen* (O taoísmo gosta de dar gargalhadas). No diário holandês *Trouw*, sábado, 24 de agosto de 2002.
159. Rijckenborgh, J. van. *A Gnosis Chinesa*. Jarinu: Lectorium Rosicrucianum, 2010. p. 483.

se interessou. Também voltou sua atenção a outra fonte egípcia copta: um tratado de um período tardio na escola de Valentino, em torno do século 4 d.C.: *Pistis Sophia – os livros do Salvador.* Esse complicado manuscrito gnóstico consiste em quatro partes, de diferentes procedências. Sua origem é datada do final do século 4 d.C., embora se considere que algumas partes sejam do início do mesmo século. O contexto e o assunto consistem nos ensinamentos secretos que Jesus transmitiu aos seus discípulos durante os primeiros onze anos depois de sua ressurreição, explicando-lhes a profundidade do primeiro mistério. *Pistis Sophia* nos ensina que o homem recebeu um poder divino, ou o princípio do primeiro mistério, diretamente de Deus. O Pai enviou, então, o Salvador para ajudar a humanidade a desenvolver esses poderes divinos em liberdade, e desvendar os maiores segredos sobre a libertação da humanidade.

Era um assunto sobre o qual nunca se ouvira falar na Holanda, a não ser em um círculo muito pequeno de especialistas eruditos. Mais tarde, pessoas que assistiram as palestras do grão-mestre relataram que grande parte dos textos era muito difícil de entender e interpretar. Uma delas fez a seguinte declaração: “Às vezes conseguíamos entender, mas outras vezes não tínhamos a mínima ideia do que se tratava. É que ele falava a partir de uma outra dimensão da realidade. Mas isso não importava. Queríamos estar lá de qualquer maneira, porque todos perceberam que essas palestras desvendavam alguma coisa nova, muito importante. Elas anunciavam um novo período da humanidade. Até hoje essas palavras vivas ressoam em mim.” 160

Esse evangelho gnóstico atraía o grão-mestre por mais uma razão. Seu ideal era fundar uma escola de mistérios com base nos antigos mistérios da libertação da alma, e ensiná-los novamente. Também

160. Informação de J. Schootemeijer, na primavera de 2005.

queria criar um movimento para atrair e atingir os buscadores no Ocidente. Isso deveria ocorrer por meio da *Pistis Sophia – os livros do Salvador*, evangelho que ocupa um importante lugar na corrente "da sabedoria eterna", mas trata as mesmas ideias de outra forma. No Livro I, que J. van Rijckenborgh comentou, Valentino descreve o fluxo de duas emanações que partem do mundo original. De acordo com Valentino, uma corrente da *Pistis* (conhecimento) e uma corrente da *Sophia* (sabedoria) emanam do mundo do *Pleroma* (ou plenitude). A corrente da Pistis desperta, impulsiona e movimenta a humanidade em amplo sentido, além de atuar fortemente sobre a mente humana. J. van Rijckenborgh também vê, entre outras coisas, a influência da *Pistis* na atividade externa da fraternidade mundial recém-criada. A corrente da *Sophia*, a segunda emanação, dirige-se ao grande grupo de pessoas "inquietas". Apesar do desenvolvimento alcançado por meio do conhecimento, elas ainda estão insatisfeitas com os resultados obtidos. Essas pessoas são adequadas para receber o toque da *Sophia* e acompanhar a corrente que conduz para fora desta natureza. A escola de mistérios é uma expressão da corrente da *Sophia*. Nessa corrente, o ser humano pode prosseguir seu desenvolvimento em um plano mais elevado. A *Sophia* leva-o para os reinos da plenitude, do *Pleroma*. A corrente da *Sophia* fornece-lhe as forças para o desenvolvimento do novo estado de alma, da consciência da nova alma.

Na década de 1950, J. van Rijckenborgh escolheu uma nova forma para seu ciclo de conferências sobre a *Pistis Sophia*. Além das conferências de fim de semana e algumas conferências de mais de um dia, que tratavam, entre outras coisas, da obra de Lao Tsé acima mencionada, ele costumava apresentar os comentários sobre a *Pistis Sophia* todas as terças-feiras à noite, no Templo de Renova. Para essas noites, as pessoas seguiam em ônibus especialmente organizados, de cidades como Haarlem, Arnhem, Zwolle e Groningen, e os jovens seguiam de mobiletes e motos de Velsen, Haarlem e Amsterdã, bem como de cidades ao sul de Bilthoven, perto de Renova. Ele também estabeleceu condições de participação nessas palestras. Uma delas era que os ouvintes deveriam realmente sentir que desejavam muito assistir a essas palestras. Outras eram terem razoável condição física e estarem preparados para cooperar com essa atividade.

O que, então, era esse aspecto tão especial que todos sentiram? Certamente, o anúncio de um novo tempo, um novo período para a humanidade, porém todo o trabalho da jovem Fraternidade gnóstica era permeado por essa ideia. É interessante observar a forma como esse grão-mestre de uma escola espiritual, um rosa-cruz gnóstico, como poucos na História, conseguiu, com suas explicações, transmitir a cada ouvinte – e leitor – a ideia de que a história da *Pistis Sophia* era a história da vida de cada ser humano anelante. Ele escreveu:

"Primeiro é preciso que vos identifiqueis por inteiro com a Pistis Sophia. Depois deveis ter consciência de que todo o plano e o trabalho de libertação da Gnosis estão apoiados numa nova ligação magnética com o candidato na senda. Pelas leis da natureza precisais das doze forças astrais da natureza da morte. Viveis com base nelas, a essência de vossa forma tem origem nelas.

Se quiserdes livrar-vos delas não podeis empreender uma tentativa com um recurso sequer da natureza da morte. Para libertar-se da força dialética não se pode empregar a força dialética.

Por essa razão, quem se decide a seguir o caminho da libertação deve empregar a força libertadora de maneira direta. Portanto, ela deve estar à sua disposição para que ele próprio possa empregá-la". 161

Essa experiência deixou profundas marcas no coração e no ser de todos os participantes desses encontros. Sim, o caminho da Pistis Sophia era o caminho *deles*. Sim, a força libertadora estava ali

161. Rijckenborgh, J. van. *Os mistérios gnósticos da Pistis Sophia*. 2. ed. Jarinu: Lectorium Rosicrucianum, 2012. p. 342.

presente. E também que era verdadeiro o que o grão-mestre disse a seguir:

"Esse recurso de salvação, essa suprema e sagrada força auxiliadora, existe de fato e está inteiramente ao alcance do candidato. Denominamo-la o 'Espírito Santo' ou a 'força da Fraternidade', a 'força da Gnosis' ou simplesmente 'Gnosis'."

E como o ser anelante pode empregar essa força?

"A Gnosis não deseja adoração nem veneração de deuses e homens. Ela não deseja colocar uma entidade sequer entre a luz e a pessoa que busca a luz, ainda que, sem dúvida, muitas entidades mereçam veneração e gratidão dos homens. No entanto, é preciso demonstrar essa veneração e gratidão seguindo o caminho. Ali está a luz, e ali está o aluno. Entre eles ninguém. E os servidores da luz jamais se colocarão em primeiro plano nem exigirão algo do candidato. Eles apenas irradiam a luz até onde conseguem liberá-la para os homens. Então podem servir a seu próximo com a luz, para que entre eles e
162 a luz nada exista que possa impedi-los de seguir a senda."

162. Idem, p. 498.

J. van
Rijckenborg
em 1957

20. *Aquarius* como apoteose do Espírito

As conferências: de Renova, em 1963; de Christian Rosenkreuz-Heim (Lar Christian Rosenkreuz), em Calw, em 1964; de J. van Rijckenborgh-Heim (Lar J. van Rijckenborgh), em Bad Münder, em 1965; na Basileia, em 1966; e, em Toulouse, em 1967

Embora esse servidor do Espírito visse que milhares de pessoas poderiam seguir a senda, a realidade, inicialmente, mostrou-se modesta. E J. van Rijckenborgh sabia disso, exatamente como Catharose de Petri escreveu sobre esse tema em um artigo sobre os mistérios de Orfeu:

"[...] Há 12 mil anos, os mistérios de Orfeu e de Dionísio foram capazes de impulsionar milhares de pessoas à nova vida, como um grande campo de colheita, graças aos mistérios sagrados da Fraternidade Universal. [...] Seria a última grande oportunidade, antes que o aumento no grau de cristalização do corpo racial já não permitisse colheitas mais amplas. Mesmo em nossa época, quem dispõe de suficiente consciência para reagir com clareza e espontaneidade? É preciso um grande esforço para fazer uma única alma, um único
163 ser humano, abrir-se de modo satisfatório para a luz."

1963, Renova e a veste-de-luz do ser humano

No entanto, mais de três mil alunos do Lectorium Rosicrucianum reuniram-se no terreno do Centro de Conferências de Renova durante o verão de 1963, onde J. van Rijckenborgh e Catharose de Petri realizaram a primeira das sete "Conferências de *Aquarius*",

163. Petri, C. de. Os mistérios de Orfeu. In: *Pentagram*, n. 5, 1989.

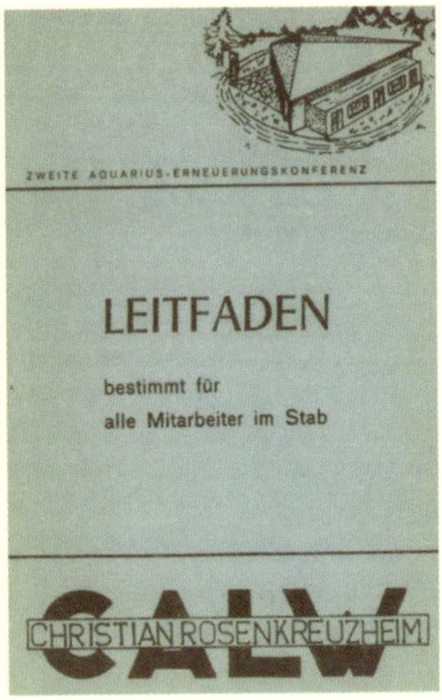

Brochuras das Conferências de *Aquarius* em Renova (1963) e em Calw (1964)

conforme haviam planejado. Esse grande encontro anual exigiu o máximo esforço do grupo relativamente pequeno de obreiros que, além de todos os outros trabalhos exigidos pela Escola Espiritual, durante muitos meses ficaram voltados estritamente para a organização de um evento dessa magnitude. Eles garantiram: conexões de trem adequadas, acomodações para todos os visitantes, instalações sanitárias em número suficiente, cinco mil cadeiras, alimentação suficiente para todos durante os dias do evento, e que, sob nenhum pretexto, a calma e o alto nível dessa reunião fossem afetados. Tiveram também de neutralizar a resistência e as reclamações de pessoas que achavam ser "esse tipo de despesa maluca" muito além da suportável pelo grupo, que ainda mal conseguia manter-se financeiramente!

Apesar de tudo, os grão-mestres demonstraram grande determinação. Afinal, estavam convencidos da necessidade de preparar o grupo e todos os que viriam mais tarde para "os eventos extremamente cruciais que mudariam o mundo e a humanidade, dentro de poucos anos". Para J. van Rijckenborgh, a razão para isso era

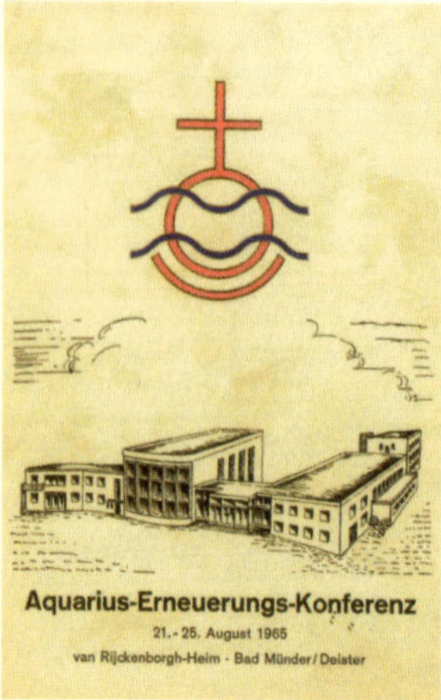

o fato de "um novo campo de radiação intercósmico abranger nosso mundo, campo esse que agora adquiriu suficiente intensidade e força de expansão para produzir efeitos notáveis, visíveis
164 e demonstráveis".

Durante a mudança na vibração dessa revolução cósmica, as possibilidades de libertação são significativas. Então, J. van

164. Esta citação e os resumos de várias conferências foram baseados em: Rijckenborgh, J. van; Petri, C. de. O apocalipse da nova era. Jarinu: Lectorium Rosicrucianum, 2009-2013. 5 Conferências de Aquarius; 1963-1967.
1. A veste-de-luz do novo homem. Lage Vuursche (Renova), Holanda, agosto de 1963; 2009;
2. A Fraternidade Mundial da Rosa-Cruz. Conferência de Aquarius em Calw, na Alemanha, em agosto de 1964; 2010;
3. Os sinais poderosos do conselho de Deus. Conferência de Aquarius em Bad Münder, Alemanha, em agosto de 1965; 2010;
4. A senda libertadora da Rosa-Cruz. Conferência de Aquarius na Basileia, Suíça, em agosto de 1966; 2012;
5. O novo caduceu de Mercúrio. Conferência de Aquarius em Toulouse, França, julho de 1967; 2013.

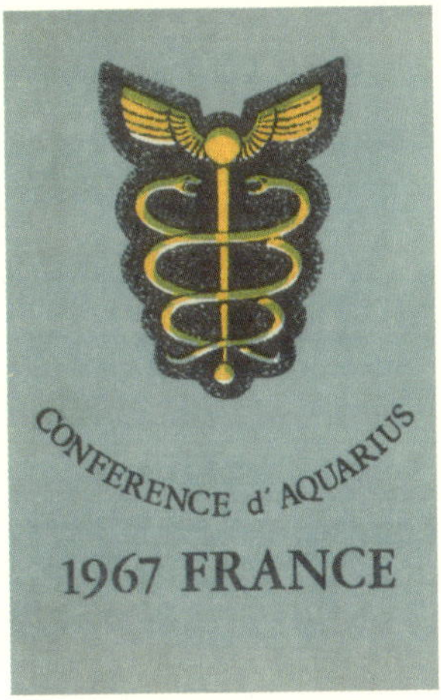

Brochuras das Conferências de *Aquarius* em Bad Münder (1965), Basileia(1966) e Toulouse (1967)

Rijckenborgh anuncia claramente que é sua missão confrontar seus alunos – todos os alunos – com "o espírito da elevação inicial". Para sentir os efeitos positivos desse espírito de libertação, é preciso "tomar a única decisão possível". Depois dessas palavras iniciais, J. van Rijckenborgh conectou os ouvintes com a própria essência da mensagem transmitida durante as conferências de renovação de *Aquarius:*

- A manifestação do Espírito;
- a descida do Verbo de Deus no ser humano;
- a participação na filiação;
- a volta de Cristo;
- a iniciação nos mistérios da Rosa-Cruz universal;
- o estabelecimento da Igreja universal, verdadeira e única, que teve seu começo no século XX.

Em seguida, ele lança os seguintes questionamentos: Como alguém pode colaborar para influenciar a consciência de modo positivo? Existe alguma forma de influenciar favoravelmente os fatores que mantêm a consciência na linha horizontal, cinzenta, rasa, unidimensional e superficial?

Ele explica que cada ser humano possui uma ”veste-de-luz”, a qual está interligada com os diversos fluidos da consciência, que determinam a vida do homem.

Ela é constituída pelo sangue e seu sistema; pelas vibrações do nosso fluido nervoso; pelos sistemas endócrino e hormonal e pelo fogo serpentino. Juntos, eles determinam a flama da consciência. Todos esses fluidos emitem, já em seu estado natural, uma luz etérica distinta e bastante forte: a veste-de-luz. É justamente com relação à qualidade dessa veste-de-luz que se pode fazer algo.

"Cada mortal é portador dessa veste-de-luz", diz J. van Rijckenborgh. "A qualidade e a natureza desses fluidos vitais interdependentes determinam a capacidade vibratória do homem. Eles determinam sua orientação geral para com a vida e também – e isto é extraordinariamente importante – todo seu estado de saúde. Saúde ou enfermidade sempre estão diretamente relacionadas com o estado da veste-de-luz.

Portanto, a qualidade e a natureza desses fluidos vitais determinam se um homem permanecerá em seu conhecido estado de ser comum, em seu estado animalesco terrestre, ou se nele estão presentes possibilidades regeneradoras, portanto, libertadoras; possibilidades, indicações que lhe permitirão elevar-se do geral estado de ser animal.

[...] Mas essa elevação de modo algum se parece com um processo de desenvolvimento completamente automático da humanidade, portanto, com algo semelhante ao crescimento de uma criança até atingir a idade adulta e depois passar para o estado de homem-alma. Não, todos nós estamos diante de uma escolha absolutamente consciente e pessoal. Por isso, no decorrer dos últimos anos, temos falado, na Escola Espiritual da Rosacruz, repetida e enfaticamente sobre a nova atitude de vida e do 'cuidado com a nossa veste-de-luz'."

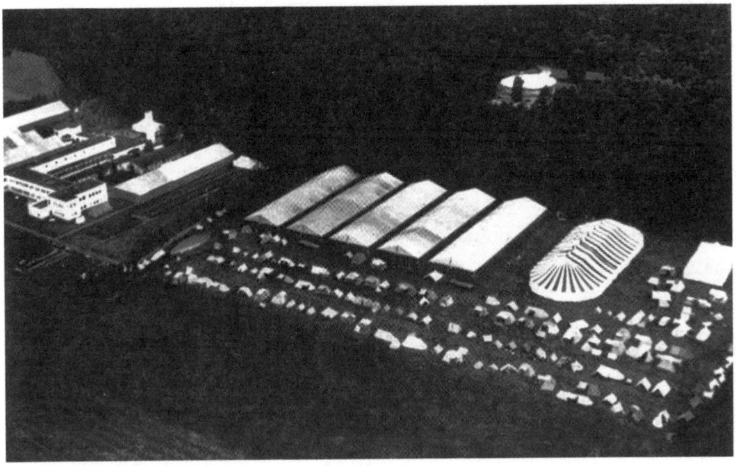

Fotografia aérea do acampamento durante a Primeira Conferência de Aquarius, em 1963. Ao fundo, o Templo de Renova

Então, ele perguntou aos presentes: "Que fazeis para dar a vossa veste-de-luz o tratamento correto? Que fazeis a esse respeito como alunos da Rosa-Cruz?" E explicou que, de maneira geral, o ser humano – e também o ser humano buscador – chegam a resultados muito pobres com respeito a esse assunto. Com relação aos alunos, ele disse:

"O lado positivo desse exame é que vivemos como vegetarianos. Mas, amigos, sabeis que os resultados do vosso vegetarianismo, em vossa veste-de-luz, estão sendo quase totalmente neutralizados pelas muitas e altamente perigosas substâncias que estão circulando em vosso sangue? A simples absorção de alimento comum, normal, já é o bastante para que isso aconteça. Pensamos aqui nas muitas substâncias químicas e sintéticas que hoje são misturadas aos nossos alimentos. Elas vêm indicadas nas embalagens, mas isso não ajuda muito, porque só comprovam que elas estão lá! Pensemos no éter nervoso, que, em nossa época moderna, está exposto às maiores tensões. Esse éter nervoso, especialmente, deveria estar preparado para difundir o bálsamo consolador e a graça da nova alma ao nosso redor. O que fazemos a respeito disso? Buscamos conscientemente o equilíbrio espiritual, no qual esse éter pode encontrar repouso? O que fazemos para assegurar um funcionamento correto de nosso sistema do fogo espiritual espinal, que está estreitamente relacionado com isso? Quando ficamos doentes, ligamo-nos mais fortemente ao sistema hormonal. A maior parte das doenças está diretamente relacionada com perturbações no sistema endócrino, mesmo quando estão ligadas ao estresse. Mas deveríamos ser muito cuidadosos e reticentes a esse respeito, e interferir o mínimo possível. E que dizer de um justo cuidado de vossa flama da consciência? As pessoas dizem: 'Minha consciência é, ela existe. E com ela devemos viver'. No entanto, os ensinamentos da Rosacruz Áurea afirmam: toda vossa veste-de-luz quíntupla forma um sistema indivisível".

Esses cinco grandes encontros anuais mostraram uma coerência temática – e, de certo modo, também demonstraram, de forma concentrada, a missão e o pensamento de J. van Rijckenborgh e de Catharose de Petri. As conferências de renovação de *Aquarius*, que continuaram nos anos de 1964 a 1967, trataram de temas como "A Fraternidade Mundial da Rosa-Cruz", "Os sinais poderosos do conselho de Deus" (sobre o uso da energia criadora humana) e "A senda libertadora da Rosa-Cruz", em que J. van Rijckenborgh trata com detalhes sobre a supranatureza.

1964, Calw e Cristão Rosa-Cruz

Em 1964, na presença de 2200 irmãos no Espírito, foi consagrado o Templo *Christian Rosenkreutz,* em Calw. Em seguida, aconteceu a segunda conferência, realizada sob o signo de Aquário. Os líderes espirituais escolheram o tema "Cristão Rosa-Cruz e a senda de Hermes". Explicaram que, antes de iniciarmos uma construção, precisamos preparar o local, cuidar dos alicerces. É por isso que a senda óctupla de Hermes Trismegisto possui duas fases: uma fase de ruptura e uma de realização. O início é o retorno ao puro ponto de partida da alma, porém já com a riqueza de experiências dos séculos. J. van Rijckenborgh chamou esse ponto de partida de "pré-adâmico", pois trata-se de uma pureza de alma equivalente à de antes da Queda.

Os líderes espirituais afirmaram que a vida humana cotidiana chegou a um impasse. Eles concluíram que, para colocar a humanidade outra vez no rumo certo, seria necessária a intervenção de uma fraternidade mundial de uma ordem mundial totalmente diferente da nossa. Essa fraternidade mundial aquariana, a "Rosa-Cruz vivente", já existia e era muito mais ampla do que o Lectorium Rosicrucianum – que é apenas uma parte sua.

Com base na citação de alguns trechos de Rudolf Steiner sobre os acontecimentos dos séculos XIII e XIV, J. van Rijckenborgh expôs para seus ouvintes o processo de gênese de Cristão Rosa-Cruz. Um aluno de Cristão Rosa-Cruz é um ser humano joanino, que reencontrou o lugar certo para a construção: o princípio puro do "primeiro nascimento sideral", a que o autor muitas vezes se referiu como "a nova alma". Na fase do "segundo nascimento sideral", da gênese da alma-espírito, esse aluno começa suas atividades a serviço do mundo e da humanidade. O mesmo caminho foi trilhado por "Cristão Rosa-Cruz", tal como o denominamos agora, que ressuscitou de João-Jesus.

Em seguida, J. van Rijckenborgh dirige a atenção dos presentes para as características dos participantes da nova fraternidade mundial. Ele também menciona a maneira como essa fraternidade pode chamar um ser humano para tornar-se um aluno de Cristão Rosa-Cruz, e o modo como essa nova fraternidade mundial iniciará seu trabalho. Nesse contexto, ele cita uma palestra de Rudolf Steiner, proferida em Neuchâtel, na Suíça, em 28 de setembro de 1911, a respeito da forma como Cristão Rosa-Cruz se dá a conhecer, e como ele pode agir no ser humano.

J. van Rijckenborgh durante a construção do Templo *Van Rijckenborgh*, em Bad-Münder

"CRC escolhe quem ele deseja transformar em discípulo de modo muito peculiar. Sobre esse assunto, é importante dizer que os escolhidos dessa forma devem prestar atenção a determinado acontecimento na vida, ou a uma série deles. CRC escolhe uma pessoa por ela ter chegado a um momento de guinada decisiva na vida: uma crise cármica. Por exemplo, suponhamos que uma pessoa está para realizar algo cuja consequência será a própria morte. Isso poderá envolver situações bem diferentes. Essa pessoa, por exemplo, toma um caminho que poderá tornar-se muito perigoso para ela. Sem que ela o perceba, talvez exista bem próximo um abismo. Então, pode acontecer que essa pessoa escute, a poucos passos do abismo, uma voz: 'Pare!'. E ela para, sem saber o porquê. Podem acontecer milhares de incidentes análogos. No entanto, devemos reconhecer que são apenas meros sinais exteriores – embora de grande importância para uma vocação espiritual. Um dos aspectos ligados a esse chamado interior é que essa pessoa começa a ocupar-se com temas espirituais.

O incidente que acabamos de descrever acontece de fato no mundo material, porém o chamado não é feito por uma voz humana. Isso sempre acontece de tal forma que a pessoa sabe com plena certeza que a voz lhe veio do mundo imaterial. Num primeiro momento, ela pode acreditar tratar-se da voz de alguém escondido em algum lugar. No entanto, como aluno, logo descobre que não foi uma personalidade que o chamou. Muito pelo contrário, esse acontecimento dá-lhe certeza absoluta de existirem comunicações ou mensagens do mundo espiritual. Isso pode ocorrer somente uma vez, ou várias. Consideremos agora o efeito desse fato no ânimo do aluno. O aluno diz para si mesmo: 'Outra vida foi-me presenteada mediante graça; a primeira encerrou-se'. Essa nova vida, assim recebida como graça, ilumina o aluno pelo resto da vida. Ele possui a certeza específica: 'Sem esse acontecimento, sem a experiência da Rosa-Cruz, eu teria morrido'. Sem esse acontecimento, a fase seguinte da vida não teria o mesmo significado. [...]
Quando é liberada num ser humano a certeza interior que sua vida, a partir dessa hora, é uma dádiva, ele torna-se um aluno, um adepto de Cristão Rosa-Cruz, que chama seus alunos dessa maneira.
Quem é capaz de lembrar-se de semelhante incidente, diz a si mesmo: 'Cristão Rosa-Cruz deu-me uma indicação de que pertenço a sua corrente. Cristão Rosa-Cruz acrescentou a meu carma a possibilidade dessa vivência. Essa é a maneira pela qual Cristão Rosa-Cruz escolhe seus discípulos e sua comunidade. Quem percebe isto de forma consciente sabe: 'foi-me indicado o caminho que devo seguir, e agora apenas me resta descobrir como posso colocar minhas forças a serviço da Rosa-Cruz'."
Em seguida, J. van Rijckenborgh indica a necessidade de que a humanidade passe por uma espécie de reeducação mediante a qual as causas de um novo carma desarmonioso possam ser removidas. O advento da Era de Aquário despertará e fará crescer a compreensão do impulso de Cristo.

1965, Bad Münder e a radiação ativa de Urano, Netuno e Plutão

Um ano depois, o encontro acontece no novo centro de conferências de Bad Münder, na Alemanha do Norte. Como tema, os grão-mestres comentam a citação da *Confessio Fraternitatis:* "Os sinais poderosos do conselho de Deus".

O objetivo supremo das atividades dos rosa-cruzes é a libertação da alma e do Espírito. Para a Escola Espiritual da Rosacruz Áurea, essa é a missão única e exclusiva. Nessa terceira conferência, J. van Rijckenborgh dá indicações diretas e concretas para a senda, a qual pode ser iniciada de imediato: um conselho que pode ser considerado como um chamado para uma ação imediata.

Durante essa conferência, os grão-mestres convidam o grupo a subir o terceiro degrau de uma escada de sete degraus. Eles descrevem o desenvolvimento relativo ao processo pelo qual devem passar as pessoas sensíveis à luz, um processo que pode levar à libertação. Por essa razão é necessário descrever de maneira sucinta a essência, a base desse processo de salvação. A base é o sistema solar como um todo cooperativo; o ser humano e a personalidade terrestre não conhecem essa unidade. O aparecimento dos três planetas exteriores – aos quais ele se refere como "planetas dos mistérios" – provoca condições atmosféricas completamente diferentes. No futuro, três outras influências serão acrescentadas. Novas condições despertarão possibilidades latentes e inéditas nas pessoas. Urano e Netuno exigem do novo ser humano um novo e puro amor e também uma compreensão intuitiva de Deus. Então, o ser humano estará apto, por meio da transfiguração, a participar da imortalidade. No entanto, ele mesmo tem de escolher e realizar isso. Plutão é a força que possibilita realizar essa transfiguração.

1966, Basileia e as duas rupturas da consciência

A quarta Conferência de *Aquarius*, sobre "A senda libertadora da Rosa-Cruz", foi realizada em 1966, na Basileia, na Suíça. Nessa

O local de reunião na Conferência de *Aquarius* na Basileia foi o *Messe Gebäude* (Edifício para Feiras Comerciais). Muitos participantes colocaram suas tendas no grande hall desse centro comercial

conferência, J. van Rijckenborgh dirigiu a atenção para a escolha consciente e a autoridade própria que se esperavam do ser humano dali em diante. Sob a influência das antigas religiões raciais, a humanidade adquiriu certa moralidade, porém deixou-se enganar conscientemente durante muitos séculos, o que danificou e cristalizou parcialmente sua faculdade do pensamento. Agora que o papel ativo e regulador dessas antigas religiões terminou, atingimos um ponto em que o próprio ser humano deve domar e transformar sua natureza de desejos. Se isso não pode se realizar de modo natural, com serenidade, paz e alegria, então se realizará inicialmente em discórdia. Essa é a crise que a humanidade vive hoje.

Para ser capaz de transformar-se, o ser humano precisa utilizar seu pensamento de maneira correta. No entanto, a chave para essa transformação está no coração. No coração encontra-se uma energia purificadora do sangue, que denominamos "a força da rosa". Essa força é ativada pelo desejo ardente de uma vida superior, libertadora, e por um impulso espontâneo para ajudar outras pessoas. Essa energia, carregada com a força solar interior de Cristo, será capaz de purificar e abrir centros latentes. Essa é a primeira ruptura.

O desenvolvimento ideal do homem traz resultados felizes e libertadores. Em todos os aspectos, a função do veículo corporal é servir à alma. Desse modo, o ser humano terá a possibilidade de participar da vida deste mundo sem gerar novo carma. Ao mesmo tempo, seu ser interior desenvolve uma vida anímica plena de energia e sensibilidade, capacitando-o a alimentar-se com a força do Espírito. A consciência desse ser humano torna-se cada vez mais forte e tranquila, e brilha como uma flama resplandescente. No horizonte, despontam assim os contornos de uma real transfiguração.

1967, Toulouse: A fraternidade mundial torna-se visível

O local do encontro daquela que viria a ser a última Conferência de *Aquarius* foi a parte antiga da cidade de Toulouse, no sul da França. A quinta Conferência de *Aquarius* teve como tema "O novo caduceu de Mercúrio".

Apesar da saúde debilitada, durante as alocuções e explanações, J. van Rijckenborgh falou mais uma vez sobre os acontecimentos que ele havia descrito em 1963. Muito do que ele afirmara na época eclodiu durante os turbulentos anos da década de 1960. Por isso ele abordou as novas atividades e objetivos do Espírito Sétuplo; o que havia sido previsto há muito tempo e vivido por muitos, agora exigia uma reação de todos os interessados. "Assim como o Universo viaja com o desenvolvimento do plano de Deus e, evidentemente, cada cosmo dele participa, assim também cada microcosmo é parte integrante dele – de preferência como um participante positivo – senão, como um participante negativo."

Chegada de J. van Rijckenborgh e Catharose de Petri a Toulouse, 1967

Mais uma vez, ele falou sobre a situação lamentável em que a humanidade ingressara, e sobre a qual já havia tratado durante as conferências de *Aquarius* anteriores. Apontou para a consequência que ameaçava a humanidade: a desnaturação do fogo serpentino. Esse fato traria como resultado alucinações no santuário da cabeça, paralisação do processo emocional do coração e degeneração do organismo sensorial. Além disso, a qualidade dos hormônios, secretados pelas glândulas endócrinas, também passaria por uma deterioração. Ao invés de serem o puro prana da vida, os hormônios tornar-se-iam mais sintéticos, e a sensibilidade a vibrações mais elevadas diminuiria. Simultaneamente, os campos de radiação, provenientes das constelações de *Serpentarius* e *Cygnus,* sobre os quais já havia falado durante as conferências de *Aquarius* anteriores, tornar-se-iam mais efetivos do que nunca. O objetivo da ação desses campos é a purificação.

Ele aprofundou-se ainda mais nesse tema: quando um campo de radiação eletromagnética toca os contornos de determinado corpo, esse poder de radiação penetra imediatamente no núcleo, no ser interior desse corpo. Possuir vida de alma significa assimilar a substância astral pura e elevada que é oferecida de maneira supranormal. Esse fato traz como resultado um desenvolvimento muito acelerado e positivo do novo estado de vida.

Nas considerações de J. van Rijckenborgh, a ideia de Mercúrio ocupa uma posição central. O caduceu é, para ele, o tríplice fogo serpentino, que coincide com a cabeça e a coluna vertebral humanas. Por meio de seu sistema-raiz, o plexo sacro, a coluna absorve, por assim dizer, todos os materiais de construção, toda a energia de que o sistema vital necessita e os impulsiona para as diversas estruturas orgânicas. O órgão central é a cabeça, a partir da qual todos os materiais de construção, substâncias e energias, realizam suas tarefas. Esses alimentos são atraídos ou do sistema de força-luz da natureza comum ou do sistema de força-luz do Espírito Sétuplo Universal. Em nossa época, iniciou-se um processo de elevação. Há sete correntes de luz divina distintas, das quais o ser humano pode novamente viver. São os sete elementos primordiais, chamados pelos antigos de "as sete harmonias", às quais ele é absolutamente capaz de reagir se colocar o sistema do fogo serpentino em condição apropriada.

Pela primeira vez na história do mundo, a fraternidade das almas imortais torna-se reconhecível e visível. Podem-se distinguir dois grupos, a saber: em primeiro lugar, o grupo de pessoas que entendem o propósito da vida e estão ocupadas em sintonizar-se com ele. Se a alma dessas pessoas realmente se desenvolver, seu fogo serpentino já possuirá uma força de radiação especial. Ele é o precursor, o arauto do novo caduceu verdadeiro.

Ao segundo grupo pertencem os que, de alguma forma, estão danificados psiquicamente. Eles não poderão nem desejarão

participar dessa futura elevação vibratória. E somente conseguirão completar sua regeneração em outra atmosfera, em outro campo de vida.
Os rosa-cruzes dizem que é preciso um esforço considerável para fazer alguém acreditar em algo ainda invisível. No entanto, quando o que foi anunciado se manifestar em plena luz do dia, muitos ficarão profundamente envergonhados por terem duvidado.

REALIZAÇÃO – UMA MENSAGEM DA FRATERNIDADE DO GRAAL

Podemos imaginar a alegria que J. van Rijckenborgh sentiu quando, durante sua última alocução, em 23 de junho de 1968, foi capaz de se referir à "Fraternidade Mundial Sétupla", a Fraternidade do Santo Graal, que se aproximara da Escola Espiritual da Rosacruz moderna. Durante décadas ele havia falado periodicamente sobre isso. Interiormente ele estava, segundo suas próprias palavras, plenamente consciente da aproximação dessa "Fraternidade mundial dos libertos", que coincidiria com a realização de sua própria missão. Pela última vez, ele foi capaz de dirigir a atenção de seus alunos para "a grande tarefa da colheita", para a qual a Escola fora convidada. Agora deveria ficar patente se a Escola estava preparada interiormente para essa tarefa de modo adequado. Nessa última alocução, ele escreveu:
"No que diz respeito à humanidade atual, houve apenas duas eras: a egípcia e a cristã. A era egípcia deu origem à cristã, conforme está escrito: 'Do Egito chamei meu filho', e foi esse filho que anunciou a era cristã. No entanto, a plenitude da vida é composta por três eras: a trindade. Duas eras se passaram, embora em um sentido literal, estejamos ainda fortemente vinculados à segunda, a cristã. No entanto, a nova era, nascida da antiga, já começou, e está cumprindo a lei da trindade. Estamos vivendo na era do

homem, do homem-Manas. E nós, que pertencemos a essa época,
165 temos de tornar-nos agora verdadeiramente homens."

Se considerarmos as cinco conferências de *Aquarius* como a apoteose do trabalho de toda uma vida, ficaremos impressionados com a maneira pela qual J. van Rijckenborgh, mais uma vez, tratou todos os temas atuais da libertação da alma-espírito num contexto moderno. Segundo sua opinião, o período em que o homem pode aprender o que significa ser um homem-Manas se estenderá ainda por até 750 anos no decorrer deste milênio.

Com certeza absoluta somente poderemos alcançar algum resultado pelo caminho do não eu, o caminho da alma. J. van Rijckenborgh e Catharose de Petri repetiram isso em cada página de seus livros; e eles sempre ligaram esse caminho com o amor onipresente e universal, que tudo envolve, e ao Cristo interior.

Nos primeiros 22 anos de seu trabalho em comum, de 1946 até o falecimento do grão-mestre em 17 de julho de 1968, eles vislumbraram um trabalho mundial que atingiria um número incontável de pessoas. Inicialmente, tiveram de devotar toda a sua energia disponível para estabelecer a escola de mistérios no interior da Escola Espiritual da Rosacruz Áurea.

Com frequência foi necessário dar novo impulso ao trabalho. Dessa forma, eles asseguraram o livre fluxo de puras forças gnósticas provenientes da "metade pura e desconhecida do mundo". No final da vida, em 1968, J. van Rijckenborgh estabeleceu, com Catharose de Petri, a linha espiritual de sucessão na "Direção Espiritual Internacional", um colegiado composto por sete pessoas que, a princípio, deveria dirigir a Escola. Pouco depois, verificou-se que a Fraternidade Mundial estava ativa, e que os esforços do grupo inteiro garantiam um influxo duradouro e autônomo de força-luz libertadora.

165. *Memorial a J. van Rijckenborgh*. Haarlem: Rozekruis Pers, 1968, p. 14 e 15.

J. van Rijckenborgh, por volta de 196

QUARTA PARTE

A FRATERNIDADE MUNDIAL SÉTUPLA

Catharose de Petri, por volta de 1963

21. A consolidação do trabalho

1968-1979. Quinta fase: Catharose de Petri consolida a obra. A Direção Espiritual Internacional

Em tudo o que foi exposto anteriormente, o papel de Catharose de Petri como líder espiritual não recebeu o merecido destaque. Desde o início, os dois grão-mestres estavam inteiramente ligados à Gnosis no plano espiritual, e na falta de qualquer um deles toda essa obra não teria sido possível. Os dois tinham conhecimento sobre a vida original da alma e eram inspirados por sua ligação com a Fraternidade. Acima de tudo, Catharose de Petri foi quem criou as possibilidades para J. van Rijckenborgh realizar seu trabalho. Ela protegeu seu ambiente tanto espiritualmente como em um sentido prático. Além disso, ela possuía uma tarefa própria, recebida da Ordem da Rosa-Cruz, que percebera claramente em 1930. Com sua sensibilidade profundamente enraizada na "Gnosis do cristianismo" e seu conhecimento do que é a pura magia gnóstica, ela foi a figura certa para velar pelo respeito e o nível dos templos. Foi ela que dirigiu o foco de seus amigos obreiros para uma atitude de vida mais elevada. Por sua simples presença, qualquer aluno que ingressasse no templo se sentia obrigado a fazer uma análise exaustiva para saber se seu preparo interior era suficiente.

Após o falecimento de J. van Rijckenborgh, em 1968, Catharose de Petri como grã-mestra garantiu, com o colegiado da Direção Espiritual Internacional, que a força autônoma ativa na Escola Espiritual desenvolvesse uma sólida estrutura no âmbito do trabalho sétuplo da Fraternidade Mundial. A primeira coisa a ser feita após o falecimento de J. van Rijckenborgh era salvaguardar sua herança literária. No entanto, o mandato do colegiado da Direção Espiritual Internacional tinha um escopo mais amplo. É claro que a Escola havia aprendido a lição: a escola de mistérios, o instrumento da libertação da alma para um novo período, não poderia nem deveria mais ser dirigida por uma única pessoa. Já em 1970, Catharose de Petri transferiu a administração diária da Escola Espiritual para esse colegiado, assegurando que o apoiaria com seus conselhos e sua sabedoria, sempre que necessário.

Este livro trata de muitas pessoas de origem comum, que, no entanto, tiveram uma vida extraordinária. Primeiramente, porque possuíam uma sensibilidade especial para a pura espiritualidade; depois, porque subordinaram a própria vida à liderança de seu ser interior, o ser humano microcósmico. Elas submeteram-se a uma linha espiritual estabelecida, na qual a pessoa nunca é importante, e sim sua aptidão para realizar a linha de trabalho que lhe é confiada. Afinal, trata-se de uma obra que exige a totalidade do ser humano. O que aconteceu foi o desenvolvimento de uma estrutura viva iniciada em 1875 e que está destinada a levar a Gnosis hermético-cristã original a uma nova era. Trata-se de uma estrutura que abrange determinado processo de desenvolvimento. Ela permanece enquanto houver suficiente compreensão, disposição para servir, modéstia e sabedoria por parte de seus membros. Se qualquer um desses pontos faltar devido à inadequação pessoal, distorção consciente ou falta de consciência, esse impulso sai em busca de um novo caminho, com novos servidores, mais abnegados.

Observamos que houve uma tentativa, iniciada por Anna Kingsford. Ela morreu em tenra idade, de tuberculose, contraída quando protestava dia e noite ao relento, em Paris, onde Pasteur realizava suas pesquisas de vivissecção terrivelmente cruéis. Vemos como, no final da vida, Blavatsky conheceu o jovem G.R.S. Mead e abriu caminho para ele. (Quem, senão ela, teria dado a um jovem de cerca de 20 anos as chaves de sua correspondência pessoal, permitindo-lhe administrar ainda todas as publicações de uma associação de milhares de membros?). Sob a liderança de Annie Besant e outros, a Sociedade Teosófica acabou sob o completo controle de mestres orientais. Mead desligou-se dela e continuou com The Quest; Max Heindel saiu da Sociedade e fundou a *Rosicrucian Fellowship*; Rudolf Steiner seguiu seu próprio caminho e fundou a Sociedade Antroposófica; e Arthur Waite apartou-se da confusão esotérica e fundou a *Fellowship of the Rosy Cross*. Pouco depois da morte dessas pessoas, os três amigos, Z.W. Leene, Cor Damme e Jan Leene, descobriram os manifestos rosa-cruzes originais e sentiram a responsabilidade e a missão de levar adiante, com base neles, o primeiro trabalho autêntico sob o selo da Rosa-Cruz desde 1614. Em 1938, Z.W. Leene faleceu logo após a publicação de *O testamento espiritual,* em 1937. Totalmente conscientes da linha espiritual acima descrita, Catharose de Petri e J. van Rijckenborgh realizaram uma ligação direta com a Fraternidade Universal. Essa Fraternidade Universal é a única fonte que liga todo esse trabalho – e sempre protege não só a linha espiritual, mas também as pessoas que têm a função de servi-la. Devido à sua maturidade espiritual e sustentados pelo esforço de seu grupo, eles foram capazes de expandir a Escola Espiritual Sétupla, na qual a escola de mistérios pôde desenvolver-se nos graus interiores.

Vimos que a data oficial da origem do trabalho da Rosa-Cruz moderna é o ano de 1924 – e mais precisamente 9 de setembro, data na qual a lua entrou no signo de Aquário. Sabemos que foi nesse ano que, em abril, os irmãos Leene entraram em contato com a Rosicrucian Fellowship. Eles sentiram esse momento como ponto de partida exato. Ao mencioná-lo de maneira tão precisa, indicavam o grande significado que teve para eles. Mas o que significa, para uma organização, "a lua em Aquário", se considerarmos esse fato astrosoficamente? Em primeiro lugar, a lua em Aquário indica uma faculdade de sintonizar-se com as necessidades espirituais da humanidade. Essa faculdade é um conhecimento intuitivo de uma categoria especial. Isso significa que essa organização estará aberta a todos, mas o fará de um modo impessoal. Seus membros desejarão liberdade de expressão emocional, mas entrarão em conflito se ela estiver em desacordo com o anseio espiritual pela liberdade em Cristo, que significa um amor servidor em autossacrifício absoluto. Centros e núcleos dessa organização serão locais de encontro para amigos, para grupos de trabalho e grupos de atividades. O aspecto negativo da lua em Aquário é a inclinação à teimosia, ou a uma certa retração em relação aos envolvimentos pessoais (emocionais), que podem obstruir o livre desenvolvimento espiritual.

Já mencionamos também duas outras datas importantes: 1935 e 1946. Em 1935, a Sociedade Rosacruz teve início como uma entidade holandesa legalmente autônoma e independente da matriz americana, a Rosicrucian Fellowship. Em novembro de 1946, J. van Rijckenborgh e Catharose de Petri fundaram o Lectorium Rosicrucianum. O nome era uma tradução livre em latim de Sociedade Rosacruz. No entanto, a natureza do trabalho do Lectorium Rosicrucianum era bem diferente do esoterismo científico-cristão de antes da Segunda Guerra Mundial. O trabalho para pessoas interessadas, porém, durante longo tempo manteve a denominação "Sociedade Rosacruz".

Catharose de Petri

Por volta de 1930, Catharose de Petri uniu-se ao círculo de amigos empreendedores e idealistas que se formara ao redor dos dois irmãos. Naquela época, ela também vislumbrou o novo ideal espiritual e tudo o que havia sido construído pelo grupo anteriormente. Ela disse claramente ter recebido sua missão da própria Fraternidade quando tinha 28 anos, que a ela se apresentou como "a fidedigna Ordem da Sagrada Rosa-Cruz". Embora inicialmente ela não visse

nenhum benefício na formação de um grupo, os dois irmãos foram muito convincentes, argumentando que suas energias unidas teriam muito mais força.
Ela se chamava Henny (Hendrikje) Huizer e nascera em Roterdã durante os anos turbulentos do início do século XX. Seu pai era construtor naval. Quando menina, frequentou a escola fundamental. Depois, empregou-se em um escritório. Um artigo no jornal
Semanário da Pátria relata que ela, quando menina, era exatamente 166
como seu amigo e "irmão" Jan Leene: totalmente envolvida com muitos questionamentos existenciais, como o objetivo e a essência da vida humana aqui na terra. E conta como já estava intensamente envolvida com esses problemas lá pelos 8 anos de idade. Em outro texto, ela escreve:
"Desde nossa juventude, o senhor Jan van Rijckenborgh e eu víamos luzir diante de nossa consciência o passado gnóstico como fator de ligação necessário para nossa atual missão a serviço da humanidade. [...] Naquela época, visto que a consciência da personalidade ainda se encontrava bem pouco a serviço do veículo físico, éramos
tachados de sonhadores solitários." 167
E ela era incompreendida. Seus pais vinham de diferentes igrejas protestantes holandesas, mas nenhum deles era um crente praticante. Para ela, assim como para Jan Leene, a instrução cristã comum estava longe de ser suficiente para responder às suas questões vitais, e ela achava insatisfatórias as aulas de catecismo que assistia, dadas por um ministro protestante da igreja reformada em Roterdã. Assim como J. Leene, ela cursou o ensino médio e, depois, se empregou em um escritório. Às vezes relatava o quanto sofrera na juventude com as condições de trabalho, que não lhe permitiam

166. *Het Vaderland Weekjournaal*. Edição semanal de 29 de janeiro de 1966.
167. Petri, C. de. O fio de ouro da vida. In: Gadal, A. *O Triunfo da Gnosis Universal*. Jarinu: Pentagrama Publicações, 2016.

compartilhar seu mundo interior com os colegas. Durante esses
anos, ela não se ligou muito a colegas ou amigas, e tinha a sensação
de que se tornara uma estranha para eles, que não compreendiam
seu modo de vida. Muitas vezes ela recebia comentários sarcásticos
e era ridicularizada por sua tendência espiritual, que certamente
168 era bem diferente para aquela época.

Com o passar dos anos, sentiu o chamado ganhar mais intensidade,
com a indagação que a preocupava constantemente: "Qual é o fun-
damento da minha vida?" Em 1929, casou-se com H.J. Stok, que a
169 colocou em contato com a Sociedade Rosacruz holandesa. Numa
experiência interior, depois de intensa contemplação filosófico-re-
ligiosa, ela vivenciou sua missão sob a forma de uma pomba etérica,
que viu surgir de uma abóbada azul-celeste. Desde então, ela teve a
certeza de que "a Rosa-Cruz, como Escola Espiritual, devia, com a
força do Espírito, tornar-se conhecida de todos os que aspiravam à
libertação da alma. Desde então, muitas coisas me foram manifes-
tadas, cujos frutos apareceram, nesse ínterim, na Escola Espiritual
da jovem Fraternidade gnóstica."

Ela assumiu o nome espiritual "Catharose de Petri" em meados da
década de 1950. Gadal, que lhe dera esse nome, dizia: "*Catha-Rose*!
Porque a palavra *katharos* não é propriedade de uma categoria
qualquer de homens. Tornar-se "puro", "perfeito", está ao alcance
170 de todos. O mundo inteiro deve tornar-se perfeito! Esse nome
representa a ligação do microcosmo com a Fraternidade Cátara
e com a Fraternidade da Rosa-Cruz, com base na pedra angular,
que é Cristo. Além disso, referindo-se a seu nome espiritual, ela

168. Em uma conversa com o autor, em dezembro de 1973.

169. Jongedijk, J.W. *Geestelijke leiders van ons volk. En hun kerken, stromingen of sekten* (Líderes espirituais de nossa nação. E suas igrejas, movimentos ou seitas.). 's Gravenzande, Europese Bibliotheek (Biblioteca Europeia), 1962. p. 178 e ss.

170. Gadal, A. *O triunfo da Gnosis Universal*. Jarinu: Pentagrama Publicações, 2016.

dizia que, na verdade, esse nome se destinava ao serviço da Escola Espiritual e das pessoas que aí se reúnem. Ela também usava esse nome externamente, "não por seu som harmonioso, mas porque eu gostaria de subordinar a própria vida da personalidade à minha missão a serviço de todos [...]." Gadal deu-lhe esse nome como homenagem, depois de muitos anos de preparação e testes. Ela explicou mais tarde que "deveria ser capaz de dar testemunho da força divina que liberta o ser humano de seu ser material. Antes que alguém seja capaz de dar testemunho de uma força como essa, precisa primeiro preparar-se para recebê-la conscientemente, para então ser capaz de utilizá-la em seguida". Continuamos a ler no mesmo artigo: "Sem haver pedido e sem ter falado com ele anteriormente, recebi então a confirmação de minha missão divina das mãos do senhor Antonin Gadal [...] Após o segundo encontro com o patriarca... ele me presenteou, como sinal de reconhecimento e de estima, com um tecido de seda desenhado por ele mesmo, tendo como motivo uma pomba branca com as asas abertas, num espaço azul." Seu novo nome continha, simultaneamente, uma nova missão. Essa missão também dizia respeito a um aspecto interno do trabalho, que merece ser aqui mencionado. Quando lhe perguntaram a que tarefa se referia, e qual seria seu objetivo, ela escreveu:

"Na realidade, esse nome expressa uma diretriz de vida que está estreitamente ligada com o esforço da Escola para estabelecer a manifestação da trindade Graal, Cátaros e Rosa-Cruz sobre uma rocha inabalável. Trata-se, entre outras coisas, de formar uma nova comunidade do Graal, para forjar essa Tríplice Aliança da Luz em uma unidade harmoniosa, manifestada na matéria."

A Escola somente pôde dar conta da missão de estabelecer a Comunidade do Graal em 1969. Foi um trabalho empreendido – mantido e realizado até hoje – por obreiros que têm sido leais durante anos. Catharose de Petri somente conseguiu dedicar-se totalmente a ele em 1970, quando pôde confiar a liderança ativa da Escola Espiritual à Direção Espiritual Internacional.

Certamente podemos dizer que J. van Rijckenborgh representou – e, em muitos aspectos, ainda representa – a figura-chave da Escola Espiritual moderna. No entanto, Catharose de Petri foi, em todos os aspectos, a guardiã da estrutura interna. Foi ela quem consolidou e promoveu o elevado nível da organização interna e seu desenvolvimento. É claro que os grão-mestres tinham trabalhado em conjunto nos anos que antecederam 1945, mas a situação entre 1935 e 1945 era bem diferente. Antes da guerra, os irmãos Leene trabalharam juntos intensamente, em múltiplos aspectos, com muitos amigos. A amizade de Wim e Jan Leene com Cor Damme, principalmente, foi de grande importância.

A partir de 1946, a missão de Catharose de Petri e seu posicionamento no trabalho receberam um destaque especial após a fundação do Lectorium Rosicrucianum. Seu grande significado reside no fato de haver recebido, com J. van Rijckenborgh, quando estiveram em Albi, a tarefa de estabelecer uma nova escola de mistérios para o Ocidente. Juntos, eles fundaram uma escola interna para o desenvolvimento da alma, uma verdadeira escola de mistérios, com base nos sete raios do Espírito universal. Durante os quarenta e quatro anos a serviço da grande obra, Catharose de Petri consolidou e protegeu a Escola em todos os aspectos. Ela pôde fazer isso baseada em sua autoridade espiritual, seu profundo conhecimento da obra e sua grande confiança na força da vibração de Cristo, que surge logo que uma pessoa demonstra estar preparada para colocar de lado a própria individualidade.

A SUCESSÃO

Quando J. van Rijckenborgh faleceu, em 1968, foi a visão e tenacidade da grã-mestra, centrada na linha espiritual, que guiou a

Escola no período difícil que se seguiu. Por mais que, ao longo dos anos, ele insistisse em preparar o grupo para ser capaz de agir com autonomia e independência, o falecimento de J. van Rijckenborgh causou comoção entre os membros.

Durante esse período, Catharose de Petri demonstrou suas qualidades de liderança em nível espiritual. Recebeu declarações de apoio e a garantia, tanto na Holanda quanto no exterior, de que as pessoas não iriam desistir da perspectiva luminosa que eles haviam gravado juntos nos novos éteres.

Nesses anos, sua grande força foi demonstrada novamente, quando a "unidade em harmonia", a que já nos referimos, sofreu grande pressão. Dessa vez, nem tanto por causa de dificuldades financeiras, como havia ocorrido alguns anos antes, mas muito mais pela questão da sucessão, que já causara preocupação, alguns anos antes, em 1965. No entanto, agora esse problema apresentava-se de maneira imperiosa e precisava ser resolvido.

A SITUAÇÃO DEPOIS DE 1965

Um pouco antes de 1965, os líderes espirituais haviam apontado seus sucessores, de acordo com a tradição da Rosa-Cruz clássica. Catharose de Petri seria sucedida por um colegiado de sete pessoas que iriam constituir um corpo diretivo internacional: o Conselho dos Anciãos. J. van Rijckenborgh seria sucedido pelo filho, Henk Leene, embora não tenha justificado essa escolha: para ele, era a ordem natural das coisas. Naquele ano, quando sofreu uma hemorragia cerebral que o impossibilitou seriamente de agir, seu filho Henk Leene viu "todas essas coisas tomando seu rumo automaticamente", conforme descreveu mais tarde.

Como o grão-mestre previu que não haveria apoio unânime para essa escolha, queria pedir a todos que a aceitassem positiva e lealmente. Van der Kuijp, um dos alunos mais estimados e leais entre os mais próximos de J. van Rijckenborgh, confrontou-o com o sentimento dos obreiros mais antigos, afirmando: "Você pode determinar isso, mas primeiro ele terá de dar provas!". Como Van der Kuijp não estava de acordo com a linha de sucessão estabelecida, esse amigo da primeira hora deixou a Escola; e essa saída fez com que um grupo de alunos o seguisse.

Sobre essa crise, C.G. Stratman disse: "Estávamos esperando uma grande afluência de alunos, mas, ao invés de um aumento, houve uma diminuição. Alguns quiseram de volta o dinheiro que haviam doado e consentimos com seu pedido, mesmo com dificuldade. [...] Contudo, o Lectorium Rosicrucianum saiu rejuvenescido dessa crise: o alimento espiritual que recebemos aqui não poderia ser
171 encontrado em nenhum outro lugar".

Podemos imaginar que J. van Rijckenborgh queria transmitir sua herança espiritual a seu filho pela linhagem sanguínea, por meio da alma-sangue. Realmente, quando seu irmão faleceu, em 1938, foi assim que ele conseguiu continuar o trabalho interrompido. Naquela época, ele escreveu:

"Se a alma-sangue de um ser humano está acima do nível comum, ela pode ser transmitida a terceiros com quem a pessoa em questão tenha laços de parentesco próximos, por exemplo, a uma família, que pode ser assim auxiliada vigorosamente. [...] Muitas vezes uma 'alma-sangue' pode, de fato, agir de modo auxiliador e extremamente fortalecedor. Quando meu irmão nos deixou, em 1938 – um irmão não somente segundo a carne, mas também e principalmente um irmão no sentido da Fraternidade, no sentido de uma visão superior – dois dias depois de seu falecimento, sua alma-sangue derramou-se sobre mim. E vocês podem imaginar que, desde en-
172 tão, recebemos dessa alma-sangue a maior sustentação possível".

171. Ver nota 166.

172. *Trabalho a serviço da humanidade. Escola Internacional da Rosacruz Áurea, 1924-1994*. Jarinu: Rosacruz, 2000.

Todavia, nos novos tempos, uma orientação espiritual não pode ser transmitida pessoalmente. Há uma diferença importante entre 1938 e 1968. Em 1938, o grão-mestre havia dado forma à Sociedade Rosacruz holandesa em colaboração com o irmão. Contudo, a continuação de uma linha espiritual, um plano iniciado séculos antes, não era um assunto pessoal, como já explicamos em diferentes trechos deste livro. Afinal, por mais que J. van Rijckenborgh tivesse apontado o filho como seu (único) sucessor em 1965 – na verdade contrariando o espírito da obra – ele reformulou sua decisão dois meses antes de falecer. Ao invés de designá-lo como sucessor, indicou-o como membro do colegiado da Direção Espiritual Internacional, com o mesmo nível de todos os outros.

Esse ponto é importante para compreender de maneira correta o desenvolvimento dos fatos descritos neste livro! Os grão-mestres protegeram a linha espiritual, garantindo a sucessão por meio de um colegiado da Direção Espiritual Internacional. Essas sete pessoas, mais uma, deveriam juntas formar a Escola do futuro. É o que explica Catharose de Petri em seu livro *O Verbo Vivente:*

"[...] os sete membros da Direção Espiritual Internacional têm a missão de zelar seriamente para que, nos diferentes campos de trabalho da Escola Espiritual, a doutrina de nossa Escola Espiritual seja transmitida aos pesquisadores em sua totalidade, e que a base fundamental do trabalho não seja atacada por nenhum obreiro da Escola Espiritual. Além disso, para que o objetivo libertador da Escola Espiritual, isto é, o processo de libertação da alma-espírito do ser humano, permaneça puro em seu desenvolvimento e para que o conteúdo da literatura que eventualmente utilizais em alocuções que proferis não seja desviado para o plano horizontal". [173]

173. Petri, C. de. Os ensinamentos, a vida e a via-crúcis de Cristo: Uma alocução para os obreiros da Escola. In: *O Verbo Vivente*. Jarinu: Rosacruz, 2006. cap. 32, p. 174.

Antes que isso acontecesse, a situação inicial, na qual Henk Leene fora apontado como sucessor direto, era desconfortável, mais ainda porque naquele momento as dificuldades financeiras ainda não haviam terminado. Alguns alunos pediram o reembolso de seus empréstimos. Outros obreiros expressaram o sentimento de que era preciso uma aptidão especial para assumir a responsabilidade de uma função espiritual. Na verdade, não se poderia nomear um líder espiritual: ele mesmo deveria demonstrar sua habilidade para trabalhar de acordo com as linhas de uma missão espiritual que vivenciava e convencer por sua atuação e também por ser um exemplo vivo dos ensinamentos que representava. Uma liderança como essa cresce organicamente em interação com os que a se-
174 guem, que a reconhecem como guia.

Em uma alocução realizada em 18 de julho de 1968, Catharose de Petri declarou que a herança de J. van Rijckenborgh residia no coração de seus alunos. “Seu testamento, seu testamento espiritual, afirma que ele quer ser enterrado dentro de vocês, em seu trabalho, uma obra para a libertação de suas almas, que ele
175 levou adiante no deserto desta vida terrena por mais de 40 anos”.

Em outra oportunidade, na primeira edição do novo jornal *Pedra Angular,* em junho de 1969, ela escreveu “que ninguém pode, pessoalmente, herdar uma Escola como esta. Afinal, uma verdadeira escola de mistérios, portanto uma escola espiritual, é um instrumento da Fraternidade. Uma escola espiritual gnóstica não é um assunto pessoal. Em uma escola espiritual, aplicam-se outras leis. [...] Quando um enviado aponta alguém como seu sucessor, isso significa que esse candidato recebe a possibilidade de demonstrar se está preparado para continuar o sagrado trabalho, de acordo

174. *Gedenkschriff J. van Rijckenborgh* (Memorial a J. van Rijckenborgh). Haarlem: Rozekruis Pers, 1968. p. 13.

175. *De Topsteen* (A Pedra do Cume), junho de 1969, p. 5 e ss.

com as mesmas diretrizes sagradas, e divulgar os mesmos sagrados ensinamentos que os fundadores e os construtores da Escola moldaram no corpo-vivo e em seu organismo vivo". 176

Catharose de Petri confrontou Henk Leene com a consequência de aceitar o mandato. Como único membro remanescente da liderança espiritual, ela estabeleceu que a toda a organização, todo o trabalho de J. van Rijckenborgh, estivesse à disposição dele. A condição era entregar-se totalmente a serviço do trabalho, assim como seu pai o fizera.

No entanto, Henk Leene queria mudar a organização: haveria menos regras estritas, o Trabalho da Mocidade seria extinto, e haveria menos ênfase no caráter gnóstico e cristão original da Escola. Essa situação levou a uma crise, e, em 1969, Henk Leene deixou a Escola com um grupo de seguidores, para estabelecer sua própria organização.

No coração da Escola e ao lado de Catharose de Petri continuaram os colaboradores mais próximos de J. van Rijckenborgh, aqueles que empenharam sua lealdade ao ideal comum – ideal que havia sofrido sucessivos golpes durante todos esses anos. Realmente: a Escola foi mantida pela lealdade inabalável e pela devoção de todas as pessoas, de alto a baixo na organização, que sempre "estiveram presentes", não importando se as notícias eram boas ou más, e que continuaram a servir à obra. Entre eles estavam homens experientes e respeitados, como C. Stratman, P.C. Feekes e T.H. Ritman – o primeiro, com seu grande coração e conhecimento esotérico; o segundo com suas ações firmes e eficazes, cortando o que era necessário; e o terceiro por seu carisma e mansidão, com a qual sempre conseguia acalmar os ânimos quando estavam exaltados.

176. *De roep van de Graal* (O chamado do Graal). In: Lectorium Rosicrucianum, Avisos e escala de serviço do mês de maio de 1969, p. 7 e ss.

Mas também pessoas como H.C. Meelis, amigo dos jovens e administrador do departamento de impressão e publicação, J.P. van Eijk, responsável pela sede central em Haarlem e A.H. van den Brul, intendente do centro de conferências mais importante naquela época: Renova. Assim, a fidelidade inabalável de todos foi de importância decisiva para a manutenção da organização.

E assim mais uma crise foi superada. Graças à firmeza dessas pessoas e ao sacrifício de muitas outras, a Escola sobreviveu. No entanto, foi preciso cortar despesas. Muitas propriedades que a Escola obtivera, por exemplo, por meio de heranças, tiveram de ser vendidas. A Escola também teve de deixar para trás, com muita tristeza, o centro de Galaad, no vale do Ariège, no sul da França. Como consequência dos acontecimentos infelizes no trabalho do sul da França, as possibilidades de um trabalho direto da Escola ali pareciam estar temporariamente suspensas. Felizmente, foi possível manter os cinco centros principais: Noverosa, em Doornspijk (onde o trabalho de conferências foi iniciado, um centro de conferências da mocidade na época); Renova, em Bilthoven-Lage Vuursche; e a sede central em Haarlem, onde se localizava o primeiro grande templo; e, na Alemanha, o Lar *Christian Rosenkreuz*, em Calw, e o Lar *J. van Rijckenborgh,* em Bad Münder.

Em 15 de março de 1969, Catharose de Petri expôs, como líder espiritual, que a crise foi neutralizada graças à criação de uma atividade totalmente nova dentro do grupo: a ativação da Comunidade do Graal da Escola de Mistérios da jovem Fraternidade gnóstica. *Essa* foi a elevada resposta da Escola Espiritual à pressão interna e externa a que tinha sido submetida durante esse período; foi também a reação ao convite da Fraternidade do Graal. Ela citou o último discurso de seu "irmão": "Teve início uma francomaçonaria mundial transfigurística renovada do terceiro templo."

Com isso, ela referia-se às últimas palavras de instrução e encorajamento, pronunciadas em nome de J. van Rijckenborgh em

Renova, em 23 de junho de 1968, cerca de três semanas antes de seu falecimento. Nesse discurso, ele falava sobre a Fraternidade Mundial Sétupla como parte do corpo universal de Cristo, que envolve com sua força, amor e luz, todo o trabalho realizado em benefício da humanidade. Ela também é chamada de hierarquia ou de Fraternidade do Santo Graal. Essa Fraternidade Mundial Sétupla aproximou-se da Escola Espiritual, para que esta pudesse elevar-se à aliança da colheita e participar efetivamente desse novo trabalho. Dessa Fraternidade emanam diretrizes, com base nas quais a atividade mundial do trabalho do Graal pôde realizar-se. O anúncio feito em 15 de março de 1969 no templo da Cabeça Áurea, de que "teve início uma francomaçonaria mundial transfigurística renovada do terceiro templo" foi a pedra angular mais importante colocada no trabalho. Na Escola Espiritual se formou 177
o primeiro grupo, o primeiro "cosmo", encarregado de dar forma a esse trabalho. E isso foi razão suficiente para alterar, a partir de então, o nome do jornal da Escola para *Pedra Angular*. Agora (em 2009), muitos cosmos estão ativos nos campos de trabalho mais importantes.

Como trabalha a Comunidade do Graal? Sua força reside na ação conjunta de pessoas preparadas por longo período de tempo que, de modo gnóstico-mágico, liberam força de luz. Esses portadores de luz que vivem na Terra manifestam-se por meio da unidade de suas almas renovadas e formam, simbolicamente, uma taça viva do Graal, na qual a hierarquia dos libertos liga e unifica suas forças com as do grupo. É uma perspectiva especial, sustentada por equilíbrio interior, disposição para servir e harmonia benévola e recíproca. Ao mesmo tempo, para o grupo inteiro é a hora do "agora ou nunca". 178

177. Ver nota 174.
178. Ver nota 176.

A Direção Espiritual Internacional

Em 1965, os líderes espirituais nomearam como sucessores um grupo composto por sete pessoas. Ainda hoje, é esse órgão – a Direção Espiritual Internacional, atualmente constituída por dez pessoas, que dirige o Lectorium Rosicrucianum. Durante 44 anos, J. van Rijckenborgh liderou a Escola Espiritual, vinte e dois anos dos quais juntamente com Catharose de Petri. Ela foi o ponto central desse grupo por 44 anos, de 1946 até 1990, ano de seu falecimento.

Depois de 1970, quando se afastou da liderança espiritual ativa, continuou a auxiliar o colegiado da nova Direção Espiritual Internacional com seu aconselhamento. Naquela época, participavam desse colegiado os mesmos nomes já mencionados: T.H. Ritman, P.C. Feekes, C.G. Stratman, A. Hamelink e, nos outros países, H. Albert e W. Wiesner (Alemanha) e H. Bürki (Suíça). No dia 21 de março de 1970, Catharose de Petri também instalou nesse colegiado E.T. Hamelink-Leene, a filha de J. van Rijckenborgh, que viria a ser empossada como presidente desse colegiado em 1982.

Por ocasião do aniversário de 50 anos da Escola Espiritual, em 1974, Catharose de Petri mais uma vez resumiu suas impressões sobre as cinco décadas de construção, sacrifício e muito esforço, durante as quais a Escola Espiritual se estabelecera, e que ressaltamos em vários trechos deste livro. Ela escreveu:

"No dia 24 de agosto de 1973, a Escola Espiritual da Rosacruz Áurea completou quarenta e nove anos ininterruptos fazendo com que a humanidade conhecesse seus ensinamentos, assim como a atitude de vida que deve corresponder a eles. Nos quinze primeiros anos – de 1924 até 1939 – ideias e aspectos esotéricos caracterizaram os ensinamentos e o trabalho da Escola.

Nessa fase inicial, a Escola ainda não era uma escola de mistérios. Ainda não tinha um campo de radiação magnético gnóstico abrangente à sua disposição, com todos os seus magníficos dons, consequências e forças maravilhosas.

A segunda fase da Escola é caracterizada por certa tranquilidade e preparação interior para uma completa mudança dos ensinamentos manifestados naquela época. Isso aconteceu nos anos de 1940 a 1945.
A terceira fase, que começou em 1945 e terminou em 1965, trouxe ensinamentos sobre a libertação da alma-espírito, que deve libertar-se totalmente da roda do nascimento da vida e da morte. O trabalho internacional da Escola Espiritual desenvolveu-se, assim como a fundação e o reconhecimento dos campos de trabalho internacionais. Nesse meio tempo, ela manifestou-se de forma sétupla e permanece ativa há muitos anos.
A quarta fase do trabalho foi composta por três anos de grande luta, tanto para a Escola Espiritual como para seu grupo de alunos. Foram os anos entre 1964 e o fim de 1967.
A quinta fase começou no fim de 1967 e terminou por volta de 1970, período no qual houve um grande avanço. A consolidação de uma ligação firme e duradoura entre a jovem Fraternidade gnóstica e a Corrente da Fraternidade Universal de Cristo permitiu que a Escola Espiritual da Rosacruz estabelecesse a Direção Espiritual Internacional, composta por oito eminentes obreiros internacionais (7 irmãos e 1 irmã).
Após essa grande luta, a Escola Espiritual ergueu-se de seu nadir. A Direção Espiritual Internacional recebeu a oportunidade de comprovar seu valor, depois que o fundador espiritual e líder da Escola, J. van Rijckenborgh, libertou-se do corpo físico, no dia 17 de julho de 1968, aos 71 anos de idade.
A sexta fase, que começou no fim de 1970 e foi até o equinócio de outono de 1973, caracterizou-se particularmente pela formação, desenvolvimento e manifestação da Comunidade do Graal. A Escola de Mistérios da jovem Fraternidade gnóstica estará apta a alcançar sua plenitude na Comunidade do Graal.
Assim como o Verbo se fez carne em Cristo, o Verbo também deve fazer-se carne em nós, por meio de Cristo: esse é o significado, o

sentido, a vocação e o trabalho dos irmãos e irmãs que renasceram em Cristão Rosa-Cruz.

A sétima fase da obra da Escola Espiritual anunciará, em futuro próximo, esse estado dos membros da Comunidade do Graal: uma fase
179 absolutamente nova de vivência cristã gnóstica."

Em 1989, poucos meses antes de falecer, Catharose de Petri transferiu seu mandato espiritual para esse colegiado, ampliando-lhe a composição de sete para doze membros, com a senhora E.T. Hamelink-Leene como décimo terceiro membro. A esse colegiado Catharose de Petri transmitiu seu mandato espiritual. "Para exercer sua tarefa específica, a Direção Espiritual Internacional consiste nos seguintes membros: P.R. Agostini, da França; H.H. Albert, do sul da Alemanha; A.H. van den Brul, da Holanda; H. Bürki, da Suíça; J.P. van Eijk e J. van Galen, da Holanda; A. Lázaro, do Brasil; H. (Han) Leene (filho de Z.W. Leene, que substituiu A. Hamelink, falecido em 1975); J.R. Ritman, da Holanda; J. Schneemann, da Alemanha;
180 e V. Malschitzky e H. Zion, do Brasil."

Desse modo, o Lectorium Rosicrucianum estava preparado para ser uma verdadeira organização aquariana para a nova era, na qual não haveria apenas uma pessoa na liderança. Quase 35 anos depois, em setembro de 2001, a Direção Espiritual Internacional transferiu esse mandato a uma estrutura de vários *Presidia* – alunos responsáveis pelo trabalho nas sete regiões do mundo em que a Escola Espiritual atua. Em fevereiro de 2008, esse número foi ampliado para quase 40 membros, que desenvolvem seu trabalho sob mandato.

Por outro lado, essa estrutura, vista como uma comunidade, desenvolveu-se e cresceu dinamicamente. Na vida cotidiana, o

179. *Memorial do jubileu de 50 anos da Escola Espiritual da Rosacruz Áurea*. Haarlem: Rozekruis Pers, 1974. p. 26.

180. Em carta de E.T. Hamelink-Leene e Han Leene a todos os alunos do Lectorium Rosicrucianum, dezembro de 1989.

Trabalho da Mocidade, o Grupo de Jovens Alunos, os alunos, os membros – todos convivem e trabalham juntos em mais de 200 centros, maiores ou menores, no mundo todo. Quanto tempo se passou até que essa comunidade pudesse ficar bem organizada em um sentido libertador! Eles reúnem-se e trabalham juntos em todas as funções existentes nos campos de trabalho da Escola Espiritual. Esses grupos são organizados e acompanhados pelas respectivas Direções Regionais e Direções Nacionais. Estas, por sua vez, estão subordinadas aos membros dos *Presidia,* participantes do quinto aspecto da Escola, a Comunidade da Cabeça Áurea, e responsáveis pelo trabalho de cada região. Os membros dos *Presidia* recebem inspiração da Direção Espiritual Internacional, a quem se subordinam. Ela atua a partir do 6º campo de trabalho da Escola e mantém uma ligação consciente com o campo da Fraternidade. Atualmente, esse colegiado é responsável pela linha espiritual do trabalho e é composto pelos seguintes alunos: Y. de Vries-Heitman, A.H. van den Brul, F. Casanueva, W. Kohler, C. Moreno, A.P. Neto, J.R. Ritman, Th. van Rooij, J. Schneemann e J. Zapasnik.
Graças a essa ligação consciente, o corpo-vivo está preparado para atuar nos dois mundos. Ele encontra-se tanto neste mundo quanto no campo da ressurreição e é um aspecto vivente por meio do qual o colegiado e também a Escola Espiritual permanecem ligados ao ser espiritual de Catharose de Petri e J. van Rijckenborgh. Provavelmente venham a surgir pessoas com qualidades espirituais ainda maiores. No entanto, Catharose de Petri e J. van Rijckenborgh serão os únicos grão-mestres que a Escola Espiritual terá. Seu nome e sua força nuclear garantirão uma ligação pura com o campo da ressurreição durante todo o tempo em que a Escola de Mistérios ainda puder trabalhar.

22. As publicações de Catharose de Petri

O simbolismo de duas figuras espirituais. O Verbo Vivente. Vivam como deve viver um homem-alma

Com o passar dos anos, a autora Catharose de Petri foi acrescentando várias publicações à herança espiritual da Escola Espiritual Transfigurística. Suas quatro primeiras publicações foram editadas como Série das Rosas: trata-se de quatro livros que reúnem alocuções únicas e características. Elas estão voltadas principalmente para o cuidado que a Escola Espiritual dedica à responsabilidade individual de cada um de seus participantes, sempre visto a partir da perspectiva de que Cristo é o fator interno que tudo conduz. Toda a obra de Catharose de Petri somente pode ser compreendida de um ponto de vista espiritual. Seus inúmeros conselhos práticos para a vida cotidiana na senda espiritual somente podem ser úteis ao leitor que parta do mesmo ponto de vista.

Na primeira parte da *Série das Rosas,* no livro *Transfiguração,* ela
181 explica a quem se destina a Escola Espiritual:

"Além disso, ela exerce, por meio de seu terceiro campo magnético, uma influência determinante sobre todos os acontecimentos humanos. Nunca deveis subestimar este aspecto do formidável trabalho de libertação empreendido pela Fraternidade. Talvez estejais tão ocupados no trabalho e no objetivo essencial da libertação, que tendais a esquecer os aspectos gerais do trabalho benfeitor da Escola".

Em um artigo da revista *A Pedra Angular,* publicado em 1970 (esse semanário foi publicado nos anos de 1969 a 1979), ela escreveu que

181. Petri, C. de. *Transfiguração.* Jarinu: Rosacruz, 2003. p. 27–28.

Catharose de Petri em 1986

a linguagem da Escola Espiritual possui sua própria chave vibratória. Qualquer pessoa que se sintonize completamente com essa vibração “será capaz de ler, em proveito do desenvolvimento de sua própria alma, todos os registros de uma vida repleta de experiências a ser-
182 viço da Escola Espiritual no livro da memória divina”. Para fazer essa linguagem ressoar puramente nos materiais da Escola, como o fez em 1970, ela devotou uma parcela de seu tempo a organizar, classificar e atualizar cerca de 400 rituais, um grande número de alocuções e serviços de reflexão.

Em todas as oportunidades que surgiam, ela ligava seus alunos com a essência da Escola e com o cristianismo gnóstico, mostrando-lhes os aspectos de longo alcance do trabalho espiritual. Ela expressava sua visão de forma clara quando tratava da corrente de energia espiritual que o cristianismo hermético define como Cristo.

“Muitas vezes, Jesus Cristo deixou claro que tinha vindo para mostrar às pessoas as possibilidades que elas têm. Que todas elas são capazes de fazer o que ele fez, e todas serão o que ele é. O que Jesus Cristo dizia sobre si mesmo é verdadeiro para todo o obreiro preparado para trabalhar a serviço de uma escola espiritual nessa luz. Na plenitude da radiação de Cristo, com a ajuda da fraternidade da salvação, e ao lado do servidor direto da jovem Fraternidade gnóstica, o senhor J. van Rijckenborgh, muitas vezes fui colocada em condição de elevar minha consciência acima do nível do espaço-tempo. Por isso, muitas vezes faço uso de voz e nome! O ser humano que busca as profundezas de Deus e pronuncia o nome único estará completamente ligado à ideia divina, ao ser nuclear do Espírito – isto é, à força que se dirige ao ser humano como indivíduo e a ele se revela! Quando pronunciamos o nome Jesus Cristo, associamo-nos a uma grande força: a força da luz. Por isso, o verdadeiro evangelho é grande alegria para os que o vivenciam como uma força divina,

182. Petri, C. de. In: *De Topsteen* (A Pedra do Cume), n. 7, 1972. Apêndice extra, p. 4.

porque o evangelho se faz conhecer em primeira mão como um toque misericordioso que flui direto do Pleroma. 183
Desse modo, uma escola gnóstica espiritual deseja oferecer *insights* e clareza sobre seus ensinamentos. Por outro lado, ensina seus alunos a se abrirem ao nome único, Jesus, como energia pura, e a se consagrarem a ele. Assim, a espontaneidade da nova atitude de vida da alma manifesta-se e mantém-se.

Por isso, a característica da alma viva e eterna é remover qualquer contradição e cumprir tudo o que diz respeito a seu crescimento. Ou seja: fazer que o homem do princípio se eleve da natureza. Então, tornamo-nos estrangeiros neste mundo, mas seremos básica e diretamente cidadãos do reino de Deus. Cada ser humano dialético participa da ignorância, assim como todos participamos em Cristo da única verdade. Quem alcança essa profunda compreensão intuitiva, esse *insight*, também sente imediatamente a vida dentro de si. A princípio, tudo isso pode ser sentido pelo coração. Durante todo o tempo em que o ser humano ainda pode ser chamado apenas de um mortal comum, ele tem um longo caminho pela frente, de muitas vidas e experiências profundas através do campo de criação, antes de poder realmente atingir a sabedoria por meio da vivência do coração.

Por isso, essa sabedoria sempre entrará em conflito com a sabedoria dos que se consideram sábios segundo sua própria medida." 184
Como já explicamos exaustivamente, o encontro com Antonin Gadal, em 1954, foi decisivo para o desenvolvimento de Catharose de Petri e J. van Rijckenborgh. Ambos sentiram-se intimamente ligados com a fraternidade precedente – a dos cátaros. Em Catharose de Petri, isso manifestou-se em seu nome espiritual, recebido de Gadal. E, em J. van Rijckenborgh, na transmissão do

183. Petri, C. de. In: *De Topsteen* (A Pedra do Cume), n. 7, 1972. Apêndice extra, p. 6.
184. Petri, C. de. In: *De Topsteen* (A Pedra do Cume), n. 7, 1972. Apêndice extra, p. 7.

grão-mestrado das três fraternidades. No livro *A Tríplice Aliança da Luz* (1980), foram reunidos vários serviços templários proferidos anteriormente por J. van Rijckenborgh e por ela mesma, realizados durante a primeira conferência de Ussat, em 1956, adaptados e publicados no semanário *A Pedra Angular* entre 1968 e 1970. Neles, ela explica o trabalho espiritual dos cátaros e sua herança imaterial. Muitas e muitas vezes, a mensagem repete-se e permanece a mesma: o antigo método de completa autonegação do ser humano material, chamado pelos cátaros de "endura", é a condição necessária para a senda do desenvolvimento espiritual. Ela também alertou os alunos da Rosacruz Áurea para a necessidade de ter um "coração puro". Com "um coração puro" ela se referia, acima de tudo, a uma verificação cuidadosa de todos os motivos que nos impulsionam nesta vida: tanto os evidentes como os secretos. Podemos aprender perfeitamente de onde eles surgem e de que maneira podemos neutralizá-los por meio do processo de transfiguração.

Em 1987, a Rozekruis Pers publicou seu livro *Cartas*, uma coletânea de cartas na qual oferece diferentes conselhos para pessoas com vários tipos de problemas durante o processo de desenvolvimento da consciência interior. Ela explica, por exemplo, porque é necessária a existência de um grupo como o Lectorium Rosicrucianum; e também que, muito frequentemente, há grande pressão para fazer essa iniciativa falhar – uma pressão que não vem apenas de fora, mas também de conflitos semeados no interior do grupo pelo indivíduo. Na carta número 35, ela escreve:

"Quem vencerá? Quem vencerá em vós? A consciência da alma em crescimento? Ou o ser humano dessa natureza? [...] A senda de libertação da alma-espírito é absoluta e reta em suas leis, e não permite desvios. Quando procuramos, em nossas considerações, pensamentos, sentimentos e na orientação de nossa vontade, adequar as exigências de Cristo a nossos problemas, dificuldades ou pontos de vista pessoais e subordiná-las, devemos rejeitar essa influência a qualquer preço e neutralizá-la".

O SIMBOLISMO DE DUAS FIGURAS ESPIRITUAIS

Para explicar os aspectos da consciência na senda, J. van Rijckenborgh e Catharose de Petri muitas vezes atribuíram um lugar central em suas considerações a duas figuras: João e Jesus. João é o ser humano que quer aprender tudo e faz de tudo para levar a vida de um homem-alma, mesmo estando em um mundo materialista e cristalizado. Jesus é a nova alma vitoriosa, que, com seu amor, torna transparentes os limites da matéria, pois essa é uma característica que pertence, por princípio, ao campo do Espírito. Essa alma dá orientação, inspiração e entendimento perfeito ao ser humano que está realizando sua fase joanina.

Na carta 45 ela explica:

"Quando o ser humano buscador recebe em mãos a chave que abre a senda da libertação da alma, mas não sabe utilizá-la da única maneira correta, surge irremediavelmente a confusão.

Por essa razão, precisamos ter a certeza de que espírito, alma e corpo estão sendo guiados rumo à unidade por meio do processo de transmutação (matéria) e da transfiguração (alma). O que importa é o Outro no ser humano. O primeiro precisa crescer, e o eu – o ser humano joanino – precisa diminuir. Quem vai realizar a ligação com o Espírito não é o ser humano material, mas sim o Outro em nós, o homem-alma. Nesse sentido, a alma nunca deve ser colocada em segundo plano. Por isso, para a Escola Espiritual é de vital importância a alma desperta, a alma imortal no campo de vida etérico purificado do aluno, porque somente a alma pode servir como base para a ligação com o Espírito. Existe uma alma material e uma alma-espírito. A alma material apenas é capaz de manter-se nos limites do tempo e do espaço, e isso nunca poderá significar a libertação da alma-espírito".

O Verbo Vivente

Dois anos depois, em 1989, o livro *O Verbo Vivente* foi publicado. Nele, ela reuniu uma seleção de alocuções realizadas durante 20 anos para diversos campos de trabalho na Escola Espiritual. A descrição "uma seleção de alocuções" não faz justiça a todo o efervescente conteúdo espiritual dessa verdadeira joia que coroa seu trabalho. Esse livro é a prova viva de que a linha espiritual realmente continuou a operar por meio dos obreiros mais conscientes da Escola. Por sua vez, esses obreiros representam o crescimento e o grau de maturidade e consciência da Escola Espiritual como uma coletividade.

A autora não impôs nenhuma restrição quanto à publicação dessas alocuções: ela dirige-se às pessoas interessadas que se aproximam da Escola, aos jovens do Trabalho da Mocidade, aos obreiros do Trabalho Público, aos alunos da Escola Interna e aos do Quinto Aspecto. E cada capítulo reflete a força construtiva que dela emana. Em cada página ressoam os sessenta anos de verdadeira ligação com o Cristo interior e com sua própria missão recebida da Fraternidade da Rosa-Cruz em 1930. Alguns capítulos ilustram certos aspectos da estrutura da Escola Espiritual. A autora sempre retorna ao ponto de partida, à base da razão de ser desta Escola Espiritual: o processo de transmutação da figura da alma material, que é capaz de elevar-se ao estado de homem alma-espírito.

Ela também aponta aos alunos da Escola Interna a natureza temporária de uma escola:

"Deveis compenetrar-vos de que uma criação (ela refere-se ao corpo-vivo da Escola Espiritual) é conservada enquanto ainda existirem alguns que possam transformar suas possibilidades num resultado positivo. Porém, os tempos estão se acelerando! E como a marcha do mundo e da humanidade é muito mais rápida do que o ser humano pudera supor, pode-se certamente afirmar que esses processos estão 'próximos' e 'em desenvolvimento', embora sua vibração e sua velocidade dependam de numerosos fatores situados muito acima e fora do estado de nosso mundo. Não podemos sequer prever nem verificar essa velocidade [...] Os servidores da Gnosis vão e vêm, para retornar em momentos precisos. Por isso, há sempre um começo e um fim no espaço e no tempo. Existe, por exemplo, um tempo em que surgem buscadores e em que ouvidos se abrem à voz da Gnosis. E existe um tempo em que os ouvidos se fecham novamente. Existe, portanto, um tempo em que é preciso empreender o trabalho, cumprir a missão com força e dedicação, tempo no qual tudo e todos devem ser utilizados – pois o fim se aproxima. [...] o afluir do Espírito e as bênçãos da Corrente da Fraternidade Gnóstica Universal só poderão ser assegurados se o campo astral de cada um de vós como indivíduo e também o do corpo-vivo da Escola Espiritual forem e permanecerem impermeáveis de modo absoluto às influências desta natureza, e se vossa elevada vocação divina se harmonizar com ele". 185

Desde 1946, a sabedoria dessa mulher tão especial moldou a Escola Espiritual moderna com seu "irmão" J. van Rijckenborgh e, a partir de 1968, alicerçou firme e fortemente sua estrutura na mente e na alma dos alunos. Realmente: os alicerces da Escola são tão firmes que ela ainda está preparada para crescer e funcionar como uma unidade viva. Trata-se de um processo que, como muitas vezes ela disse, somente pode ocorrer sobre a base do princípio nuclear Jesus Cristo – a força nuclear da outra vida, da vida original. Podemos entender essa força como "amor", porém não faremos completa justiça a uma força que é, ao mesmo tempo, fé, plena de luz e esperança. Ela é constituída de amorosa e abrangente compreensão, resplandescente de vida e energia. No campo interpessoal, demonstra

185. Petri, C. de. *O Verbo Vivente*. Jarinu: Rosacruz, 2006. p. 232 e ss.

leve e espirituoso senso de humor. Essa força nuclear envolveu a Escola durante todos os anos de sua existência e foi com base nesse princípio nuclear libertador que foram apresentados todos os ensinamentos manifestados pela Escola Espiritual. No último capítulo deste livro iremos aprofundar-nos mais nesse assunto e mostrar até onde essa força nos conduziu.

VIVER COMO VIVERIA UM HOMEM-ALMA

Desde 1946, durante os quarenta e quatro anos de sua atuação, Catharose de Petri protegeu a estrutura gnóstica, a pureza e o alto nível da Escola Espiritual. Reiteradas vezes ela apontou para os alunos sua responsabilidade, a necessidade de uma nova atitude de vida e de um alto nível moral. Em suma: viver e agir como um homem-alma viveria e agiria, viver como se o novo homem-alma já estivesse dentro de nós. Desse modo, ajudamo-lo a tornar-se consciente em nós o mais rápido possível, e a nova vida tornar-se-á realidade para nós dentro de um curto espaço de tempo.

Durante a década de 1920, esse esforço já era tratado nas primeiras lições para os alunos do nível probatório, na linguagem característica da Rosa-Cruz:

"Atos de solicitude; controlar, de forma resoluta, a tendência à presunção e à arrogância; tentar conter as paixões – essas atitudes são os frutos que deverão ser cultivados no jardim da vida cotidiana. Quando alguns desses frutos amadurecem, a reflexão noturna os transformará, e a alquimia espiritual os preparará para a assimilação por meio da reflexão matinal. Desse modo, os dois aspectos do corpo vital serão construídos, e serão delineados os contornos que, no tempo certo, formarão o *soma psychikon,* um veículo independente, apropriado e útil para os voos da alma em
186 uma vida mais elevada."

186. *Licht van het Rozekruis* (A Luz da Rosa-Cruz), 1938.

Juntos, J. van Rijckenborgh e Catharose de Petri realizaram uma manifestação gnóstica excepcional. A Escola que eles fundaram é, em todos os aspectos, um estímulo e um auxílio para uma vida pura, simples e harmoniosa. Sua obra inclui, entre outras coisas, o registro de uma Gnosis sétupla:

- Os ensinamentos universais expressos no livro *A Gnosis Chinesa* – o Tao Te King;
- A Gnosis indiana, nas explicações sobre *A Voz do Silêncio*; 187
- A Gnosis hermética, mediante os comentários sobre os livros de Hermes Trismegisto, na obra *A Gnosis original egípcia*;
- A Gnosis cristã dos antigos textos gnósticos, como *A Pistis Sophia*;
- Os mistérios cristãos da Bíblia, com publicações como *O mistério das bem-aventuranças* e *A Luz do Mundo;*
- A magia e a alquimia dos rosa-cruzes clássicos, registradas nas explicações sobre *Os manifestos da Fraternidade da Rosa-Cruz*;
- A Gnosis moderna e as possibilidades dos novos tempos na Série O Apocalipse da nova era.

187. Os comentários de J. van Rijckenborgh sobre *A Voz do Silêncio* não foram publicados.

QUINTA PARTE

O TRABALHO DA CASA SANCTI SPIRITUS

23. O estabelecimento do reino gnóstico

1990-2001. A obra da Fraternidade Mundial Sétupla. A grande tríade. A Pistis e a Sophia. Novos impulsos e iniciativas da Direção Espiritual Internacional. As sete regiões. Os simpósios no centro de conferências Renova. Dias de conferência no Centro J. van Rijckenborgh, em Haarlem. A Bibliotheca Philosophica Hermetica à luz da Gnosis universal. A ampliação da obra continua

A GRANDE TRÍADE

Há duas maneiras de vermos o desenvolvimento do campo de vida esotérico desde 1875. A primeira é o modo determinista de Darwin, por assim dizer. Assim, originaram-se do primeiro movimento – a Teosofia – vários outros, grandes e pequenos. Um gerava outro ou havia cisão, seguida de separação. As exposições feitas neste livro estão longe de abarcar todo o quadro, todavia contêm muitos exemplos.

No entanto, também podemos considerar esses movimentos no contexto da grande linha espiritual que procuramos apresentar neste livro. Então, vemos como esse campo especial, que chamamos de "vida original" ou de "supranatureza", sempre está buscando as mentes humanas que possuem a aptidão justa, o preparo justo, a pureza justa e o conhecimento justo – consciência – para continuar um poderoso impulso de uma ordem de natureza completamente diferente. A partir deste ponto de vista, localizado numa posição um pouco mais elevada no *mons philosophorum*, ou seja, na montanha dos filósofos, não se veem diferenças, divisões nem separação, mas sim tentativas sinceras, esforços e anseio do coração. Por mais diferentes que fossem as personalidades, e embora tenham reagido

às vezes de maneira incompreensível, desse ponto de vista o que conta é somente a motivação – e a intensidade em que ela está presente na alma. Então, uma luz bem diferente ilumina a paisagem dos 150 anos de esoterismo: a luz da grande linha espiritual, que pretende preparar o ser humano para uma luz mais elevada. Surge assim uma grande tríade perante a visão interior: um triângulo em que cada lado é ocupado por um dos grandes movimentos dos séculos XIX e XX.
Durante os primeiros cinquenta anos, de 1875 a 1925, vemos os movimentos teosófico, antroposófico e a Fraternidade Rosacruz tomarem forma. Do ponto de vista espiritual da Fraternidade, este foi um período no qual a brilhante mente humana aprendeu a reconhecer e testar os contornos de seu conhecimento, sentiu sua limitação materialista, tornando-se consciente de seus limites.
O segundo período de cinquenta anos começou por volta de 1925 e levou, em última análise, as três fraternidades a transformarem-se em uma só. Nesta atuavam em conjunto o conhecimento, uma vida pura e voltada para o caminho espiritual, além da magia pura. Nesse período deu-se a abertura do Templo de Renova – um marco importante.
Consideremos como a Fraternidade Mundial Sétupla desenvolve sua atividade no terceiro período de cinquenta anos, em que vivemos agora e se estenderá até por volta de 2025. Naturalmente, surge a questão: continuará essa Fraternidade Mundial limitada ao grupo relativamente pequeno de pessoas da comunidade religiosa do Lectorium Rosicrucianum? Como fizemos a pergunta, iremos respondê-la. Isto pode ser ilustrado por um exemplo modesto.
Se estamos em uma estrada deserta, à noite, e vemos um poste de luz, geralmente ficamos felizes por conseguirmos enxergar alguma coisa. Ao mesmo tempo, é possível, depois de ter reencontrado o caminho certo, perceber que esse poste de luz é a prova da existência de toda uma rede elétrica. O poste é literalmente um foco, e sua energia deve ter sido gerada em algum lugar, em uma

grande usina, embora não saibamos onde. Da mesma forma, brilha a luz da Fraternidade Mundial Sétupla. No início, vemos apenas o brilho desse único e grande poste – a Escola Espiritual da Rosacruz Áurea – iluminando a parte do caminho que seguimos. Mais tarde, depois de termos traçado o curso novamente, veremos a usina, outros postes de iluminação, e talvez até mesmo o conjunto da grande rede que não deixa nenhuma alma anelante isolada ou entregue à própria sorte. E, em determinado momento, percebemos até mesmo como, no grande triângulo, foram plantadas as sementes das sete ciências esquecidas, que constroem o ser humano espiritual, sobre o que já escrevemos. Uma amiga que havia compreendido essa ideia escreveu na época: "Que grandioso acontecimento deve ser participar disso! As grandes diferenças ao se percorrer a senda para o alto fazem com que a convivência seja cada vez mais interessante!"

A teosofia nos fez mergulhar na riqueza do conhecimento antigo que tem acompanhado a humanidade por períodos de tempo indizíveis. Esse conhecimento ainda está próximo de nós, desde que estejamos preparados para abrir-lhe ouvidos e corações. Ao mesmo tempo, a teosofia nos confronta com adágios da verdadeira sabedoria divina, que sempre nos advertem: não há religião superior à verdade – e essa verdade é você. A antroposofia plantou a ideia do que uma pessoa pode realizar (provavelmente no futuro), cooperando com o cosmo, o espírito planetário, a nossa terra: a agricultura pura e uma ciência médica que leva em conta todo o ser humano em seu desenvolvimento e não apenas o corpo. Ela divulgou o profundo conhecimento sobre as ligações cármicas e as possibilidades esplêndidas de desenvolvimento da consciência no corpo material e também nos corpos sutis. Somos eternamente gratos à Fraternidade Rosacruz por sua clara cosmologia, e seu lema: "mente clara, coração nobre, corpo são". E à Tríplice Aliança da Luz, que se oferece sem reservas na Escola Espiritual da

Rosacruz Áurea, garantindo para cada alma esforçada a passagem, a elevação para um campo de vida superior, por meio da aplicação do antigo ideal rosa-cruz: "autoesquecimento em serviço ao próximo é o caminho mais seguro e alegre para Deus".

Quando nos esforçamos para passar do conhecimento à sabedoria, nosso ser interior desenvolve uma nova qualidade de vibração, geralmente chamada de "nova atmosfera", Aquário ou outros nomes. Mudam então, nossa forma de sentir e pensar, assim como todas as nossas preocupações; a nova influência prepara-nos para a vida superior. Quando certo número de pessoas é capaz de sustentar esse esforço, é gerada uma terceira atmosfera, um campo intermediário entre o absolutamente espiritual e a vida puramente material da consciência. Nesse campo, revelam-se novas possibilidades e faculdades que nem em sonhos o ser humano ousa um dia possuir. A Tríplice Aliança da Luz propaga esse campo, onde tudo isso é realidade, de maneira visível e invisível, no campo de consciência terrestre. E não apenas para alguns, mas para todos os que levam em si o passaporte da luz.

Foi nesse sentido, mas também muito mais literal, que os fundadores da Escola Espiritual deram impulso ao trabalho mundial. Eles reuniram ao seu redor um grupo internacional de pessoas que trabalharam em uma mudança de consciência, cujos contornos há muito haviam sido traçados. Esta é uma comunidade interligada em diferentes níveis. Como vimos na Introdução, essa comunidade formou um campo para propagar a luz que, por princípio, está disponível a todos. A atividade da nova Fraternidade Mundial Sétupla tudo faz para aproximar-se dos buscadores e mostrar-lhes suas grandes possibilidades especiais no plano cósmico. E talvez seja desnecessário dizer: "o tesouro do conhecimento interior" pode ser alcançado por todos os que buscam com simplicidade e sinceridade.

A Pistis e a Sophia

No último capítulo do livro *A Gnose em sua atual manifestação*, J. van Rijckenborgh trata extensivamente de duas correntes, a do conhecimento e a da sabedoria, que sempre estão tocando e inquietando o ser humano. Como já mencionado, ele seguiu o gnóstico egípcio-helênico Valentino, ao chamar essas duas correntes de Pistis e Sophia. Valentino explicou a seus alunos os espaços incognoscíveis do Pleroma, os "espaços vazios" do mundo da natureza divina.

J. van Rijckenborgh esclarece que as emanações de força fluem para esta natureza e tocam todos os que têm qualquer tipo de afinidade com a luz. A Sophia é uma emanação do Pleroma que traz sabedoria; a Pistis é a corrente do conhecimento. Esta última leva agitação a todos os que navegam pelo mar acadêmico, no sentido mais amplo da palavra. Em especial, essa corrente desperta a insatisfação ao invés de satisfação, como era de se esperar. Afinal, supõe-se que mais conhecimento significa melhor preparo para atravessar a vida – mas o que acontece é justamente o contrário: inquietação. Isso é um paradoxo! A Pistis influencia fortemente o intelecto humano – até ele entender que o conhecimento, por si só, não resolve a questão vital.

A outra corrente, a Sophia, dirige-se aos eleitos, àqueles para quem o conhecimento já não é suficiente porque anseiam pela sabedoria. Esses são "os poucos", a quem Blavatsky dedicou sua *A Doutrina Secreta*. É por isso que essa segunda corrente ou emanação está apartada da turbulência mental: ela se mantém totalmente separada deste mundo. No entanto, ela existe e espera até que o ser humano buscador dela se aproxime. Ela não se dirige a seu intelecto animal, como o faz a primeira corrente, mas à sua alma ainda não aberta e tenta despertar nela o "pensar da alma".

Dessa forma, o ser humano solitário consegue encontrar refúgio na sabedoria da alma quando estiver saturado pela corrente do conhecimento. As duas correntes são ondas eletromagnéticas

provenientes da vida única e pura, e influenciam a humanidade. No entanto, é finalmente a corrente da Sophia que faz o candidato entrar em contato com a escola de sabedoria do Espírito. As correntes, em sua interação, estimulam a humanidade a descobrir a totalidade da manifestação divina, para que ela possa reagir outra vez às seis
188 emanações que, juntas, formam o Espírito Sétuplo.

O TRABALHO MUNDIAL SÉTUPLO TORNA-SE VISÍVEL

O que J. van Rijckenborgh anunciara no livro *A Gnose em sua atual manifestação* como uma visão tornou-se realidade no contexto do Lectorium Rosicrucianum entre 1990 e 2001. O trabalho abriu-se em muitas frentes, enquanto o público em geral entrava em contato com a atividade da Gnosis. Foi publicada uma série com os textos básicos da Gnosis: *O Evangelho da Verdade, O Evangelho de Maria, Do castigo da alma* e outros. Até 1975, a obra expandiu-se primeiro nos campos de trabalho na Holanda, na Alemanha, na Suíça, na França e no Brasil. Entre 1975 e 2000, os membros do colegiado da Direção Espiritual Internacional iniciaram novos campos de trabalho na Espanha, na Polônia, na Hungria e na Itália, e alguns países da América do Sul, como Bolívia e Colômbia. Em todos esses países foram construídos núcleos, centros de conferência e templos, como o belo centro de conferências *Christianopolis,* em Birnbach, na Alemanha. No mesmo período, a Direção Espiritual Internacional estruturou suas atividades em sete regiões, destacando-se a expansão da Escola nos países da Europa Oriental, Rússia e África. No início da década de 1990, surgiram as primeiras atividades na Rússia, mas o trabalho somente começou de fato em 1993. Nesse ano, a Bibliotheca Philosophica Hermetica (BPH) organizou uma exposição especial em conjunto com a Biblioteca Rudomino, em Moscou, e o Museu

188. Rijckenborgh, J. van. *A Gnose em sua atual manifestação*. Jarinu: Rosacruz, 2007. p. 261 e ss.

Centro de Conferências *Christianopolis,* em Birnbach (Alemanha), construído e consagrado no ano 2000

Pushkin, em São Petersburgo. Como acontece com frequência, a Escola Espiritual e a BPH colaboraram para que os buscadores entrassem em contato com a Gnosis viva, no presente atual, combinando a apresentação das fontes da história mundial com a força de radiação libertadora da escola de mistérios.

Essa exposição ofereceu um panorama geral dos quinhentos anos de Gnosis na Europa. Desde os séculos XVIII e XIX já havia ligações teosóficas entre Europa e Rússia, como exemplificam os contatos entre Karl von Eckartshausen (1752-1803) e seu colega russo Ivan Lopuchin. Ambos escreveram sobre o trabalho da Fraternidade em prol da humanidade e sobre os três templos do trabalho interior; Eckartshausen, na obra *Algumas palavras do mais profundo do ser,* escrita em 1797, e Lopuchin, em seu livro *Algumas características da igreja interior*, do mesmo ano. Foram anos da iluminação, da razão em busca do que é verdadeiro e do coração que se dispõe a fazer o bem. No entanto, esses autores nos alertaram: "O ser humano, esse caos de paixões, cobiças, pensamentos e aspirações, não pode iluminar. A verdade ilumina." E é bem simples, como explica Eckartshausen: "Deus é amor, e amor nada mais é do que fazer o bem a nosso próximo. A razão pode saber o que é o bem, desde que se deixe inspirar por Cristo e busque os 'mistérios da verdadeira religião'. Em outras palavras, desde que se aproxime do templo interior. Somente o amor liga um ser humano a outro. Quando o amor acaba, e não é encontrado, o ser humano torna-se o carrasco do próximo."

Inúmeros visitantes ouviram pela primeira vez a respeito das ligações teosóficas e gnósticas entre a Rússia e a antiga Europa. O trabalho da Escola Espiritual despertou grande interesse ali. Centenas de pessoas, especialmente de São Petersburgo e Moscou, aderiram à Escola. Foram estabelecidas parcerias com várias outras organizações.

Em 1998, o Lectorium Rosicrucianum, a BPH e a Biblioteca Real de Haia realizaram, nesta última, uma exposição retrospectiva dos 400 anos da Rosa-Cruz. O título da exposição foi: "O chamado da Rosa-Cruz. Quatro séculos de tradição viva". Na Espanha, houve parcerias com instituições científicas em Barcelona, Madri e Saragoça para a realização de simpósios propriamente ditos (sem exposições e apresentações musicais).

Simpósios no centro de conferências de Renova

Houve cerca de 20 grandes simpósios nos Países Baixos, o primeiro, em 1998, dedicado ao filósofo holandês Baruch de Espinosa. Nesses simpósios, os obreiros da Escola Espiritual Moderna dirigiram a atenção para os grandes do Espírito que, nos últimos quatrocentos e cinquenta anos, consagraram a vida à ideia da libertação da alma, figuras como Marsílio Ficino, Paracelso, Robert Fludd, Giordano Bruno, Jacob Boehme e muitos outros. Esses simpósios transmitiram uma visão coerente dessas personalidades: livres propagadores de uma religião científica, ou de uma ciência religiosa, sem igreja, sem uma hierarquia central, sem sacerdotes e prelados. Eles anunciavam o livre pensamento, investigavam o coração e a consciência do ser humano, e fizeram a "religião" voltar a seu lugar de direito: o interior do ser humano. Sua religião era a de Hermes, sua igreja, a vasta extensão do livre pensamento, seu altar, um coração simples, puro e tranquilo; seu laboratório, o corpo humano, onde a luz primeiro se libera de forma puramente alquímica, depois se transmuta e, em seguida, é irradiada no campo mundial, para finalmente aí ser aplicada. A visão de todos eles sobre o mundo e a humanidade encontra-se nas palavras fundamentais de Hermes Trismegisto: "O homem é um grande prodígio".

Ao longo do tempo, muitas vezes secretamente, esse grande prodígio que é o homem foi objeto de estudo e instrução dos círculos filosóficos e das escolas de sabedoria. Essa sabedoria, proveniente do Egito, viajou via Grécia, Judeia e Roma para a Europa moderna. De tempos em tempos, desaparecia sob as tendências dominantes da cultura ocidental, para ressurgir no devido tempo. Durante a Renascença, tentou-se fazer uma síntese desses ensinamentos hermético-cristãos. Isso levou, por assim dizer, ao florescimento da sociedade do sul da Europa com a beleza de uma criança cheia de esperança. No século XVII, ressoou a *Fama Fraternitatis,* o chamado da Rosa-Cruz clássica, a fim de despertar o norte da Europa, mergulhado em total inconsciência, da "embriaguez causada por sua taça cheia de venenos e soporíferos. Então, ao raiar do dia, alegre e jubiloso, com o coração aberto, a cabeça descoberta e descalço, ele irá ao encontro do sol nascente", como testifica a *Confessio Fraternitatis.* Essa é a perspectiva que os "pensadores herméticos" abrem ao homem ocidental. As personagens e os movimentos em destaque nos simpósios de Renova representaram diferentes aspectos dessa visão de mundo.

Dia de conferência no centro de Haarlem

De modo semelhante, as conferências de um dia acontecem no Centro J. van Rijckenborgh, em Haarlem. Contudo, têm um ponto de partida um pouco diferente. Durante esse dia, a sabedoria, as atividades e os ensinamentos explícitos da Escola Espiritual moderna ocupam um lugar central. Visitantes e palestrantes abordam temas atuais, esclarecidos com base nos *insights* perspicazes de Catharose de Petri e J. van Rijckenborgh. Nos últimos anos, as conferências de um dia abordaram temas como: as novas possibilidades que se manifestam na Era de Aquário, o papel do homem e da mulher e sua cooperação, as sete fases da vida humana, a educação de nossas crianças, o desenvolvimento da nova ciência da astrosofia. Além disso, os presentes ouvem duas leituras introdutórias e um texto de encerramento no templo da Rosacruz Áurea. Assim, podem vivenciar por si mesmos a atmosfera tão especial que emana de um núcleo da Escola Espiritual. No período da tarde, as pessoas podem trocar ideias sobre o tema proposto em diversas salas do núcleo.

A Bibliotheca Philosophica Hermetica à luz da Gnosis hermético-cristã

Em estreita colaboração com a Bibliotheca Philosophica Hermetica, os simpósios são dias especiais que sempre atraem centenas de visitantes e são repetidos em diversas cidades da Europa. Achamos apropriado mencionar a importante atuação da Biblioteca Ritman, a Bibliotheca Philosophica Hermetica, em Amsterdã, que vem colaborando ininterruptamente com a Escola Espiritual desde 1986. Seu fundador, Joost Ruben Ritman, aos dezesseis anos tomou conhecimento do raro valor da Gnosis hermético-cristã. Em 1957, quando sua mãe lhe deu um livro de Jacob Boehme escrito em 1657, ele percebeu que certos tipos de livros antigos ainda podiam ser comprados.

Depois de um quarto de século de aquisições para formar a coleção, praticamente trabalhando desde o início com uma equipe científica, ele preparou-se para realizar uma exposição pública, em meados da década de 1980. A primeira exposição foi sobre os manifestos da Rosa-Cruz clássica. Desde o início, Ritman conectou todas as atividades de sua biblioteca com a linha espiritual exposta neste livro, ou seja, com o mesmo impulso que inspira (ou vivifica) a escola espiritual do Lectorium Rosicrucianum.

Em uma palestra realizada em 19 de janeiro de 1985, ele disse que "o trabalho da luz certamente também foi preservado em forma concreta e material. Por isso, a biblioteca se baseia na visão de que esse tesouro espiritual sob a forma de documentos, manuscritos e textos, incluindo os escritos de nossos grão-mestres, na verdade pertence a uma tradição de milhares de anos. [...] A biblioteca é um testemunho dos 'rios da sabedoria'. De acordo com a linha do tempo de Robert Forlong, esses rios fluem há mais de 12.000 anos. Em seu lodo inúmeras sementes especiais germinaram para auxiliar o ser humano a seguir adiante em seu processo de desenvolvimento".

E Ritman continuou, dizendo: "Quando o livro *As núpcias alquímicas de Christian Rosenkreuz* afirma que 'Hermes é a fonte primordial', imediatamente reconhecemos o princípio do trabalho de nossos grão-mestres: a Gnosis original egípcia e os mistérios de Cristão Rosa-Cruz [...]". Isso foi descrito por Karl von Eckartshausen da seguinte maneira: "Ainda existe uma sociedade secreta de mestres desconhecidos que continua em sucessão ininterrupta desde os tempos dos primeiros cristãos. Graças a ela e sua continuidade, não apenas foi preservada a verdadeira tradição das forças ocultas, com as quais Cristo e os apóstolos realizaram milagres. A sociedade de mestres também possui uma parte dessas forças miraculosas, de tal forma que não apenas domina a natureza, como também está apta a realizar feitos notáveis nesta natureza com o auxílio do Espírito ou do alento espiritual."

Ritman concluiu a palestra referindo-se a uma analogia no livro *As núpcias alquímicas de Christian Rosenkreuz,* com a qual ele quis enfatizar a unidade de radiação e a unidade de trabalho tanto da Escola Espiritual quanto da biblioteca, que emanam da mesma fonte. E ele citou uma explicação de J. van Rijckenborgh: "A preciosa biblioteca que C.R.C. descobriu na cripta do castelo já não suscita nenhuma pergunta, pois no foco de um campo astral são sempre conservadas as ideias, as forças, os desenvolvimentos e os impulsos poderosos provenientes da sabedoria das entidades elevadas que formaram esse campo e esse foco. Esses valores estão presentes no Templo da Renovação e ali permanecerão como uma fonte de ideias, tendo seu fundamento no próprio Espírito vivente. Eis por que a mínima parcela dessa sabedoria não poderá perder-se. [...] Almas viventes, onde quer que habitem ou estejam espalhadas sobre a terra, constroem conjuntamente a cidadela do templo, sem que uma destrua o que a outra constrói. A sabedoria e a força liberadas por intermédio de uma alma vivente são sempre do mesmo teor, aderem sempre harmoniosamente à força e à sabedoria de outras almas viventes, mesmo que elas não se conheçam.

Neste mundo e em sua esfera refletora, o que um constrói é destruído por outro. Isto é válido tanto para o indivíduo como para os povos. Um filósofo desenvolve certa ideia; logo vem outro com concepções opostas. As coisas acontecem de maneira completamente outra no estado de alma vivente. Eis por que toda a sabedoria gnóstica descoberta sempre será idêntica a outra sabedoria da Gnosis. Uma verdade sempre confirma outra. Mesmo que as ideias ali contidas apresentem variações e em certos aspectos particulares sintonizem-se, elas estão, não obstante, em perfeita harmonia entre si. Almas viventes apenas podem falar uma única linguagem. E quaisquer que sejam os matizes, há sempre uma unidade fundamental, porque, afinal, existe uma única sabedoria, uma única
189 verdade fundamental".

189. Ritman, J.R. Palestra datilografada, 19 de janeiro de 1985, Bibliotheca Philosophica Hermetica. *As núpcias alquímicas de Christian Rosenkreuz*, volume I, cap. 27, A Biblioteca Real e a Câmara Sepulcral, p. 278 e ss.

Catharose de Petri, presente a esta palestra, não somente expressou entusiasmo e gratidão em suas palavras de agradecimento, como também deixou claro o grande respeito por tudo o que fazia parte da coleção da biblioteca: "É grande! É grandioso! Depois de tudo o que tivemos a oportunidade de conhecer, eleva-se em nosso coração uma única prece: Que o espírito, o amor, a luz e a sabedoria latentes nas 'palavras' desse tesouro de livros, um dia possam ser liberados por incontáveis almas buscadoras. Para ser precisa: não como instruções de conhecimento, mas que sejam liberados no coração de todos os que realmente querem ser libertos segundo a alma. Assim, o que um dia foi recebido – graças à atividade da luz radiante – conseguirá realizar-se e crescer. Afinal, o objetivo do nosso trabalho é que a verdade, a vida absoluta que emana do Espírito original, possa nascer em uma forma pura." [190]

Por todas as inúmeras atividades que desenvolve, a Bibliotheca Philosophica Hermetica é um exemplo marcante da corrente da Pistis, acima mencionada, a influência eletromagnética que liga a humanidade ao conhecimento da libertação. Nessa biblioteca encontramos, no conteúdo dos livros, manuscritos e cópias raras, a Gnosis dos séculos, textos herméticos, a ciência da alquimia – tudo reunido em uma coleção que é única no gênero. Ela é o testemunho de séculos de lutas do ser humano, que de tempos em tempos novamente precisa aprender as leis do universo em sentido espiritual. Ela é um testemunho para o ser humano que compreende que não são as leis terrenas, com seu penoso avanço, mas as leis irradiantes da luz, provenientes do mundo solar, que lhe permitem progredir mais rápido do que ele poderia imaginar. Logo após incorporar esse conhecimento, compreenderá

190. Palestra datilografada: palavras de agradecimento de Catharose de Petri, 19 de janeiro de 1985, BPH.

que esses dois sistemas de leis não são antagônicos, mas de fato se enriquecem mutuamente.

Em 1986, com a Sociedade Karl Gustav Jung, a BPH organiza um congresso em Amsterdã, intitulado "Gnosis, o terceiro componente da tradição cultural ocidental". Foi a primeira vez que, diferentemente do trabalho da Escola Espiritual, a Gnosis foi colocada bem no meio da sociedade. Sob a orientação do prof. dr. Gilles Quispel, muitos palestrantes trataram de temas esotéricos à luz dos antigos ensinamentos gnósticos. De diferentes perspectivas, professores universitários como Van den Broek, Sinnige, Burnier e a jovem Esther de Boer (que falou a respeito do Evangelho de Maria Madalena) abordaram a contínua influência da Gnosis em nossa cultura. Estudos sobre a natureza e a influência da Gnosis durante a Antiguidade Tardia e outros sobre a influência da Gnosis na cultura ocidental conduziram os ouvintes de volta a Montaillou e à escrivaninha de Goethe. De acordo com uma resenha no Informe às Bibliotecas Holandesas, era como se Goethe virasse "um contemporâneo de Hegel e encontrasse Steiner, Jung e outros". O próprio organizador afirmou que, além de Atenas (a razão) e Jerusalém (a fé), Alexandria – *a Gnosis* – poderia ser considerada "o terceiro componente da cultura ocidental", pois, além da filosofia grega e do cristianismo, a Gnosis tinha contribuído de maneira significativa para a cultura da Europa Ocidental. Dois anos depois, as apresentações desse simpósio foram publicadas em formato de livro. Em dezembro de 1990, aconteceu um segundo congresso: "A Gnosis hermética no curso dos séculos" – e suas palestras também foram publicadas.

Há outro aspecto da BPH significativo para a aceitação da Escola Espiritual na sociedade moderna. Com a BPH, há uma volta às fontes (*ad fontes*): ela atrai estudantes e muitos eruditos famosos. Eles ali realizam pesquisas e estudos que, muitas vezes, resultam em ideias e publicações surpreendentes. Geralmente esses resultados correspondem às ideias que J. van Rijckenborgh e seus seguidores desenvolveram ao longo das décadas anteriores. Talvez eles tenham formulado essas ideias de modo diferente em sua época, e sem a oportunidade de embasamento científico, porque outra missão os aguardava. Muitos desses *insights* eram inteiramente desconhecidos quando eles os divulgaram pela primeira vez, sendo descartados como socialmente irrelevantes e insuficientemente modernos. No entanto, as bases gnóstico-científicas do trabalho da Rosa-Cruz moderna já antecipavam resultados de pesquisas científicas contemporâneas que hoje confirmam sua veracidade.

No contexto deste livro, não parecerá estranho atribuir esses resultados ao espírito tolerante de nossa época. No entanto, esses *insights* exigem muito estudo e esforço – vários tornaram-se possíveis graças à estrutura oferecida pela Biblioteca Ritman e, sobretudo, às suas fontes extraordinárias. Atualmente, apenas poucas pessoas podem adquirir conhecimento de modo intuitivo: qualquer pesquisador sério baseia sua pesquisa em fontes. As ideias, as forças, os desenvolvimentos e os poderosos impulsos de sabedoria dos seres sublimes não são preservados somente de forma espiritual no campo astral. Graças à atividade da biblioteca, a simpatia e a consideração pela Escola Espiritual aumentaram a olhos vistos, principalmente entre os cientistas de renome que estudam a Gnosis, os textos herméticos e a história do livre pensamento. Desse modo, graças ao bom relacionamento com a BPH, a "eminência parda" da pesquisa científica da Gnosis – Gilles Quispel – visitou Renova várias vezes para prestigiar os simpósios com sua brilhante capacidade narrativa. Ele começou sua primeira palestra durante o congresso "De volta às fontes" dizendo: "O Jesus Cristo cósmico é o Sol... e ele existe para todos e em todos". Em seguida, Quispel falou sobre os três evangelhos: O Evangelho da Verdade,

191 o Evangelho de Tomé e o *Heliand*. Então, gracejou ao alegar que "as palavras de Jesus fora da Bíblia podem ser mais claras do que na Bíblia". De acordo com ele, esses evangelhos caracterizam-se pela ideia de que "o reino de Deus não diz respeito a uma visão do futuro. Não: esse reino já existe, mas as pessoas não o enxergam". As pessoas parecem adormecidas, totalmente inconscientes. No entanto, os evangelhos mencionados tentam falar claramente sobre a ideia de que o Jesus cósmico é o Sol, e que sem ele ninguém pode existir. Também é um sol que brilha para todos: "Desde Agostinho (354 d.C.), todas as igrejas se esqueceram disso. Colocava-se o foco no 'eleito', de tal modo que o conhecimento do Cristo cósmico se perdeu em tudo e em todos", segundo Quispel. Trata-se do conhecimento de que "Deus não é malévolo nem implacável. Não, Deus é doce e bom. Os místicos gnósticos percebem isso, experimentam isso, sabem isso".

Participaram desse simpósio o ex-ministro da economia holandês, professor H.J. Witteveen, diretor espiritual do movimento Sufi, e escritores que são verdadeiras referências na área da Gnosis, como Jacob Slavenburg. Sua simpatia e seu apreço em relação à atmosfera e ao trabalho da Escola Espiritual são extremamente importantes e
192 têm um valor inestimável.

Em 2005, o governo holandês comprou um lote de volumes da BPH. No dia 14 de abril, uma carta escrita pela ministra Maria van der Hoeven dizia que: "como as fontes das subcoleções da BPH sobre hermetismo, alquimia, mística e rosa-cruzes consistem em

191. Poema épico em saxão antigo, da primeira metade do século IX d.C., cujo título significa salvador (N.T.).

192. Valentinus, Inayat Khan e Hermes Trismegistus. In: *Terug naar de Bron* (De volta às fontes), n. 2. Haarlem: Rozekruis Pers, 2003. (Série Symposium)

textos e antigas edições de cerca de 1750, podemos considerá-los como a coleção nuclear da BPH. [...] Essa é, em suma, a temática da BHP, o que, em si, já é garantia suficiente da natureza única da biblioteca. [...] O Patrimônio Nacional recém-adquirido foi entregue à Fundação BPH como empréstimo, e o senhor J.R. Ritman também colocou, permanentemente, sua coleção particular na biblioteca. Desse modo, esses dois acervos relacionados continuarão à disposição do público e dos cientistas. [...] O plano plurianual da Fundação BPH descreve como meta para os próximos anos fomentar o desenvolvimento do instituto de pesquisas que se formou em torno dessa coleção, mediante o incentivo de alianças já existentes, tais como com a Biblioteca Real e a Academia Real de Ciências, entre outras, e com o mundo acadêmico, tanto nos Países Baixos como no exterior". 193

A EXPANSÃO DA OBRA

Atualmente, o Lectorium Rosicrucianum continua a expandir sistematicamente seu trabalho. A religião libertadora de Hermes, rejeitada e denunciada como herética por tantos séculos, ressoa por toda parte, e inúmeras iniciativas resultam disso. Mais de 20 mil alunos e membros reúnem-se em mais de 200 centros existentes em 40 campos de trabalho. Nesses núcleos e centros de conferência eles estão em contato puro e direto com o campo espiritual que já chamamos anteriormente, neste livro, de "*Domus Sancti Spiritus*", a Casa do Espírito Santo, que é protegida pela alta frequência das vibrações. É uma grande oportunidade para cada alma, individualmente, ser tocada por essa alta frequência vibratória interior que age de forma tão concentrada na Escola.

193. Haia, Ministério da Educação. Referência do autor. 14 de abril de 2005. MLB/LB/2005/16.825.logoocw

Além disso, são efetuados grandes esforços no âmbito da Fraternidade Mundial Sétupla da Rosa-Cruz, que desenvolve iniciativas de vários níveis a fim de atrair a atenção do público buscador para esses ensinamentos. Em várias cidades da Europa foram criados centros de informação internacionais onde é possível estudar os impulsos relacionados à linha de libertação espiritual. Todos os anos, novos obreiros oferecem centenas de palestras a buscadores interessados, tardes especiais e cursos sobre a Rosacruz Áurea e a Gnosis. Outros trabalham em colaboração com as escolas livres realizando um curso geral intitulado "Das correntes de sabedoria à sabedoria interior". Trata-se de uma introdução ao desenvolvimento gnóstico-espiritual, desde a era pré-cristã até nossos dias.

O público pode ter acesso, via Internet, a amplas informações sobre a atividade da Fraternidade Mundial Sétupla e da Escola Espiritual da Rosacruz Áurea. A Escola tem sua própria linha pedagógica: existem duas escolas particulares na Holanda (em Hilversum e em Heiloo) para crianças e jovens, com métodos próprios e um ambiente inspirador, que incentiva o livre desenvolvimento de qualidades de alma.

À medida que esse desenvolvimento progredir, as sete ciências puras retornarão ao campo do mundo de modo autêntico e em uma forma adequada aos novos tempos. No futuro, pelo fato de uma escola de mistérios estar em atividade, muitas pessoas tornar-se-ão receptíveis a essas ciências originais. Assim, o ideal da Fraternidade da Rosa-Cruz clássica – a completa reforma do mundo com bases herméticas, cristãs e científicas – poderá ingressar na esfera da consciência do ser humano moderno.

Catharose de Petri e J. van Rijckenborgh em Patos de Minas, 1967

24. Conclusão

"O amor que é salvação". Um testemunho de Catharose de Petri

"J. van Rijckenborgh e Catharose de Petri são exemplos de gnósticos rosa-cruzes contemporâneos. Em suas obras, eles professam a Gnosis cristocêntrica dos dois últimos milênios. Trezentos e cinquenta anos depois da publicação dos manifestos rosa-cruzes, no início do século XVII, eles não somente pronunciaram a palavra viva [...]" – aqui parafraseamos as palavras de A.H. van den Brul, já citadas neste livro e pronunciadas durante o simpósio em Wolffenbüttel, na Alemanha, em 1995.

Realmente: eles não somente escreveram sobre a Casa *Sancti Spiritus,* como também construíram um novo lar para a comunidade batalhadora de irmãos e irmãs. Desde 1924 foi aberta uma passagem: assim, a Casa *Sancti Spiritus,* que havia sido trancada tão brutalmente durante o século XVII, agora estava novamente acessível. Hoje, as forças da supranatureza fluem livremente na Escola de Mistérios, e todos os participantes do trabalho as irradiam, cada um em seu nível de discipulado.

Em uma conversa com seu editor durante a preparação de seu último livro, Catharose de Petri mais uma vez explicou a natureza do trabalho a que dedicou sua vida. "Quando começamos tudo de novo no final da década de 1940, com certeza tínhamos uma missão e um objetivo. Contudo, não tínhamos nenhuma ideia de como poderíamos dar uma nova forma ao grupo nem muita clareza sobre como iríamos organizar a Escola Espiritual. Somente conhecíamos o próximo passo, que tinha de ser dado naquele momento, e somente podíamos acreditar

que iríamos ver como proceder se déssemos esse passo sem
194 nenhuma hesitação."

E J. van Rijckenborgh disse a mesma coisa de um modo ligeiramente diferente: "Nosso caminho não era iluminado do começo ao fim por faróis. A extensão do caminho iluminada pelo conhecimento de primeira mão consistia precisamente em *um* passo. Por isso diz o salmista no Salmo 119: 'Tua palavra é lâmpada para os meus pés, e luz para o meu caminho'. Apesar de todas as nossas preces e súplicas, nossa senda era iluminada apenas um passo de cada vez, bem na frente dos nossos pés, mas não além; adiante tudo era noite escura de novo. Somente quando dávamos esse passo iluminado, surgia a luz do segundo passo. Enquanto seguíamos adiante, levávamos conosco a lâmpada para a frente. E essa luz clareava e formava a senda ao longo da qual
195 progredíamos".

"O AMOR QUE É SALVAÇÃO"

No local onde na época ficava a tenda-templo, de 1934 a 1958, J. van Rijckenborgh foi o primeiro a usar a pá e cavar o terreno para a construção de um roseiral, em 28 de setembro de 1963. Com o grupo de alunos e amigos, jovens ou mais velhos, ele comemorou, dizendo que fora naquele lugar tão especial que realmente se iniciara o trabalho da Escola da Rosa-Cruz – e vimos, neste livro, como é que isso aconteceu. "Neste lugar, muitas horas gloriosas foram dedicadas à contemplação e ao entendimento interior da filosofia e das ideias fundamentais da Rosa-Cruz", disse o líder espiritual.

194. Informação de H. Steinhart, fevereiro de 2008.

195. Rijckenborgh, J. van. *Wedergeboorteproblemen*. In: *Nieuw Religieuse Orientering*, 1948. v. 8. Também In: *O renascimento e seus aspectos práticos*. Pentagrama. Ano 26, n. 3, 2004.

Por isso, não é de se estranhar que escolheram esse mesmo lugar – onde se iniciou o trabalho de divulgação da verdade única – Deus no ser humano – para plantar o Jardim das Rosas. Certamente, a lembrança do belo Jardim das Rosas de Albi desempenhou um importante papel, nesse caso: era nesse jardim que os cátaros celebravam seus serviços templários – e era um foco importante, como ainda podemos sentir claramente até hoje. Foi neste Jardim das Rosas de Albi que os dois líderes espirituais viram diante de si, com todos os detalhes, a sua missão: "a fundação de uma escola de mistérios, um corpo iniciático plenamente equipado e equilibrado para um novo tempo".

Sete anos mais tarde, na presença de cerca de 500 alunos e uma centena de jovens, foi realizado um serviço em memória a J. van Rijckenborgh no Templo de Noverosa, na sexta-feira, 17 de julho de 1970. No mesmo dia, um monumento modesto lhe foi dedicado no Jardim das Rosas. Esse monumento é ao mesmo tempo um testemunho e um símbolo. É um cubo branco - "uma pedra branca". Trata-se de uma referência ao Apocalipse 2:17: "Ao vencedor darei do maná escondido e lhe darei também uma pedra branca, e nessa pedra, um novo nome escrito, o qual ninguém sabe, senão o que o recebe." A lei romana daquela época determinava que os julgados recebessem uma pedra preta, se considerados culpados, ou uma pedra branca, se fossem absolvidos. Sobre essa pedra eram gravados seus nomes.

No cubo branco, vemos um anel de bronze que representa o círculo da eternidade. Na parte superior, uma bela rosa aberta é circundada por algumas sépalas. Em torno do anel, está gravada a fórmula mágica dos rosa-cruzes clássicos:

Ex Deo nascimur, in Jesu morimur, per Spiritum Sanctum reviviscimus.

Na face superior do cubo está gravado o seguinte texto:

Este memorial foi colocado no dia 17 de julho de 1970

Memorial de pedra no Jardim das Rosas de Noverosa, Doornspijk, Países Baixos

Numa das faces estão gravados um triângulo equilátero e as palavras:
Conhecimento Amor Ação –
Os três sublimes atributos de Cristo
Na segunda face do lado direito do cubo, está gravado:
O Conhecimento da Luz que se manifestou
Na terceira face, no lado posterior do cubo, estão as palavras já mencionadas:
O Amor que é Salvação
Na quarta face, do lado esquerdo do cubo, lemos:
A ação que conduz ao longo da colunata ascendente até as portas da Vida Eterna – J. van Rijckenborgh.
Todas essas palavras foram extraídas de uma de suas conferências de maior cunho interior.

Um testemunho de Catharose de Petri

Durante o serviço em memória a J. van Rijckenborgh, que Catharose de Petri realizou por ocasião desse encontro, a natureza e a atmosfera da estrutura sétupla foram vivamente expressas. Ela voltou os olhos para o passado, lembrando que a construção que ela ajudara a dar forma desde 1930 havia sido realizada com base no esforço de todos – e lembrou também que J. van Rijckenborgh inspirava e impulsionava constantemente os amigos em seu trabalho. Esta alocução abordou algumas etapas que, acima de tudo, deram uma ideia da atmosfera criada quando o grão-mestre se aproximava dos participantes da Escola Espiritual:

"Para os jovens, J. van Rijckenborgh foi um amigo muito especial! Em suas conferências para a mocidade, sempre soube utilizar 'o tom certo'. Ele tinha o dom de colocar os temas mais amplos e mais profundos em um contexto que os jovens compreendiam. Por exemplo, em uma conferência de uma semana com o grupo D, em 1961, apresentou ao grupo um tema que ele mesmo chamou de 'uma aventura audaciosa', por considerá-lo muito abrangente e complexo.

'Mas', disse na época, 'tentaremos passar por essa aventura com a cooperação de vocês'. E os jovens fizeram o possível para entender como deveriam tentar ver o sistema solar como um sistema vivo. Mais tarde, ensinou-lhes que deveriam aprender a ver o sistema solar como um sistema astral, cujas partes estão interligadas de tal modo que formam um único corpo: um corpo que possui inúmeros membros. Também demonstrou que os inúmeros planetas do sistema solar são os membros deste sistema; e que nós, homens ligados à matéria, estamos ligados a todos os membros do sistema solar por meio de nosso corpo astral. O grão-mestre disse ainda que Cristo é um Espírito Solar e que tudo o que Cristo é, quer e faz é a execução de um plano. 'Cristo, essa grande figura, age a partir do coração do sistema solar. Por meio de suas radiações, que são as radiações solares, todo o universo é guiado para um determinado objetivo. Com base nesse fundamento, o plano a ser cumprido é: elevar o mundo – salvar o mundo – tornar o mundo perfeito'. Então, os jovens refletiram profundamente sobre isso; conversaram seriamente a respeito disso uns com os outros; e, o que ainda não estava absolutamente claro para eles foi explicado mais uma vez, em uma sessão de perguntas e respostas, durante essa mesma conferência do Trabalho da Mocidade. [...]

Para os alunos do discipulado Preparatório e Professo da Escola Espiritual, J. van Rijckenborgh falou muitas vezes de forma comovente, como fizera certa vez, antes de seu colapso físico grave, em 1965. Para eles, ele dizia:

'Quando um aluno decidiu realmente trilhar o caminho libertador e comemorar o sacrifício sétuplo nos altares do templo, ele se encontra no alvorecer de um tempo muito difícil e perigoso. Ele pode ter tomado sua decisão, pode ter a séria intenção de viver, de professar a essência de seu discipulado, mas todos nós vamos sentir como é incrivelmente difícil – de fato, como é terrivelmente duro – vivenciá-lo. Isso porque nossa personalidade não é apenas nascida da natureza, como também vive em unidade com ela e está sintonizada com o estado de consciência e o estado de energia onde existe. Através da nossa consciência e de nossas faculdades, que possuem seus próprios órgãos eletromagnéticos, os éons da natureza nos mantêm em seu poder. Portanto, qualquer pessoa que se aproxime da senda deve atacar – e como poderia ser diferente? – seu próprio estado fundamental desde os alicerces e implementar as mudanças necessárias, de modo que o verdadeiro discipulado se torne possível.'

J. van Rijckenborgh prosseguia: 'Geralmente, estamos preparados para atacar os outros, destruí-los e desmascará-los, até deixá-los em completa nudez. No entanto, com certeza seremos incapazes de ajudar os outros dessa maneira. Todo mundo deve primeiro fazer isso com relação a si mesmo; antes disso, nenhuma ajuda será útil. Portanto, se tivermos decidido por nós mesmos seguir um discipulado positivo e firme, é importante fincar a espada no próprio ser.' Era assim que ele falava aos alunos da Escola como um todo.

Aos participantes da Escola Interna (dividida em terceiro e quarto aspectos do campo de trabalho), ele dizia, entre outras coisas, o seguinte: 'No sentido pleno da palavra, agora estamos preparados para servir à Fraternidade, fazendo do serviço a tônica da vida. Como? Praticando o amor absoluto ao próximo, pensando em todos os seres vivos e sintonizando o coração de tal maneira que iremos ansiar pelo bem-estar e pela felicidade de todos os seres – incluindo a felicidade de nossos inimigos. No entanto, não nos liguemos a nossos inimigos, mas irradiemos para eles o amor absoluto. Perdoemos a nossos devedores em estado de absoluta compaixão. Pensemos em todos os que passam por necessidades. Imaginemos vividamente suas dores e seus temores, de modo que uma profunda piedade desperte em nossa alma. Em estado de plena alegria, quando pensarmos na felicidade dos demais, suas alegrias serão as nossas. Por outro lado, tendo plena consciência da maldade, vislumbraremos todas as consequências da degeneração, todas as consequências do pecado e da doença. Reconheceremos a futilidade dos prazeres momentâneos e seus resultados desastrosos. Por fim, em um estado de serenidade completa e tranquilidade interior, nós nos elevaremos acima do amor e do ódio, da tirania e da opressão, da riqueza e da penúria. Então contemplaremos nosso próprio destino em serena imparcialidade e perfeita paz de espírito. Assim alicerçados, seremos capazes de servir à Fraternidade e à humanidade, e herdar a bem-aventurança da vida da alma-espírito.'

E ele concluiu:

'Com o amor ao próximo, abraçamos a humanidade inteira; com a compaixão, nos ligamos a ela e deixamos que a Gnosis irradie livremente; com a alegria, estimulamos a Gnosis de modo inteligente, sem forçar; com a tomada de consciência do mal, lutamos contra as faltas e as queimamos de modo impessoal; e, com calma e tranquilidade, não seremos vítimas da agitação, mas permaneceremos como uma rocha na tempestade'.

Com essas palavras, ele ampliou a percepção e a consciência dos alunos do terceiro aspecto do campo de trabalho da Escola. Muitas vezes, o grão-mestre falou aos alunos do quarto aspecto do campo de trabalho da seguinte forma:
'O grupo sacerdotal da jovem Fraternidade gnóstica deve reconhecer e realizar sua vocação com grande, profunda e santa seriedade. Cada célula e cada grupo de células do corpo-vivo magnético precisam compreender sua grande responsabilidade pela Escola Espiritual da Rosacruz Áurea. Principalmente agora! Esperamos intervir a tempo, quando a grande iniciativa para a verdadeira gênese humana, em sentido divino, exigi-lo de nós. Por isso nos sentimos livres para perguntar: Irmãos e Irmãs, estamos preparados para honrar nosso chamado sacerdotal a partir de hoje? Ou não? A Escola Espiritual já não tem tempo a perder! Caso contrário, as ameaças iminentes tornar-se-ão grandes demais, e o trabalho de muitos anos não pode ser perdido. Não foi para isso que muitos de nós realizaram o grande sacrifício a serviço da sagrada obra. Trata-se de cumprir a grande missão de libertar o microcosmo, nosso mais íntimo ser, do aprisionamento na natureza da morte.'

Ele sempre foi muito direto ao falar com os alunos do quinto aspecto do campo de trabalho, que representam todos os principais órgãos do Lectorium Rosicrucianum. Ele dizia:
'Todos sabem e têm clara consciência da extensão dos transtornos emocionais pelos quais a Escola passou em um período de tempo relativamente curto. Essas fortes comoções influenciaram todas as partes do campo de trabalho gnóstico, e nenhum de nós deixou de ser afetado por elas. Todos nós fomos atacados em nossa personalidade e tivemos que enfrentar o adversário astral. Houve uma tentativa muito intensa de fazer em pedaços a Comunidade da Cabeça Áurea e, por meio dela, a Escola. Todos, sem exceção, tomaram parte nisso. Um com sua atitude positiva, outro com sua atitude

negativa sob vários aspectos; um com seu temperamento forte, outro com sua frieza; uns e outros com seu posicionamento frente a situações que envolviam os companheiros; por *insight* pessoal ou considerações emocionais. Todos foram pessoalmente afetados por influências astrais muito hostis, para causar uma explosão na comunidade, que poderia destruir tudo.

Mas permanecemos firmes e nos entregamos em amor e obediência ao trabalho. Como dignos servidores, reservamos para a Escola seu lugar essencial. Isso é grandioso, isso é magnífico! Agora podemos dizer: *essa* foi a grande prova! Consagremo-nos ao bom caminho do puro e saudável derramamento de forças das correntes de Aquário, para que em nós possa ressoar a voz do silêncio.'

Depois disso, os membros da comunidade do quinto aspecto sempre estiveram cientes do fato de que, juntos, formam a coluna vertebral e o sistema nervoso central da Escola Espiritual sétupla, e que, portanto, essa comunidade é *um* dos pontos do alicerce sobre o qual todo o corpo magnético repousa.

Com relação ao sexto aspecto da Escola Espiritual, J. van Rijckenborgh assim se manifestou: 'A tarefa que deve ser realizada no sexto campo de trabalho não pode e na verdade não deve ser realizada com a personalidade comum, nascida da natureza, mas unicamente com base na faculdade superior do círculo de fogo da pineal. É uma tarefa que é dirigida a todos e é realizada para todos. É uma tarefa muito clássica, que foi realizada pela Fraternidade da Rosa-Cruz em todos os tempos'."

A FLAMA ÚNICA

Agora, no início do século XXI, existe um trabalho sétuplo mundial forte, preparado para servir a todos os seres humanos buscadores. Seguindo as orientações da Direção Espiritual Internacional e com base em sua estrutura interna sétupla, a Escola desenvolve as potencialidades libertadoras que todos os seres humanos têm nas próprias mãos, mas muitas vezes não veem ou são incapazes de compreender. Trata-se de uma comunidade de pessoas que pensam igualmente, na qual os ensinamentos gnósticos e herméticos são aprendidos e vivenciados. Dentro dessa estrutura sétupla, o desenvolvimento da alma pode ocorrer mais rapidamente, desde que o ser humano não abandone a força nuclear única, a essência do coração solar. No ser interior de todos os participantes – e de todas as pessoas – brilha a flama única. Naqueles que a ela se dedicam, a natureza terrena torna-se mais neutra, enquanto cresce a consciência do Espírito universal, que os transforma em pessoas de um mundo mais amplo e elevado. A vida e o trabalho na Gnosis são totalmente visíveis. A visão de pessoas sinceras e anelantes, de constituir uma verdadeira comunidade da luz, tornou-se realidade pela atividade dos obreiros da luz – e é esse o assunto deste livro. Eles foram e ainda são apoiados por um grupo constante de amigos, sem o qual esse crescimento não teria sido possível.

EPÍLOGO

O que fez os rosa-cruzes terem tanta certeza e serem tão absolutamente positivos quanto ao modo pelo qual, durante quase 130 anos, implementaram a linha espiritual que tentamos apresentar neste livro? Onde eles encontraram essa certeza, em uma época na qual todo o mundo intelectual estava em dúvida em relação à metafísica? De onde é que as principais figuras deste livro tiraram sua confiança inabalável e a força para continuar sempre, apesar das falhas humanas, das boas e más notícias? E isso, ao mesmo tempo em que, como disseram, eram capazes de ver apenas *um* passo à frente do plano que impulsionava seu trabalho, e que tinham de dar esse passo para poderem continuar?

Desde 1927, com a publicação da primeira edição do semanário Het Rozekruis até os dias de hoje, o que faz com que o tom de suas publicações denote um alto grau de consciência e uma alegria construtiva, testemunhando um conhecimento seguro? Essas são algumas das perguntas que fiz a mim mesmo quando comecei a estudar a Rosacruz Áurea em 1970. O conhecimento que Catharose de Petri possuía, o conhecimento que irradia de tudo o que J. van Rijckenborgh escreveu, era diferente do conhecimento de Steiner, por exemplo. Era diferente do conhecimento de pessoas especiais e contemporâneas, como Krishnamurti ou Ouspensky, e também diferente do conhecimento de Heindel, que foi um grande exemplo para eles. Sua certeza é simples, pura e muito abrangente – e isso se deve ao fato de afirmarem que não podemos aprender coisa alguma se não o confirmarmos na própria vida.

É por isso que o leitor pode imaginar que meus "estudos" rosa-cruzes deveriam ser um tanto românticos: li, ouvi, falei, emprestei, comprei e colecionei tudo o que encontrei nesse campo, sem seguir nenhum sistema, sem plano pré-determinado, mas com um ímpeto que às vezes me espantou. No entanto, muito mais sério do que esse estudo, foi o fato de iniciar o discipulado no Lectorium Rosicrucianum. Isso, é claro, não aconteceu por acaso, porém começou quase simultaneamente. É um caminho interior que me moldou e deu muitos belos momentos.

Eu me perguntava: essa certeza cresce simultaneamente com a consciência que o caminho traz? No entanto, como eles poderiam, desde a juventude, saber com certeza da existência de um caminho e de como ele é?

Todos os que perseveram na senda têm uma sensação grandiosa, pois a vida não ignora o discipulado: ela coincide com ele. A vida que está estreitamente ligada com uma comunidade como o Lectorium Rosicrucianum, tem suas próprias características, no que se refere à juventude, nosso trabalho, à família, e, mais tarde, aos nossos filhos. Em certos aspectos, ela não é necessariamente diferente da vida de um círculo íntimo de amigos, mas frequentemente tem momentos muito especiais e tocantes. A leitura da literatura dos dois líderes espirituais acontece em muitos níveis: a cada vez o leitor sente uma nova profundidade.

Em certo momento, o processo passou por uma reversão. Isso não aconteceu há muito tempo, mas muito recentemente. Eu já não leio para ter um *insight*, ou para ter melhor compreensão sobre algum tema. Simplesmente reconheci que todos os temas são a verdade, e não contêm nenhuma especulação. Aqui e ali, o tom da década de 1940 ou 1950 continua ressoando e padrões de valores morais mais antigos ainda, porque, até mesmo essas pessoas íntegras e de mente elevada, eram figuras de seu próprio tempo. No entanto, sabia que podia deixar isso de lado. Reencontrei a certeza e, com toda a calma, podia afirmar sobre cada assunto: sim, é verdade! Eu tinha a certeza, mas não sabia de onde ela surgira.

Ao longo dos anos, contei aos jovens muitas coisas sobre a história das figuras e dos movimentos que desempenharam um papel especial na História do "outro cristianismo". O leitor pode encontrar um resumo bem elaborado dessa história em meu livro *Gnosis, Rays of Light*. Mais tarde, escrevi um breve histórico dos movimentos 196
rosa-cruzes a partir do século XVII. Muitos desses movimentos ou eram invenções ou tinham outros objetivos. No entanto, por detrás de algumas iniciativas, ressoava a mesma certeza positiva que os fundadores do Lectorium Rosicrucianum também tinham. Pensei que era capaz de ver as diferenças entre esses dois tipos e compreender as características dos verdadeiros movimentos.

Mas não se tratava disso. Para tanto, há bibliotecas cheias de fontes: mas o estudo de fontes não traz a verdade para mais perto. Ou talvez até nos aproximem da verdade, mas não do entendimento dela. Em determinado momento, percebi que mesmo que eu conseguisse conhecer a história toda, desde os primórdios do cristianismo, ou mesmo desde a Queda, ainda seria incapaz de alcançar o justo entendimento.

Comecei a mergulhar na origem da Sociedade Rosacruz, na vida de Jan Leene, e, mais tarde, na gênese do Lectorium Rosicrucianum e na vida de Catharose de Petri, dedicada inteiramente à Escola Espiritual. Um importante ponto de partida para isso foi a palestra que A.H. van den Brul realizou em 1994, durante o simpósio "Os rosa-cruzes como fenômeno europeu no século XVII", que mais tarde foi publicada como "J. van Rijckenborgh – um rosa-cruz moderno e gnóstico hermético". 197

196. Huijs, P. *Gnosis, Rays of Light: Past and Present*. Haarlem: Rozekruis-Pers, 2012.

197. Brul, A.H. van den. Jan van Rijckenborgh, um rosa-cruz moderno e gnóstico hermético. In: *Pentagrama*, ano 17, n. 2, 1995.

Considero-me um homem de sorte por ter sido capaz de falar com as pessoas que colaboraram no trabalho de vida de J. van Rijckenborgh e Catharose de Petri. Sem sua ajuda, este livro teria sido impensável. No entanto, se mencionasse todos eles, o resultado seria uma longa lista, na qual o reconhecimento individual perderia o sentido. Portanto, agradeço a todos eles do fundo de meu coração.

No entanto, não posso esquecer o momento especial, em que dois eventos praticamente coincidiram, no início de junho de 2008, quando o livro adquiriu significado. Em determinada hora, ficou claro como cristal: a verdade não é o que se escreve ou lê, nem o que se pensa, nem mesmo quem se é – *mas sim o que se vive.*

"Não coloque meu nome", disse um amigo: nomes nunca são importantes. Trata-se de algo simples, natural, muito comum (eu diria que é profundamente comum), mas de uma natureza completamente diferente. Não é místico, nem espiritual, nem intelectual, nem particularmente sensível. É natural, mas de *outra* natureza. Os líderes espirituais construíram sua Escola, não com palavras, não com serviços e conferências, mas com *seres humanos* – e com *vida*. Com a vida de outra natureza que levavam em si, e a consciência correspondente. Em outras palavras: a vida da qual faziam e fazem parte.

O segundo evento ocorreu em 9 de junho de 2008. Naquele dia, eu recebi (por um curto período) provas dessa vida de consciência. Tratava-se da evidência de que a ligação com a Ordem da Rosa-Cruz era uma realidade, tanto interior como exterior, assim como mais tarde foi o caso da ligação com a Fraternidade Universal, da qual essa Ordem é uma parte – e na qual a Escola de Mistérios foi acolhida.

Isso sempre acontece quando estamos diante de um quebra-cabeça: quando encontramos a peça certa, quando conseguimos achar a chave, todas as peças vão se encaixando perfeitamente – e o mesmo acontece na vida. J. van Rijckenborgh disse uma vez: Serão precisos cem anos até que todo o aparato da Escola de Mistérios atinja plena maturidade. Cem anos! Se tomarmos 1924 como o início, como instrumento ativo capaz de auxiliar inúmeros buscadores, esse aparato atingirá maturidade plena no período de 2025 a 2050. Como esse instrumento será capaz de fazer isso? Explica-se: haverá cada vez mais pessoas que, como eles, conhecem a luz e trabalham com a luz. São pessoas que demonstram na sociedade a mesma consciência amorosa e tranquila, a mesma certeza da outra realidade que tinham os fundadores da Ordem da Rosa-Cruz: de início, apenas os três amigos, em 1935; e, posteriormente, J. van Rijckenborgh e Catharose de Petri.

E o que podemos esperar então? Citaremos mais uma vez J. van Rijckenborgh, ao descrever o caminho que via à sua frente: "Imaginemos que um grupo de homens é tocado positivamente pelo novo campo magnético, e que assim as ações e atividades se desenvolvem neles e se tornam visíveis ao exterior. No mesmo momento eles formarão como que uma gigantesca estação transformadora das novas forças magnéticas. A força de Cristo se manifestará por intermédio deles, ela irradiará por sobre toda a terra e circulará em torno dela. E destarte, por intermédio de tal grupo, muitos buscadores serão alcançados e auxiliados. Ela juntará uma nova colheita, e esta será como que levada ao novo campo de vida." [...] Essas atividades não se originam de alguma "força dialética, não se pode ensiná-las em uma universidade, mediante instrução, livros ou estudo. Não, quando elas se manifestam, elas vêm diretamente do novo campo magnético intercósmico, que tudo abrange. Então é a Fraternidade de Cristo, a qual testemunha por nosso intermédio.

É claro, portanto, que tão logo pelo menos uma das nove atividades se evidencie por nosso intermédio, nós nos tornamos, em sentido muito exclusivo, colaboradores de Deus. Então podemos colaborar com o novo edifício de Deus, com o novo campo magnético. Isso

é o que os rosa-cruzes clássicos, chamam, na *Fama Fraternitatis,* de
198 'a construção da nova Casa *Sancti Spiritus*'".

Quando Cristão Rosa-Cruz espontaneamente ofereceu todos os seus dons, tudo o que possuía, aos sábios e eruditos da Europa, e eles o rejeitaram de maneira vergonhosa – compreendendo o valor do que ele lhes oferecia, mas, ao mesmo tempo percebendo que isso teria (grandes) consequências – ele retirou-se, como diz a *Fama,* e construiu a Casa *Sancti Spiritus* com seu colaboradores.

O ser humano, que vive, trabalha e está na ativa, usa a força e o poder do sangue. Dessa forma, cada ser humano diariamente derrama seu sangue para si, para sua família, ou para outros. "No entanto, após um ser humano perceber profundamente a essência das duas naturezas, o derramamento do sangue da nova natureza traz a libertação. Tudo o que alguém faz com base na nova natureza, mesmo que ainda seja muito pouco, tem um efeito libertador imediato."

Foi nesse ponto que encontrei a explicação para a certeza, a noção de tudo o que vinha buscando. Afinal, segundo J. van Rijckenborgh, "Cinco minutos de serviço para a Fraternidade Universal – na força da Fraternidade e mediante essa força – valem ouro e significam mais que anos e anos de trabalho exterior, porque essa obra, empreendida com base nessa nova natureza, sempre ajuda a construir o novo campo de vida, a Casa *Sancti Spiritus*."

9 de setembro de 2008

Peter Huijs

198. Rijckenborgh, J. van. *O advento do novo homem*. São Paulo: Lectorium Rosicrucianum, 1988, Parte III, cap. VIII.

BIBLIOGRAFIA GERAL

Berk, M.F.M.v.d. *Die Zauberflöte: een alchemistische allegorie* (A Flauta Mágica: uma alegoria alquímica). Tilburg: Tilburg University Press, 1994.

Blavatsky, H.P. *The Voice of the Silence* (A Voz do Silêncio). Pasadena: Theosophical University Press, 1889.

Brul, A.H.van den. Jan van Rijckenborgh, um rosa-cruz moderno e gnóstico hermético. Palestra durante o simpósio "Os rosa-cruzes como um fenômeno europeu do século XVII", proferida em Wolfenbüttel, 1994. Jarinu, Pentagrama nº 2, 1995.

Carus, P. *The Gospel of the Buddha* (O evangelho de Buda). Chicago: The Open Court Publishing Company, 1894

Cranston, S. *H.P.B. The Extraordinary Life and Influence of Helena Blavatsky, Founder of the Modern Theosophical Movement* (A vida extraordinária e a influência de Helena Blavatsky, fundadora do moderno movimento teosófico). Tarcher, 1993.

Das Erbe des Christian Rosenkreuz. Johann Valentin Andreæ 1586-1986 und die Manifeste der Rosenkreuzerbruderschaft (A herança de Christian Rosenkreuz. Johann Valentin Andreæ 1586-1986 e os manifestos da Fraternidade da Rosa-Cruz). Amsterdã: In de Pelikaan, 1988.

Edighoffer, R. *Hermeticism in early Rosicrucianism* (Hermetismo e antigo rosacrucianismo). In: *Gnosis and Hermeticism from Antiquity to modern times* (Gnosis e hermetismo, da antiguidade até os tempos modernos). Broek, R.v.d.; Hanegraaf, W.J. (Eds.) New York: State University of New York Press, 1997.

Gadal, A. *De triomf van de universele Gnosis* (O triunfo da Gnosis universal). Amsterdã: In de Pelikaan, 2004.

Gilly, C. *Johann Valentin Andreæ 1586-1986. Die Manifeste der Rosenkreuzerbruderschaft* (Johann Valentin Andreæ 1586-1986. Os Manifestos da Fraternidade da Rosa-Cruz). Amsterdã: In de Pelikaan, 1986.

Goethe, J.W. *Humanus (Die Geheimnisse)* [Humanus (Os mistérios)]. Amsterdã, Swets en Zeitlinger, 1949. Traduzido para o holandês por Hendrik Theissen.

Hanegraaf, W.J. et al. *Dictionary of Gnosis & Western Esotericism* (Dicionário sobre a Gnosis e o Esoterismo Ocidental). Vol. I e II. Leiden: Brill, 2005.

Heindel, M. *The Rosicrucian Cosmo-Conception (O Conceito Rosacruz do Cosmos).* Oceanside, 1922.

Hemleben, J. *Rudolf Steiner, antwoord op de toekomst, een biografie* (Rudolf Steiner, resposta ao futuro, uma biografia). Rotterdam: Lemniscaat, 1975. Henry Goulden, 1975.

Houtsma, M.Th.; Wensinck, A.J.; Lévi-Provençal, E.; Arnold, T.W.; Heffening, W. *Encyclopédie de l'Islam. Dictionnaire géographique, ethnographique et biographique des peuples musulmans, Tome II* (Enciclopédia do Islam. Dicionário geográfico, etnográfico e biográfico dos povos muçulmanos, Tomo II). Leiden: E.J. Brill; Paris: A. Picard, 1927.

Hornung, E. *The Secret Lore of Egypt* (O conhecimento secreto do Egito). Ithaca N.Y.: Cornell University Press, 2001.

Huijs, P. *Als een bovenaardse rivier – Stromen van Licht* (Como um rio supraterrestre – Correntes de Luz). 2.ed. Haarlem: Rozekruis Pers, 2006.

Huijs, P.; Bode, C. *Rozekruisers* (Rosa-Cruzes). Kampen: Uitgeverij Kok, 2007.

Jongedijk, J.W. *Geestelijke leiders van ons volk. En hun kerken, stromingen of sekten* (Líderes espirituais de nossa nação. E suas igrejas, movimentos e seitas). 's Gravenzande: Europese Bibliotheek, 1962.

Kooij, P.v.d. *Fama Fraternitatis. Het oudste manifest der Rozenkruisers Broederschap, bewerkt aan de hand van teruggevonden manuscripten, ontstaan voor de eerste druk van 1614* (*Fama Fraternitatis.* O manifesto mais antigo da Fraternidade da Rosa-Cruz, editado com base em manuscritos recém-descobertos, anteriores à primeira edição de 1614). Haarlem: Rozekruis Pers, 1998.

Het Levende Rozenkruis (A Rosa-Cruz viva). Haarlem, 1989.

Márai, S. *De gravin van Parma* (A condessa de Parma). Amsterdã: Uitgeverij Wereldbibliotheek, 2004.

Márai, S. *Bekentenissen van een burger* (Confissões de um cidadão). Amsterdã: Uitgeverij Wereldbibliotheek, 2007.

Marx, A. *Die Gold- und Rosenkreuzer.* Leipzig, 1930.

Schaik, J.v. (red.) *De Rozenkruisers ontsluierd* (Os rosa-cruzes sem véu). Zeist, 1994.

Quispel, G. (Ed.). *De Hermetische Gnosis in de loop der eeuwen* (A Gnosis hermética através dos séculos). Baarn, 1992.

Steiner, R. *The fundamental question of epistemology, particularly with regard to Fichte's teachings of science. Introductory remarks about coming to terms of the philosophical consciousness with itself* (A questão fundamental da epistemologia, principalmente com relação aos ensinamentos científicos de Fichte. Observações introdutórias sobre como chegar à consciência filosófica por si mesmo.) Tese publicada em 1892 com o título *Verdade e Ciência*.

Steiner, R. *The Science of the Secrets of the Soul* (A ciência dos segredos da alma). The Rudolf Steiner Press, 1969.

Safranski, R. *Schiller oder die Erfindung des Deutschen Idealismus* (Schiller ou a invenção do idealismo alemão). Munique: Hanser, 2004.

Schwartz-Bart, A. *Le dernier des justes* (O último dos justos). Editions du Seuil, 1997.

Smit, F. *De Roep van het Rozenkruis.Vier eeuwen levende traditie* (O chamado da Rosa-Cruz. Quatro séculos de tradição viva). Haarlem: Rozekruis Pers, 1998.

Smit, F. *Kroniek in Goud. De hedendaagse Geestesschool van het Rozenkruis* (Crônica em ouro. A Escola Espiritual da Rosa-Cruz em nossos dias). Bemmel: Chroniqueur, 2006.

Snoek, G.H.S. *De Rozenkruisers in Nederland voornamelijk in de eerste helft van de 17e eeuw* (Os rosa-cruzes na Holanda, especialmente na primeira metade do século XVII). Haarlem: Rozekruis Pers, 2006.

Veltman, W.F. *Rudolf Steiner. Een biografie* (Rudolf Steiner. Uma biografia). Zeist, 1980.

Westernberg, G. *Max Heindel en The Rosicrucian Fellowship* (Max Heindel e a Fraternidade Rosacruz). Haia: Stichting Zeven, 2004.

BIBLIOGRAFIA

Heindel, M. *O Conceito Rosacruz do Cosmos, ou Cristianismo Místico*

Heindel, A.F. *O Nascimento da Fraternidade Rosacruz*

PRIMEIRA PARTE
A SOCIEDADE ROSACRUZ A PARTIR DE 1924
PERIÓDICOS:

"A Rosa-Cruz" – Revista mensal dedicada ao cristianismo esotérico. Publicação da Sociedade Rosacruz holandesa (1927-1928)

"A Rosa-Cruz" – Revista mensal dedicada à ciência oculta cristã. Publicação da Sociedade Rosacruz holandesa (1928-1937). Continuação da revista anterior. Prossegue como "Série Rosa-Cruz".

"Série Rosa-Cruz" (1937-1940)
Publicação da Sociedade Rosacruz em Haarlem, após 1934.

SÉRIE ROSA-CRUZ:

1 O mistério da Bíblia
2 A sombra dos acontecimentos futuros
3 Alguns aspectos do mistério de Natal
4 A medicina hermética
5 A grande pirâmide e seus maravilhosos segredos
6 O ensinamento de Mani
7 Os problemas da medicina
8 O segredo do espelho dos profetas
9 A quarta dimensão e a emancipação da consciência humana
10 Filosofia teórica e prática: aspectos da filosofia cristã sob a luz do cristianismo rosa-cruz
11 A magia do sangue sobre o altar da cura
12 Alocuções proferidas na Escola de Verão
13 Paracelsiana: patologia oculta e terapia
14 O portal áureo
15 Sonho natalino
16 O mistério da luz, da força e da vida no cosmo
17 Mitos e lendas do quinto período
18 Os sete ciclos da vida humana no contexto da nova educação
19 Cristalografia do sangue
20 Os mistérios da lua
21 O brasão de Cristão Rosa-Cruz
22 Jeová ou a viagem da alma rumo ao Pai
23 A nova linguagem da magia
24 A reforma do mundo
25 Guerreiro
26 Sobre a vida transcendental (diálogo mestre-discípulo)
27 *In hoc signo* (por este sinal)
28 Qual é o objetivo da Rosa-Cruz moderna?
29 As núpcias alquímicas de Aladim
30 O horóscopo no mundo decaído e no renascimento

31 A Bíblia como livro de sabedoria

SEGUNDA PARTE
A SOCIEDADE ROSACRUZ DE HAARLEM
NOVA SÉRIE ROSA-CRUZ

32 Rijckenborgh, J. v. O fim do mundo
33 O cristianismo dos rosa-cruzes
34 Twine, J. O esoterismo do Evangelho de Mateus
35 Twine, J. O reino do outro lado
36 Heindel, M. *O conceito rosacruz do cosmos:* Cosmogênese e antropogênese; O futuro desenvolvimento do homem
37 Schuurman, H.S. Perseu, peça teatral "Aquarius" em sete atos.
38 História da Sociedade Rosacruz holandesa
39 Rijckenborgh, J.v. *O testamento espiritual da Ordem da Rosa-Cruz: Fama Fraternitatis ou O Chamado da Fraternidade da louvável Ordem da Rosa-Cruz; Confessio Fraternitatis, ou Confessio da Fraternidade da Rosa-Cruz; As núpcias alquímicas de Christian Rosenkreuz*
40 *Fama Fraternitatis* e *Confessio Fraternitatis*
41 Leene, Z.W. O ritual dos rosa-cruzes
42 Twine, J. Os mistérios da Fraternidade da Rosa-Cruz
43 Twine, J. O novo conhecimento esotérico
44 Twine, J. A iniciação no passado e no presente
45 Andreæ, J.V. *República de Cristianópolis*
46 Eckartshausen, K.v. *A nuvem sobre o santuário*
47 O mistério do sangue
48 Qual é o objetivo da Rosa-Cruz moderna?
49 Informações sobre a Sociedade Rosacruz
50 Leene, J. O advento da grande conjunção
51 Martelo, foice e suástica
52 Rosa-cruzes e maçons
53 Rosa-cruzes, teosofistas, antroposofistas e sufis

Terceira parte

Lectorium Rosicrucianum (a partir de 1946)

54 Rijckenborgh, J.v. *O mistério das bem-aventuranças*
55 Rijckenborgh, J.v. *Dei Gloria intacta:* O mistério iniciático cristão
56 Rijckenborgh, J.v. *A Fraternidade de Shamballa*
57 Rijckenborgh, J.v. *O Caminho Universal*
58 Rijckenborgh, J.v. *A grande revolução*
59 Rijckenborgh, J.v. *A Gnosis Universal*
60 Rijckenborgh, J.v. *Filosofia elementar da Rosacruz moderna*
61 Rijckenborgh, J.v. *O novo sinal*
62 *A invasão chinesa no Tibete*
63 *O problema do câncer e seu processo transfigurístico tríplice*
64 *O homem das cavernas*
65 Twine, J. O Pai-Nosso
66 Rijckenborgh, J.v. *Um novo chamado*
67 Rijckenborgh, J.v. *O advento do novo homem*
68 Rijckenborgh, J.v. *A Gnose em sua atual manifestação*
69 A chave para o transfigurismo em setenta perguntas e respostas
70 O Graal: treze orações templárias
71 Rosa Mystica
72 A doutrina da transfiguração
73 Petri, C. de *Transfiguração*
74 Petri, C. de *O selo da Renovação*
75 Petri, C. de *Sete vozes falam*
76 Petri, C. de *A Rosacruz Áurea*
77 Gadal, A. *Sur le chemin du Saint Graal*
78 Gadal, A. *No caminho do Santo Graal*
79 Rijckenborgh, J.v. *A Gnosis original egípcia, t. 1*
80 Rijckenborgh, J.v. *A Arquignosis egípcia, t. 2*
81 Rijckenborgh, J.v. *A Arquignosis egípcia, t. 3*
82 Rijckenborgh, J.v. *A Arquignosis egípcia, t. 4*
83 *Hinário*

84 *Hinário da Mocidade*

85 Petri, C. de; Rijckenborgh, J.v. *O apocalipse da nova era* – Conferência de Aquarius em Renova, Países Baixos

86 Petri, C. de; Rijckenborgh, J.v. *O apocalipse da nova era* – Conferência de Aquarius em Calw, Alemanha

87 Petri, C. de; Rijckenborgh, J.v. *O apocalipse da nova era* – Conferência de Aquarius em Bad-Münder, Alemanha

88 Petri, C. de; Rijckenborgh, J.v. *O apocalipse da nova era* – Conferência de Aquarius na Basileia, Suíça

89 Petri, C. de; Rijckenborgh, J.v. *O apocalipse da nova era* – Conferência de Aquarius em Toulouse, França

90 Rijckenborgh, J.v. *Os segredos da Fraternidade da Rosa-Cruz – Análise esotérica do Testamento Espiritual da Ordem da Rosa-Cruz* – 3 livros: //itálico//*O Chamado da Fraternidade da Rosa-Cruz; Confessio Fraternitatis; As núpcias alquímicas de Christian Rosenkreuz* (2 tomos)

91 Memorial dedicado ao Grão-Mestre da sétupla Rosacruz Áurea, J. van Rijckenborgh (16.10.1896 – 17.7.1968)

92 Memorial dedicado à Grã-Mestra da Escola Espiritual da Rosacruz Áurea, Catharose de Petri (5.2.1902 – 10.9.1990)

93 Abbestee, N. *Bíblia para jovens*

94 *O caminho da Rosacruz nos dias atuais*

95 Rijckenborgh, J.v. *Christianopolis*

96 Rijckenborgh, J.v. *O remédio universal*

97 O milagre da *materia mater*

98 A ideia por detrás da criação

QUARTA PARTE

LECTORIUM ROSICRUCIANUM

99 Twine, J. O que é, o que pretende e o que faz a Rosa-Cruz moderna?

100 Rijckenborgh, J.v. *O mistério da vida e da morte*

101 Schootemeyer, J. A televisão como um perigo para o indivíduo

102 Petri, C. de; Rijckenborgh, J.v. *Réveille*
103 Rijckenborgh, J.v. *Desmascaramento*
104 Rijckenborgh, J.v. *Não há espaço vazio*
105 Rijckenborgh, J.v. *Os mistérios gnósticos da Pistis Sophia*
106 *Trabalho a serviço da humanidade*

QUINTA PARTE
SOCIEDADE ROSACRUZ (1934-1941) E
LECTORIUM ROSICRUCIANUM (1946 ATÉ HOJE):
OUTROS PERIÓDICOS E PUBLICAÇÕES:

107 Estudos oculto-científicos da Bíblia
108 Semanário Aquarius
109 Estudos bíblicos – continuação
110 Rijckenborgh, J.v. Cartas – 1940-1941
111 Semanário Aquarius – 1934-1937
112 Semanário A Luz da Rosa-Cruz
113 Nova Revista Esotérica, 1940-1941, continuação do título anterior
114 Aurora, revista semanal, continuação do título anterior
115 Nova Orientação Religiosa – compilações, 1944-1947. Continuou como Pedra Angular
116 Pedra Angular, revista. Continuou como Renova
117 Renova, revista mensal, 1952-1956. Continuou como Ecclesia Pistis Sophia
118 Ecclesia Pistis Sophia, revista mensal, 1957-1963. Continuou como Aquarius
119 Revista mensal Aquarius – 1963-1969
120 Pedra Angular, revista mensal do Lectorium Rosicrucianum, 1969-1978. Continuou como Pentagrama
121 Pentagrama, revista mensal do Lectorium Rosicrucianum até 1979. Bimensal a partir do Número 9 de 1987 (até hoje)
122 A nova juventude, revista mensal do Trabalho da Mocidade 1960-1979

SEXTA PARTE

ROZEKRUIS PERS

OUTROS AUTORES:

123 Abbestee, N. *O navio celeste do grão-mestre*

124 Bielau, K. *Paracelso*, Série Cristal

125 Bielau, K. *O remédio: a Palavra de Deus* – Coletânea de trechos da obra de Paracelso

126 Boehme, J. *Sobre a vida suprassensível*

127 Boehme, J. *Pensamentos*, Série Cristal

128 Boehme, J. *Uma vida simples em Cristo*

129 Comênio, J.A. *O labirinto do mundo e o paraíso do coração*

130 Comênio, J.A. *O único necessário*

131 Comênio, J.A. *O Caminho de Luz*

132 Eckartshausen, Karl v. *A nuvem sobre o Santuário*

133 Eckartshausen, Karl v. *Os mistérios da verdadeira religião*

134 Eckartshausen, Karl v. *As forças mágicas da natureza*

135 Eckartshausen, Karl v. *Algumas palavras do mais profundo do ser*

136 Ficino, M. *Cartas*, volume 1

137 Ficino, M. *Cartas*, volume 2

138 Ficino, M. *Marsílio Ficino, 500 anos depois*

139 Gadal, A. *No caminho do Santo Graal*

140 Gadal, A. *A herança dos cátaros*

141 Gadal, A. *O triunfo da Gnosis universal*

142 Heindel, M. *O conceito rosacruz do cosmos*

143 Heindel, M. *Filosofia rosacruz em perguntas e respostas*

144 Huijs, P. *Gnosis, correntes de luz na Europa*

145 Huijs, P. *O caminho interior de Tauler*

146 Huijs, P. *A Luz perfeita*: Ensaios sobre a ciência da alma

147 Kleiberg, B. *Parsifal e o mistério do Graal*

148 Kooij, P.v.d.; Gilly, C. *Fama Fraternitatis*: O mais antigo manifesto da Fraternidade da Rosa-Cruz, editado com base em manuscritos recuperados por Pleun van der Kooij. Com uma

introdução sobre as origens e a história dos manifestos rosa--cruzes por Carlos Gilly

149 Siegert, C.M. (ed) *Os tesouros de luz de Mani*: Coletânea de textos maniqueus

150 Meyrink, G. *O anjo da janela do Ocidente*

151 Meyrink, G. *O dominicano branco*

152 Meyrink, G. *Os quatro irmãos da lua – O relojoeiro*

153 Meyrink, G. *O rosto verde*

154 Meyrink, G. *O golem*

155 Meyrink, G. *A noite de Valpúrgis*

156 Meyrink, G. *A transformação do sangue*

157 Meyrink, G. *O caminho para quem somos realmente*

158 Naimy, M. *O livro de Mirdad*

159 Naimy, M. *Solilóquio ao pôr do sol* (Diálogo com o Outro)

160 Schmidt, K.O. *O caminho de Mestre Eckhart para a consciência cósmica*

161 Slavenburg, J. *O Big Bang do cristianismo*

162 Smit, F. *O chamado da Rosa-Cruz: 4 séculos de tradição viva*

163 Snoek, G. *Os rosa-cruzes nos Países Baixos*: especialmente na primeira metade do século XVII. Um inventário

164 Löber, B. *O ruflar das asas de Gabriel*

165 Trismegisto, H. *Do castigo da alma* – Série Cristal

166 Wehr, G. *Boehme, uma biografia*

167 Westenberg, G. *Max Heindel e a Fraternidade Rosacruz*

168 Zichner, M. *A grande espiral da vida*: Reflexões sobre a Divina Comédia de Dante

169 Zwaal, N. *Os maias, portadores da sabedoria universal*

170 *O Evangelho da Pistis Sophia*, prefácio de Jacob Slavenburg

SÉRIE CRISTAL

171 Trismegisto, H. *Do castigo da alma*

172 *Os animais dos mistérios*

173 *O Evangelho da Verdade e O Evangelho de Maria*: O conhecimento que ilumina
174 *O Livro Secreto de João* – O retorno à origem
175 *Gnosis, religião interior*
176 *Rosa-cruzes ontem e hoje*
177 *Jacob Boehme – Pensamentos*
178 Bielau, K. *Paracelso – Sua filosofia e sua medicina atemporais*
179 *O Graal e a Rosa-Cruz*
180 Kleiberg, B. *A Rosa e a Cabala*

SÉRIE SIMPÓSIOS
181 Jacob Boehme
182 Espinosa, filósofo do século XVII
183 Marsílio Ficino – Ponte para a Gnosis hermética
184 Paracelso: médico, filósofo, conhecedor de Deus
185 De volta à fonte 1
186 Giordano Bruno: O homem heroico no universo infinito
187 O Graal: A Rosa-Cruz e o mistério do Graal
188 De volta à fonte 2
189 Robert Fludd: intérprete e defensor da Fraternidade da Rosa-Cruz
190 De volta à fonte 3
191 De volta à fonte 4
192 Cornelis Drebbel, inventor, hermético, alquimista
193 De volta à fonte 5
194 Karl von Eckartshausen
195 De volta à fonte 5
196 J. A. Comênio: coração ardente, mente clara, ação manifesta
197 A flauta mágica de Mozart
198 A sabedoria de Hermes
199 Gustav Meyrink

Índice Remissivo

B

D

E

F